図説
藤原氏

木本好信・樋口健太郎 著

藤原鎌足像（奈良国立博物館蔵）

戎光祥出版

序にかえて

藤原《ふじわら》氏は、七世紀、中臣鎌足《なかとみのかまたり》が天智《てんじ》天皇から藤原朝臣《あそん》の氏姓《しせい》を賜《たまわ》ったことにはじまり、八世紀、鎌足の子である藤原不比等《ふひと》が娘宮子《みやこ》を文武《もんむ》天皇の妃《きさき》として聖武《しょうむ》天皇をもうけて以来、天皇家との密接な関係を構築して政権中枢に位置しつづけた一族である。不比等の登場する奈良時代から、その最盛期である平安時代中期、道長《みちなが》の時代にかけての日本古代の政治史は、藤原氏の発展の歴史そのものといってよいだろう。

しかも、藤原氏の歴史は古代だけでは終わらない。平安時代、律令《りつりょう》制成立以前からの有力氏族が軒並み没落していくなかにあって、藤原氏は他氏を圧倒し、やがて貴族の大半を占めるに至った。近年では、中世の朝廷や貴族社会の研究が進み、公家《くげ》と称されるようになった貴族たちが、中世においてもなお大きな勢力を占めていたことが明らかにされるようになったが、まさに藤原氏は公家へと転身したのである。さらに、藤原氏のなかには公家だけでなく、武家へと転身するものもあった。いかに藤原氏は発展し、姿を変えつつ生き残ったのか。このことは日本の歴史全体を考える上でも、重要なテーマの一つといってよいだろう。

そこで、本書は、まず第一章「栄華の礎《いしずえ》を築いた人々」、第二章「藤原氏のライバルたち」で摂関政治《せっかんせいじ》成立に至る藤原氏の成立と発展の過程について取り上げる。第一章では、人物を中心にこれを見通し、第二章では、藤原氏の勢力拡張のなかで、没落した他氏族出身の有力者について解説している。近年の研究では、古典的な他氏排斥《たしはいせき》論は否定されているが、ここでは彼らを通して藤原氏を発展に導いた政治的諸事件の実態について見ていきたい。また、第三章「藤原氏の氏寺《うじでら》と氏《うじ》

神《がみ》」では、一族結集の核となった氏寺・氏神（氏社《うじしゃ》）などの存在を通して、藤原氏の一族としてのあり方とその変化について述べる。

続いて第四章「分流発展する藤原氏」、第五章「摂関家の形成と展開」、第六章「藤原氏出身の后《こう》妃《ひ》たち」では、最盛期である摂関政治期の藤原氏とその展開について取り上げる。藤原氏は奈良時代から諸流に枝分かれし、平安時代にかけて激しい一族どうしの対立が繰り広げられた。第四章では、こうした諸系統について解説する。第五章は、こうした一族どうしの対立を制した道長の直系一族を取り上げ、この一族が摂関家という地位を確立するまでを見ていく。第六章は、藤原氏出身で、天皇の后妃となった女性を中心に、天皇家と藤原氏の関係について述べる。

そして、第七章「公家藤原氏の発展」、第八章「武士になった藤原氏」は、藤原氏の中世以降への展開について取り上げる。院政《いんせい》期になると、貴族の家格が固定し、天皇との外戚関係を結ばなくても、父の地位を子に世襲できるようになる。第七章では、こうしたなかで、公家となった藤原氏の諸家がどのようにその地位を確立し、生き残ったのかを見ていく。第八章では、武家に転身して発展した藤原氏の一族について見ていく。

本書は豊富な図版を交えながら、最新の研究成果を内容に盛り込み、解説することを心がけた。各項目には参考文献を示しているので、興味をもった方はさらにそれを読み進めてもらいたい。本書が、藤原氏にとどまらず、日本古代史・中世史研究に興味をもつきっかけになれば、これに勝るよろこびはない。

二〇二三年五月

木本好信
樋口健太郎

【目次】

第三章　藤原氏の氏寺と氏神

第四章　分流発展する藤原氏

第五章　摂関家の形成と展開

第六章　藤原氏出身の后妃たち

第七章　公家藤原氏の発展

第八章 武士になった藤原氏

コラム

視点

藤原氏略系図

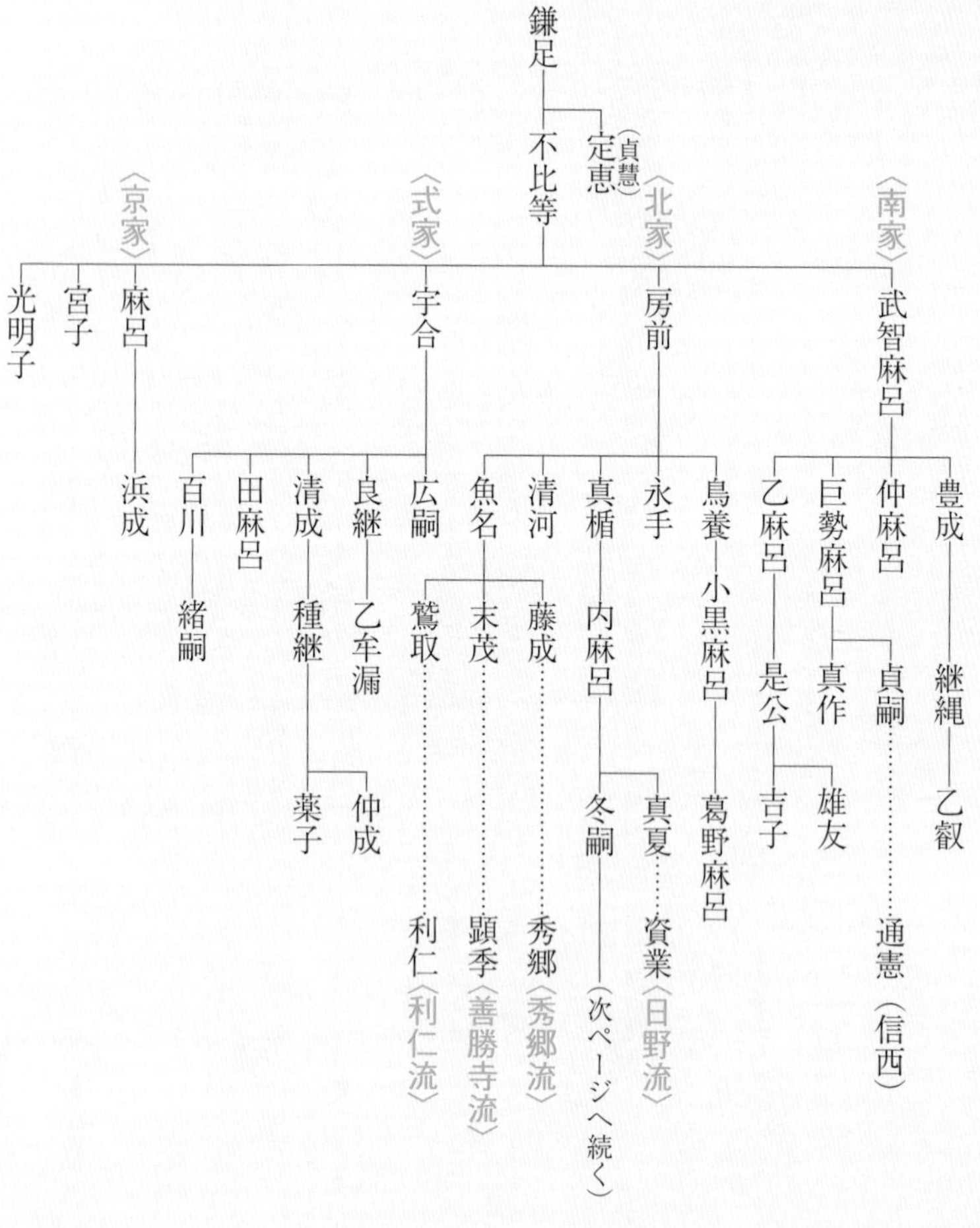
鎌足
不比等
定恵
（貞慧）
〈南家〉
武智麻呂
豊成
継縄
乙叡
仲麻呂
巨勢麻呂
貞嗣
通憲
（信西）
真作
乙麻呂
是公
雄友
吉子
〈北家〉
房前
鳥養
小黒麻呂
葛野麻呂
永手
真楯
内麻呂
真夏
資業
〈日野流〉
冬嗣
（次ページへ続く）
清河
魚名
藤成
秀郷
〈秀郷流〉
末茂
顕季
〈善勝寺流〉
鷲取
利仁
〈利仁流〉
〈式家〉
宇合
広嗣
良継
乙牟漏
清成
種継
仲成
薬子
田麻呂
百川
緒嗣
〈京家〉
麻呂
浜成
宮子
光明子

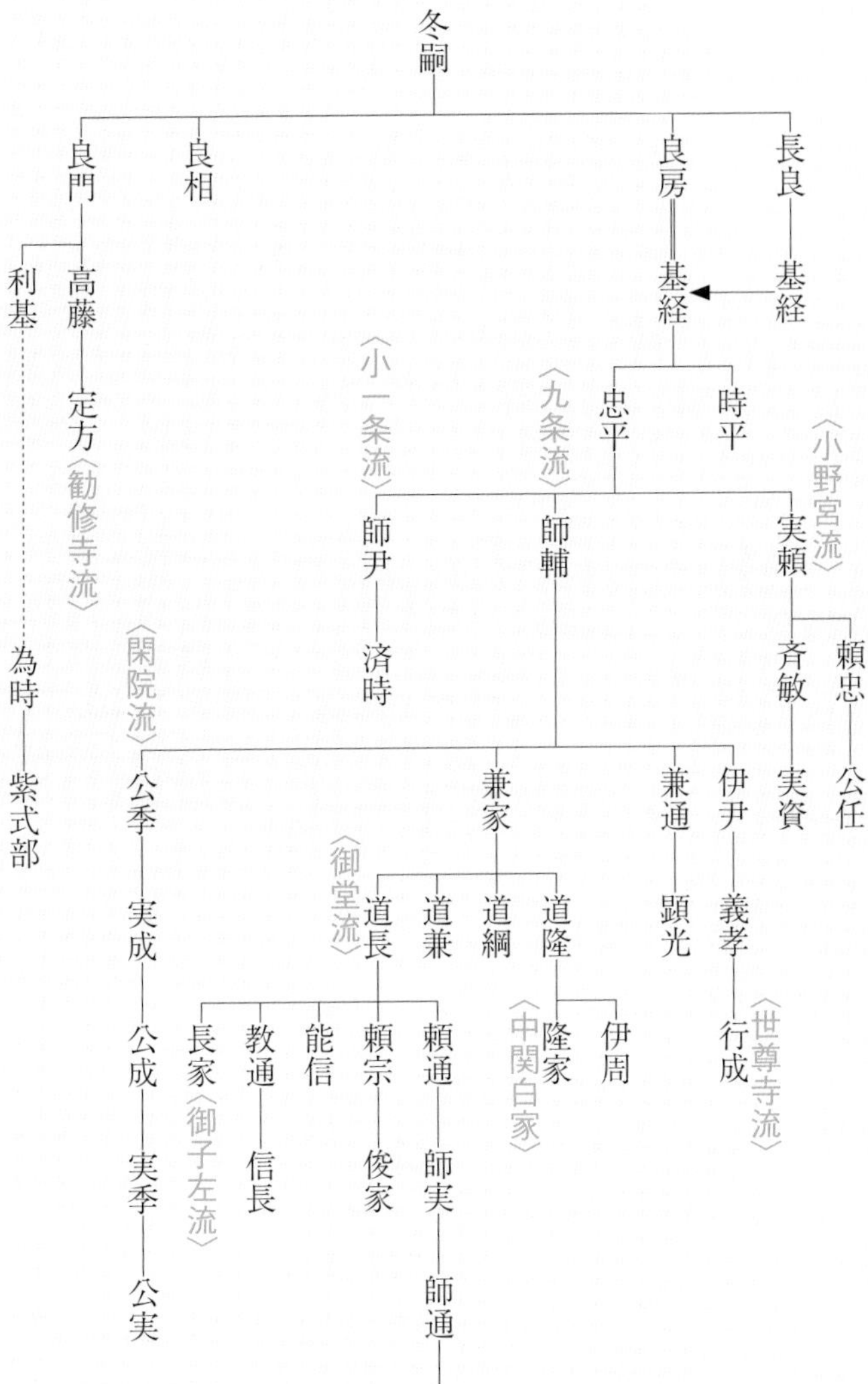

冬嗣
長良
基経
良房
基経
良相
良門
高藤
定方〈勧修寺流〉
利基
為時
紫式部
時平
忠平〈九条流〉
実頼〈小野宮流〉
頼忠
公任
斉敏
実資
師輔
師尹〈小一条流〉
済時
伊尹
義孝
行成〈世尊寺流〉
兼通
顕光
兼家
道隆
伊周
隆家〈中関白家〉
道綱
道兼
道長〈御堂流〉
頼通
師実
師通
忠実
頼宗
俊家
能信
教通
信長
長家〈御子左流〉
公季〈閑院流〉
実成
公成
実季
公実

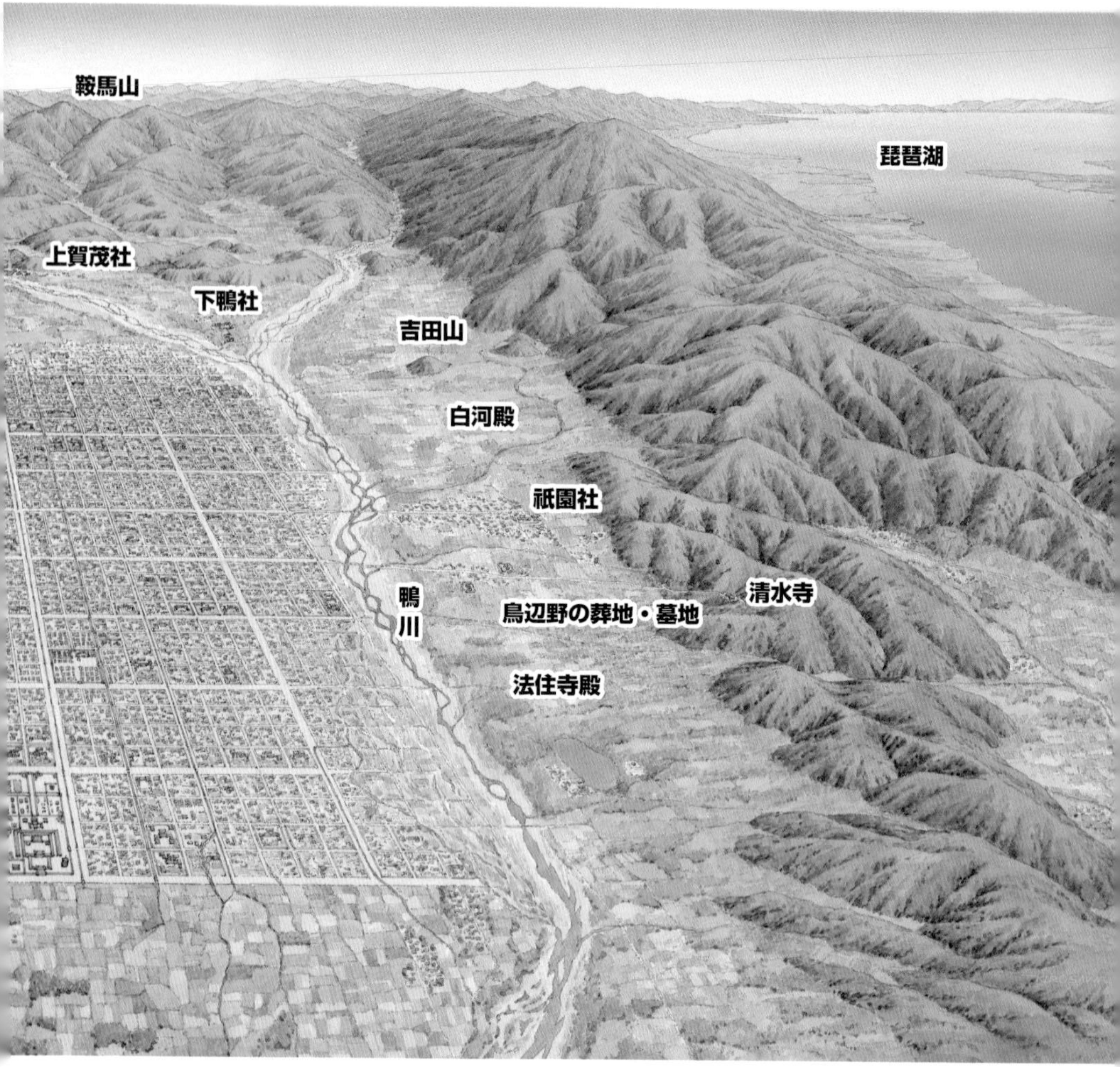

平安京復元鳥瞰図

イラスト：黒澤達矢　監修：山田邦和

出典：歴史群像編集部編『超ワイド＆パノラマ鳥瞰イラストでよみがえる歴史の舞台』（学研プラス、2016 年）

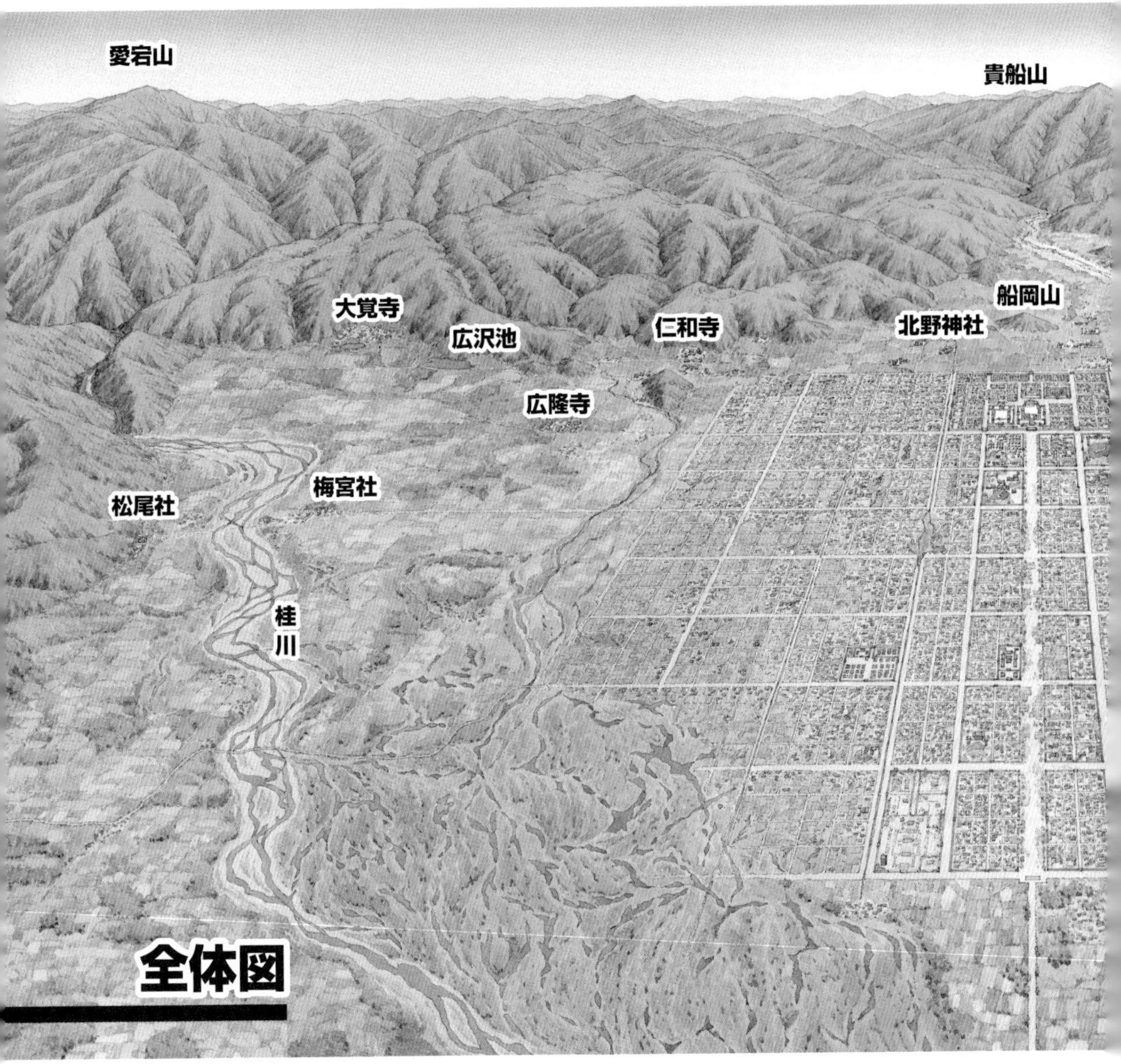

桓武天皇の命により唐の長安をモデルに造られ、延暦 13 年（794）に遷都された。東西約 4.5 キロ、南北約 5.2 キロに及ぶ大都市で、北･東･西を山に囲まれ、東に鴨川、西に桂川が流れるなど、防御に適した土地であった。また、風水の思想の中で最高とされる「四神相応」の地であり、藤原氏の活躍を支える千年つづく都として繁栄した

中心部拡大
吉田神社
安倍晴明邸
法成寺
高陽院
冷泉院
東三条院
神泉苑
堀川院
閑院
因幡堂平等寺
道祖神社
崇親院
五条天神社
河原院
東市
稲荷神社旅所
左京
東寺

今宮神社
大内裏
西獄
大学寮
学館院
勧学院
朱雀院
西鴻臚館
西市
東鴻臚館跡
右京
西寺
羅城門跡

太政官官制略図（平安時代）

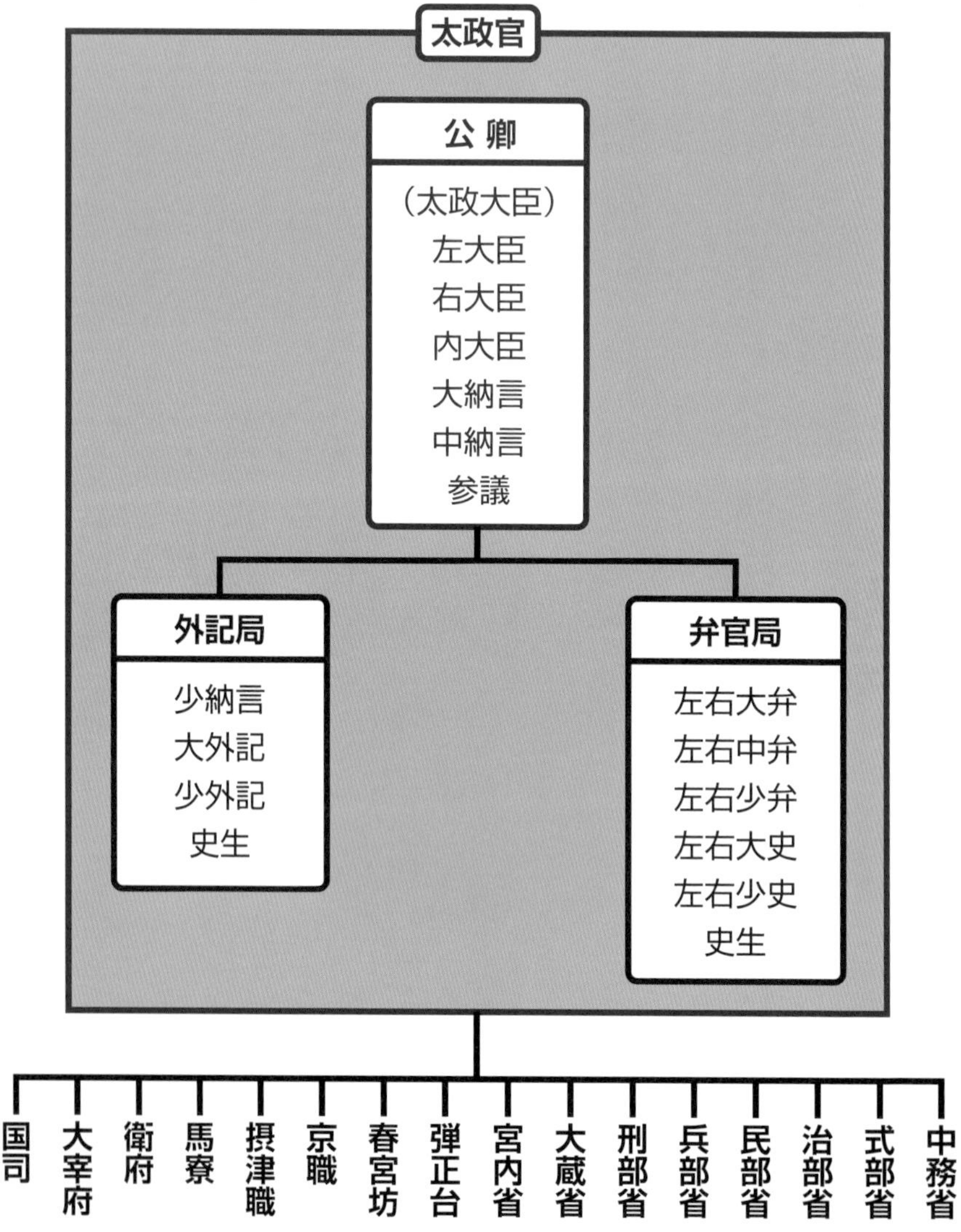

佐藤進一『日本の中世国家』（岩波書店、1983 年）の図 1 を参考に作成

第一章　栄華の礎を築いた人々

藤原鎌足像◆永正12年（1515）正月16日に描かれ、藤原氏に縁深い平等院に伝来した。中央に大きく始祖鎌足を描き、子息の不比等・定恵（貞慧）がそれぞれ向かって左下・右下に描かれている　奈良国立博物館蔵

1 鎌足《かまたり》――後世まで崇敬された藤原氏の始祖

大化改新《たいかのかいしん》以降の古代史は、藤原氏中心の時代であった。奈良時代になって、一時的には武智麻呂《むちまろ》ら四兄弟が疫病で急死した後の橘諸兄《たちばなのもろえ》の政権、恵美押勝《えみのおしかつ》（藤原仲麻呂《ふじわらのなかまろ》）の内乱後の称徳《しょうとく》女帝と道鏡《どうきょう》による仏教政治の時代は逼塞《ひっそく》していたかのように考えられてはいるが、政権運営の実態に注視すると、つねに藤原氏が政治の中心にあったことがわかる。そのような政治実態を理解すると、のちの平安京《へいあんきょう》での摂関時代を迎えて藤原氏（北家《ほっけ》）が王朝国家の栄華を謳歌することは、ある意味で必然であったかのように思われる。

その藤原氏の名は、中臣鎌足《なかとみのかまたり》の重態に際して天智《てんじ》天皇が親しく見舞い、その数日後に皇太弟《こうたいてい》の大海人皇子《おおあまのおうじ》を遣して賜ったもので、ここから藤原氏は始まった。『日本書紀《にほんしょき》』天智天皇八年（六六九）一〇月庚申《かのえさる》条には、「天皇、（中略）大織《だいしょく》の冠《こうぶり》（天智天皇三年制定の冠位二六階の最上位）と大臣の位とを授く。仍《よ》りて姓《うじ》を賜ひて、藤原氏とす。此より以後、通して藤原内大臣《ないだいじん》と曰《い》ふ」とみえている。

鎌足が生誕したのは、曽孫である仲麻呂の編述になる『藤氏家伝《とうしかでん》』上巻「鎌足伝」によると、推古《すいこ》天皇三四年（六二六）に藤原の地、現在の奈良県高市郡明日香村小原の邸宅であった。母の大伴夫人《おおともぶにん》（大伴咋《おおとものくい》の娘智仙娘《ちせんのいらつめ》）の胎内にあったときは泣き声が体外に聞こえ、また妊娠期間も長く一二か月であったわりには安産だったというが、これは仲麻呂の鎌足への称揚心からでた記事であろう。

さて、鎌足が中臣氏代々の職掌《しょくしょう》である神祇《じんぎ》関係の職に就くことを断って政治家として大成して、藤原氏発展の基礎を築いたきっかけとなったのは、なんといっても中大兄皇子《なかのおおえのおうじ》（天智天皇）と出会ったことであろう。かねてより君主とすべき皇族を探していた鎌足は、中大兄の賢明さだけが乱れた世を救うことができると思い定めて、あるときに飛鳥寺《あすかでら》の槻《つき》の木の下での打毬《けまり》で中大兄の靴が脱げて飛んできたのを拾って差しあげたことを契機として、親密な君臣の関係となった。

そして、この二人の他者にはみられない強い信頼は、大化元年（六四五）六月の「乙巳《いっし》の変」における蘇我入鹿《そがのいるか》の暗殺を二人で企み、権勢を誇った入鹿の父大臣蝦夷《おおおみえみし》ら蘇我本宗家を打倒して大化改新を為し遂げたことにある。鎌足は、入鹿の従兄弟蘇我倉山田石川《そがのくらやまだのいしかわ》麻呂《まろ》を味方に引きいれ、暗殺の実行に加わる佐伯子《さえきのこ》麻呂《まろ》と葛城稚犬養網田《かつらぎのわかいぬかいのあみた》を中大兄に推挙し、当日には自らも弓矢をもち助衛するなど重要な役割を果たしている。

維摩像◆14世紀の作品。左下の束帯姿の人物が鎌足と目される　東京国立博物館蔵　出典：ColBase　https://colbase.nich.go.jp/collection_items/tnm/A-22?locale=ja

鎌足は、即位した天智を補佐して対外政策や国内諸制度の整備に努めた。上述の「鎌足伝」には「礼儀の編纂と律令を修訂」したとみえ、天智は鎌足を周《しゅう》の文王《ぶんおう》と太公望《たいこうぼう》との君臣関係にたとえて信任していたが、その鎌足の心配は天智と皇太弟の大海人との不和であった。あるときに琵琶湖のほとりの楼閣での酒宴で、突然に大海人が長い槍で敷板を貫いたことがあり、これに天智が激怒して大海人を殺そうとした。鎌足が天智を諫めてことは収まったというが、ここに壬申《じんしん》の乱勃発の遠因をみてとれる。

のち奈良時代になっても、鎌足は曽孫の右大臣豊成《うだいじんとよなり》から「義の道を踏み、忠心を抱き、一身を国事に捧《ささ》げた」（『続日本紀《しょくにほんぎ》』）といわれ、また平安時代の天安《てんあん》二年（八五八）には勅命によって年末には必ず墓に貢物である荷物《のさき》（初穂《はつほ》）を献じられることになるなど、後世までも藤原氏の始祖として崇敬された。（木本）

【参考文献】
田村円澄『藤原鎌足』（塙書房、一九六六年）
遠山美都男『新版 大化改新』（中央公論新社、二〇二二年）

2 不《ふ》比《ひ》等《と》――律令国家誕生を演出した大政治家

奈良時代の象徴というと、律令制度と平城京《へいじょうきょう》になるが、この二つの事業を主導したのが藤原不比等《ふじわらのふひと》であったから、奈良時代誕生の演出者であったともいうことができる。養老《ようろう》四年（七二〇）八月に没したときに六三歳とあるから（『懐風藻《かいふうそう》』）、斉明《さいめい》天皇四年（六五八）に藤原（中臣《なかとみ》）鎌足《かまたり》の二子として生まれたことがわかる。母は、車持国子君《くるまもちのくにこのきみ》の娘与志古娘《よしこのいらつめ》といわれる（『公卿補任《くぎょうぶにん》』）。僧籍にあった兄の定恵《じょうえ》（貞慧）は天《てん》智《じ》天皇四年（六六五）九月に唐国からの帰国直後に遷《せん》化《げ》しており、八歳のときに藤原氏の将来を担うことを宿命づけられていたが、父の鎌足も同八年一〇月に亡くなったから一一歳で寄る辺ない身となった。

ただ、『尊卑分脈《そんぴぶんみゃく》』に掲載の「不比等伝」によると、百済《くだら》系渡来人《とらいじん》の一族で山科《やましな》の田辺大隅《たなべのおおすみ》に養われていたという。田辺氏には律令編纂に複数参加した者がおり、不比等が大宝律令《たいほうりつりょう》制定を領導したのは幼少時からの生活環境にあったのである。その後、壬申《じんしん》の乱が起こるなど国家は大きく変転したが、そのなかにあって不比等がどのような生活を送っていたかはわからない。

そして、天武《てんむ》天皇八年（六七九）頃には、右大臣蘇《うだいじんそ》我《がの》連子《むらじこ》（牟羅志《むらじ》）の娘娼子《しょうし》を妻に迎えている。連子は、蘇我馬子《うまこ》の孫で、乙巳《いっし》の変で知られる右大臣蘇我《そがの》倉山田石川麻呂《くらやまだのいしかわまろ》や左大臣赤兄《さだいじんあかえ》と兄弟であったから、政界での将来を思って妻の縁戚に頼ろうとしたのであろう。翌年には長子武智麻呂《むちまろ》が、つづいて房前《ふささき》が誕生している。

不比等が史料に初出するのは遅く、『日本書紀《にほんしょき》』に持統《じとう》天皇三年（六八九）、三一歳で判事《はんじ》に任官したときであるが、このときの位階は直広肆《じきこうし》（大宝令制の従《じゅ》五位下《ごいのげ》）であって、とくに傑出した存在ではなかった。ところが、同一〇年には右大臣多治比島《たじひのしま》をはじめ五人の議政官《ぎせいかん》のなかに位置している。この要因には、持統天皇の孫珂瑠皇子《かるのおうじ》（軽、文武《もんむ》天皇）立太子《りったいし》にむけて障害となっていた太政大臣高市皇子《だいじょうだいじんたけちのおうじ》が没したことをう

藤原宮大極殿跡◆持統天皇８年（694）から和銅３年（710）までの16年間にわたり営まれた持統・文武・元明三代の宮都藤原京の宮室　奈良県橿原市　撮影：筆者

けての不比等らへの期待があった。まだ直系継承が確立していなかったことから弓削皇子《ゆげのおうじ》ら天武諸皇子の反対があったものの、翌一一年二月に珂瑠が立太子、八月に即位して文武天皇となった。これと前後して、不比等の長女宮子《みやこ》が入内《じゅだい》しているから、持統と不比等は一五歳の若い文武を支えるという政治目的をともにすることになり、持統からの信頼をもとに政治発言力を増していくことになる。

　持統は、文武の新しい国家建設のために飛鳥浄御原《あすかきよみはら》令《りょう》に代わる法的整備を考えて、文武天皇四年（七〇〇）三月に新しい大宝律令の撰定を命じたが、この期待に

平城宮朱雀門◆和銅３年（710）、元明天皇の時代から使用された平城宮の正門。平成10年（1998）に復元された。平城宮の発掘・調査・復元は日々進められている　奈良市　撮影：筆者

応えたのが不比等であって、唐の「永徽律疏《えいきりっそ》」「永徽《えいき》令《りょう》」を参考に大宝元年（七〇一）に完成した。そして、ちょうどこの頃には文武と宮子との間に首皇《おびとのおう》子《じ》（聖武《しょうむ》天皇）が誕生したことから、持統と不比等は首への皇位継承を夢に描いて君臣の連携は一層強まった。翌二年一二月、持統は文武と首の将来を不比等に託して天武のもとへと旅立っていった。五八歳であった。しかし、慶雲《けいうん》四年（七〇七）六月に文武は二五歳で亡くなり、首が七歳と幼かったことから文武の母阿《あ》閇皇太妃《へのこうたいひ》が中継ぎに即位して元明《げんめい》天皇となったが、反対勢力もあり不安定な政情であったから不比等も苦慮した。

翌五年になると、武蔵国秩父郡《むさしのくにちちぶぐん》から自然銅が献上された。これが吉兆とされて和銅《わどう》元年（七〇八）と改元するとともに平城京の造営も始まり、ついに同三年三月に遷都が宣言された。大内裏《だいだいり》東側に不比等の邸宅が接していることからみても、不比等の関与の大きかったことがわかる。

和銅元年三月、不比等は右大臣に昇任すると、八省のうち七省の卿《きょう》をはじめ五衛府《ごえふ》の督《かみ》、大半の国守を改任する大異動を実施するとともに、大納言《だいなごん》に大伴《おおともの》安麻呂《やすまろ》（家持《やかもち》の祖父）、中納言《ちゅうなごん》に小野毛野《おののけぬ》・阿倍宿奈《あべのすくな》麻呂《まろ》・中臣意美麻呂《なかとみのおみまろ》を任じて太政官《だいじょうかん》を主導する「和銅元年体制」を成立させて政治権力を掌握した。しかし、まだ太政官内には天武の五子穂積親王《ほづみしんのう》が知太政《ちだいじょう》官事《かんじ》（皇親で太政官を総攬する）、石上麻呂《いそのかみのまろ》が左大臣にいたことから絶対的な地位を確立したわけではなかった。

その後、「和銅元年体制」は構成員が徐々に亡くなり、養老元年には不比等と宿奈麻呂の二人となってしまった。当時の太政官は有力氏族の代表者で構成されていて、各氏族の思惑もあって不比等といえども補充の調整ができなかったのである。加えて元明から譲位されて霊亀《れいき》元年（七一五）九月に即位していた娘元《げん》正《しょう》天皇が独身女帝でカリスマ性に乏しかったこともあって、不比等の政権運営は厳しいものがあった。

このような父の苦境を支えていたのが武智麻呂・房前・宇合《うまかい》・麻呂《まろ》の四兄弟であった。霊亀三年一一月、美濃国当耆郡多度山《みののくにたぎぐんたどやま》から身体の痛いところを洗うと癒え、余病も平癒するという美泉が湧き出たが、元正はここに行幸して、これは天が徳治に感応した瑞兆であるとして養老元年と改元した。このような祥瑞の自然

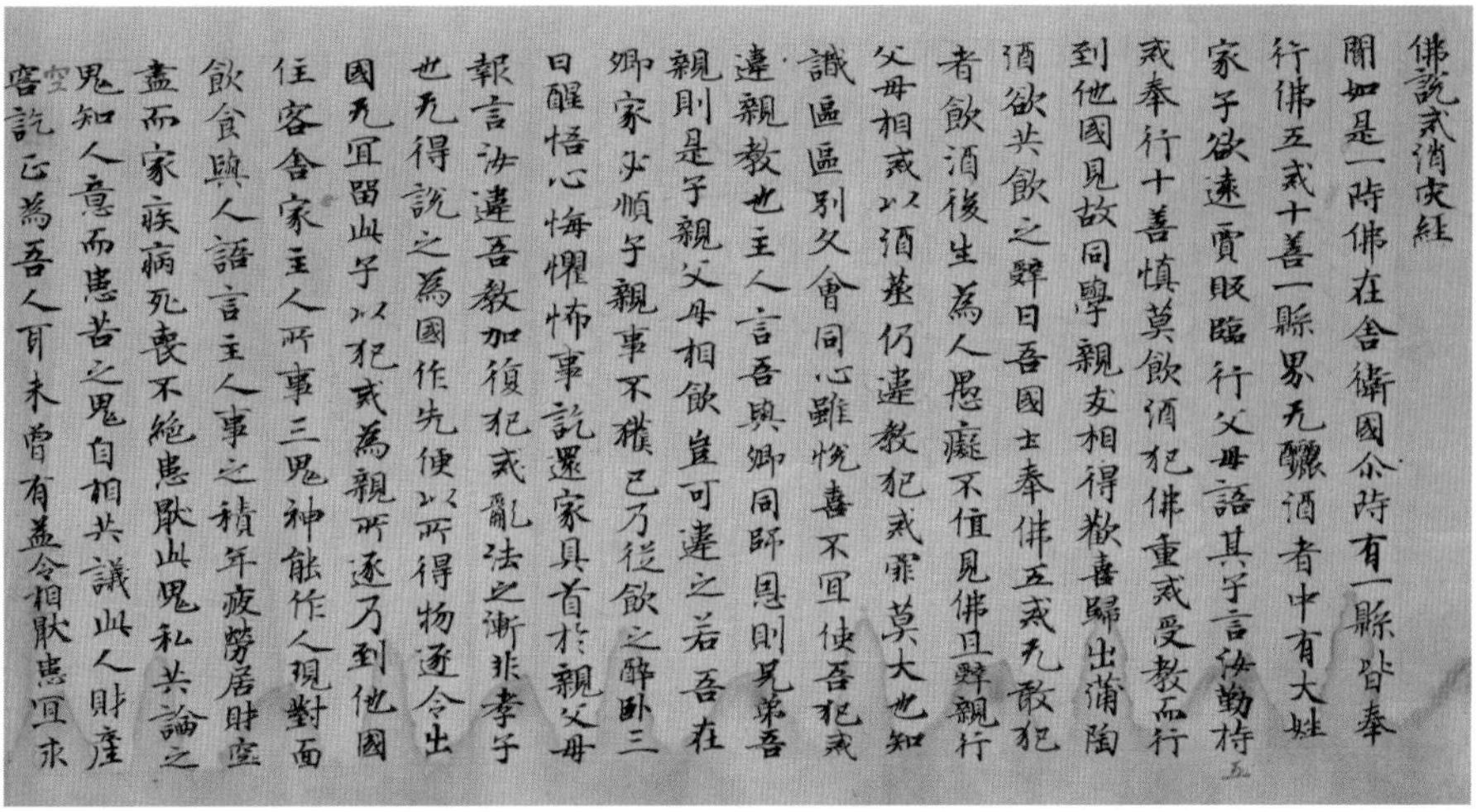
佛說戒消災經
聞如是一時佛在舍衛國介時有一縣皆奉
行佛五戒十善一縣男无釀酒者中有大姓
家子欲遠賈販臨行父母語其子言汝勤持
戒奉行十善慎莫飲酒犯佛重戒受教而行
到他國見故同學親友相得歡喜歸出蒲陶
酒欲共飲之辭曰吾國士奉佛五戒无敢犯
者飲酒後生爲人愚癡不值見佛且辭親行
父母相戒以酒惹仍違教犯戒罪莫大也知
識區區別久會同心雖悅喜不宜使吾犯戒
違親教也主人言吾與卿同師恩則兄弟吾
親則是子親父母相飲豈可違之若吾在
卿家必順子親事不欺己乃從飲之醉卧三
日醒悟心悔懼怖事訖還家具首於親父母
報言汝違吾教加復犯戒亂法之漸非孝子
也无得說之爲國作先便以所得物遂令出
國无宜留此子以犯戒爲親所逐乃到他國
任客舍家主人所事三鬼神能作人現對面
飲食與人語言主人事之積年疲勞居財空
盡而家疾病死喪不絶患厭此鬼私共論之
鬼知人意而患苦之鬼自相共議此人財產
空盡吾人耳未曾有益今相厭患宜求

仏説戒消災経（部分）◆光明皇后が父不比等と母県犬養橘三千代の追善等のために書写した。天平12年（740）5月1日の願文の日付がある　東京国立博物館蔵　出典：ColBase　https://colbase.nich.go.jp/collection_items/tnm/B-1630?locale=ja

現象はほとんどが人為的なものであって、危急な状況にある自己政権を正当化するための方便となっていたが、この美泉出現もこのために美濃介《みののすけ》として赴任していた四男麻呂が地元の国司や郡司・豪族らと謀ったものであった。

この美泉出現を契機として不比等は、娘婿でもある長屋王《ながやおう》を後継者として一挙に大納言に登用、宿奈麻呂も大納言に昇格させ、あらたに中納言に多治比池守《たじひのいけもり》・巨勢祖父《こせのおおじ》・大伴旅人《おおとものたびと》（家持の父）らを登用して太政官を強化するとともに、不比等政権を確立させたのであったが、養老四年八月に没した。

不比等政治の特徴としては、大宝律令の施行・平城京への遷都以外にも、和同開珎《わどうかいちん》の発行、『風土記《ふどき》』・『古事記《こじき》』・『日本書紀』・「養老律令」の編纂、南九州の隼人《はやと》を屈服させ、東北の蝦夷《えみし》を制圧するなど境域拡大と建郡建国の新置策などがあった。　（木本）

【参考文献】
上田正昭『藤原不比等』（朝日新聞社、一九七六年）
直木孝次郎「藤原不比等」（『古代日本の人間像』学生社、一九八五年）
高島正人『藤原不比等』（吉川弘文館、一九九七年）
木本好信『奈良時代』（中央公論新社、二〇二二年）

3　光明子《こうみょうし》——藤原氏発展の礎をつくった皇后

光明《こうみょう》皇后というと、病人に薬を施す施薬院《せやくいん》、貧窮者・孤児を救済する悲田院《ひでんいん》を創設、仏教を深く信仰して東《とう》大寺《だいじ》・法華寺《ほっけじ》など国分僧尼寺《こくぶんそうにじ》の創建を勧めるなど、夫聖武《しょうむ》天皇を支えた内助の功の女性としてつとにしられる。

しかし、これは明治以降の国家が皇国史観によって日本女性に求める模範的な女性像として、光明の一方の姿のみ強調してきた結果であって、他面に注視すると、奈良時代政治史のなかにあっての光明の政治的影響力は天皇・太上天皇《だいじょうてんのう》であった夫の聖武に比してもけっして劣らない。

光明は、『続日本紀《しょくにほんぎ》』「崩伝《ほうでん》」（没時の略伝）に、天《てん》平宝字《ぴょうほうじ》四年（七六〇）六月七日に六〇歳で没したとあるから、大宝《たいほう》元年（七〇一）に藤原不比等《ふひと》の三女（「藤三娘」と自署する）として生まれているので、聖武と同い年である。母の県犬養橘三千代《あがたいぬかいのたちばなのみちよ》は、聖武の乳母で後宮《ごくう》（天皇の妻妾に奉仕する女官たち）内の実力者であった。つまり乳兄妹（乳姉弟）ともいえ、生まれながらの同志であったわけである。霊亀《れいき》二年（七一六）、一六歳で皇太子であった聖武のもとに入り、養老《ようろう》二年（七一八）には阿倍内親王《あべないしんのう》（孝謙《こうけん》・称徳《しょうとく》天皇）を生んでいる。

このような光明が政治的に発言力を増してきたのは、やはり立后《りっこう》した天平《てんぴょう》元年（七二九）からであろう。この年の二月、光明の長兄武智麻呂《むちまろ》らが中心となって左大臣長屋王《さだいじんながやおう》を自死に追いこみ政権を奪取した。この起因は、光明の生んだ長男で一か月後に立太子した基王《もといおう》（某王との説も）が一年を待たないで夭折《ようせつ》し、これが長屋王による呪殺と疑われたからであった。いずれにしても武智麻呂ら藤原氏にとっては、皇親政治をすすめていた長屋王とは政治方針が違っていたことが底辺にあったことに加えて、基王が亡くなったことによって聖武の後継として、聖武よりも貴種である長屋王・膳夫王《かしわでおう》父子が有力な存在となってきていたことから、王一族を葬りさる必要があったのである。

そして、武智麻呂らは甥基皇太子没後の次善策として、日月・山川のように天皇とともにあって「しりへの政」として政治力を行使する皇后（皇女でなくてはならなかったが）の存在に注目して、光明の立后をはかり、その権威をかりて政治力を掌握して

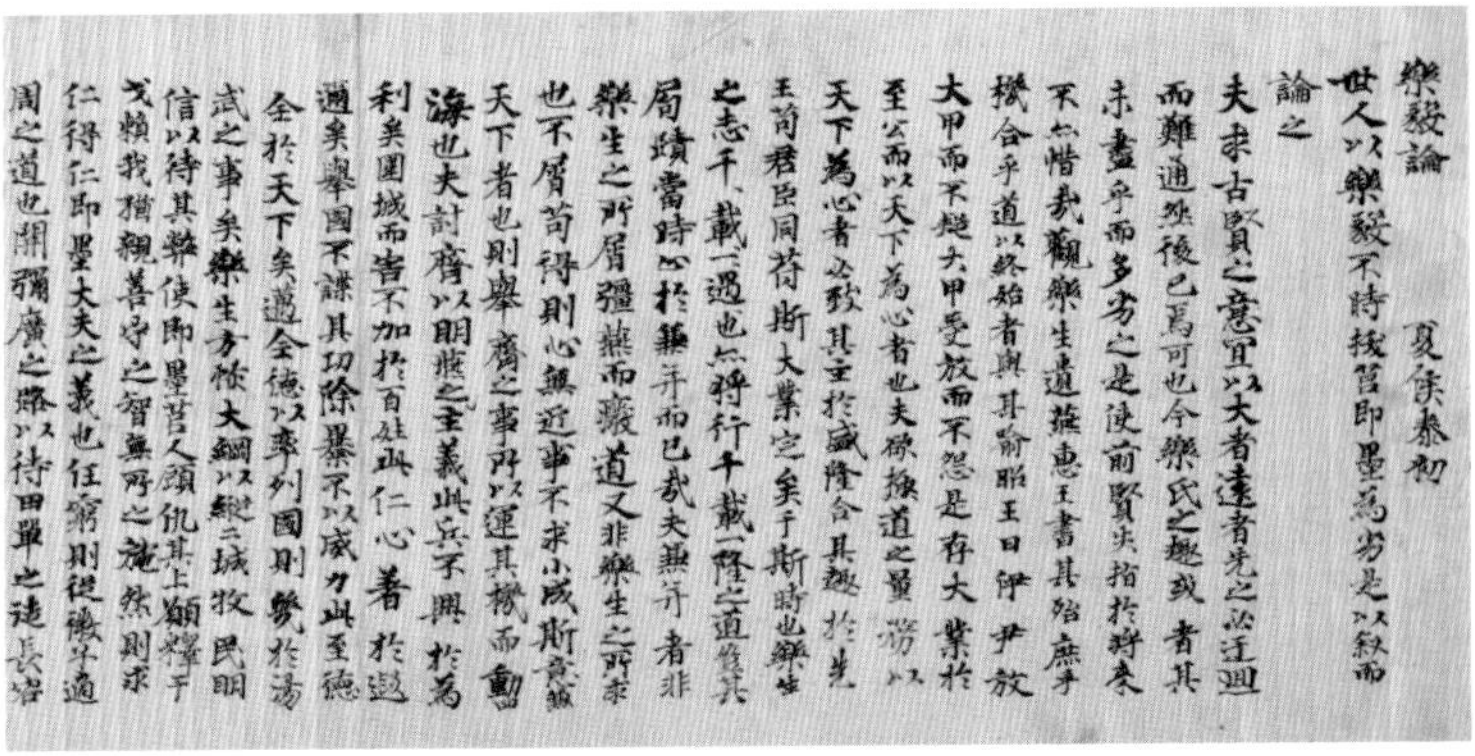

光明皇后自筆の「楽毅論」（冒頭部分）◆天平16年（744）のもので、聖武天皇の書風とは異なり、力強い筆勢　正倉院蔵

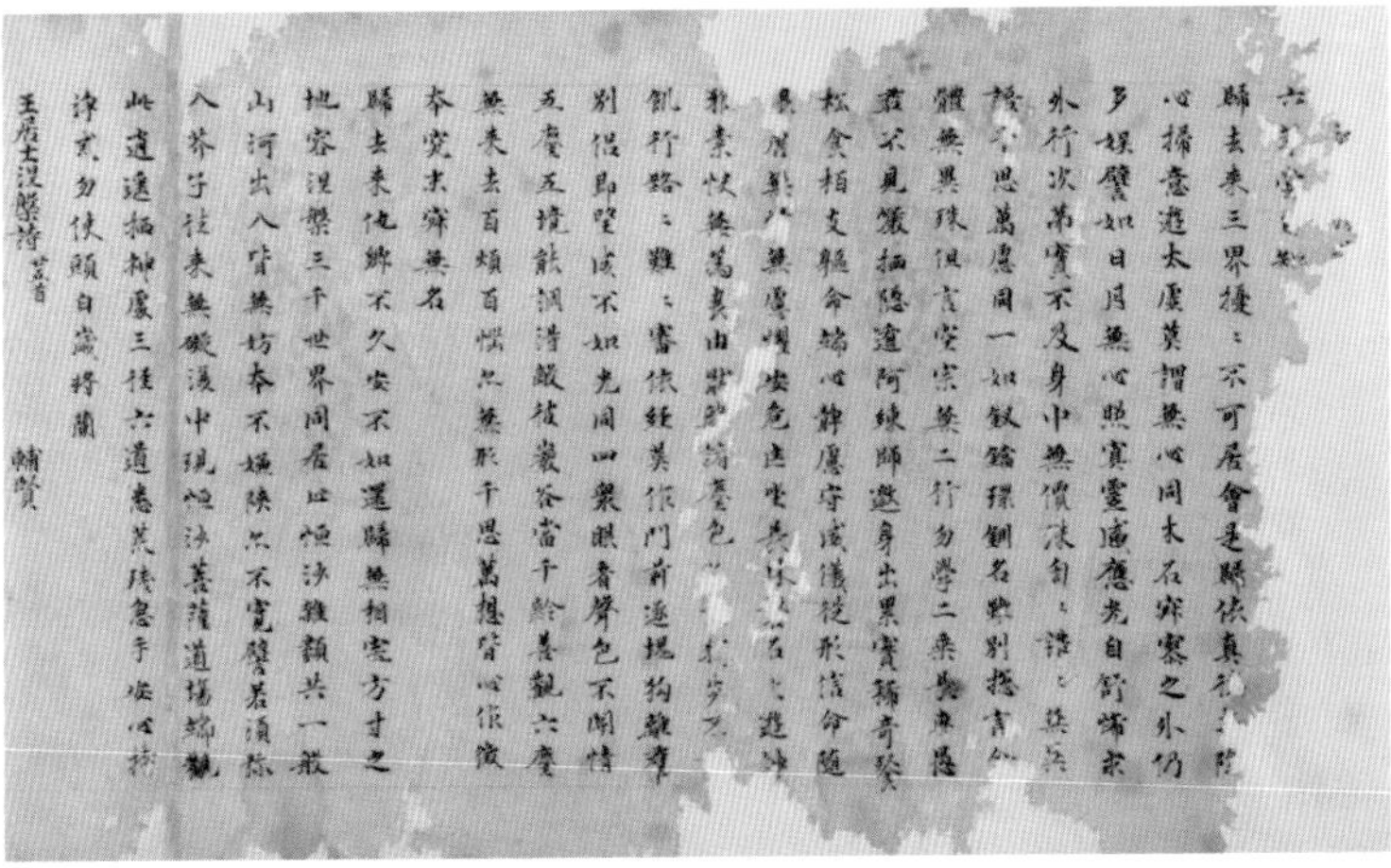

光明皇后の夫・聖武天皇自筆の「雑集」（部分）◆天平３年（731）、六朝から唐代の詩文を書写している。気品があって几帳面な書風　正倉院蔵

「藤原武智麻呂政権」（筆者は次兄房前《ふささき》が埒外にあったと理解して「藤四子体制」説をとらない）を確立させた。

しかし天平九年、この「藤原武智麻呂政権」は、九州から蔓延してきた疫病の大流行によって首班の武智麻呂をはじめ三兄宇合《うまかい》・四兄麻呂《まろ》、そして房前らの急死によってあっけなく瓦解する。この最大の支持勢力であった兄たちの死によって、光明の政治的な立場は不安定なものとなった。光明と同時期に聖武のもとに入っていた県犬養広刀自《あがたいぬかいのひろとじ》が基王誕生の翌年に生んだ安積《あさか》親王が九歳と成長してきていたので、やがて安積が立太子・即位することになれば皇后としての地位が覚束《おぼつか》ない。そこで光明がとった方策が、女性ではあるが娘の阿倍を皇太子に立て、やがて天皇となる阿倍の母としての権威を獲《え》ることであった。光明の思惑どおりに、天平一〇年正月に阿倍は皇太子となった。

天平勝宝《てんぴょうしょうほう》元年（七四九）七月、阿倍は即位して孝謙天皇となった。けれども病気がちで仏道修行に熱心であった太上天皇聖武は出家して薬師寺宮《やくしじのみや》にあったし、独身で皇嗣をもたない阿倍の即位には反対する貴族官人もいたことから、新女帝のもとでの政情は混沌としていた。

この状況を打開し自らが執政するために光明が、孝謙—太政官《だいじょうかん》（左大臣橘諸兄《たちばなのもろえ》・右大臣《うだいじん》藤原豊成《とよなり》ら）とは別の統治機構として創置したのが、皇后宮職《こうごうぐうしき》を拡大発展させた紫微中台《しびちゅうだい》であった。紫微中台の長官である紫微令《しびりょう》には、光明が藤原氏の再興を託した甥の南《なん》家《け》仲麻呂《なかまろ》を、次官の紫微大弼《しびだいひつ》・少弼《しょうひつ》などには枢要な文武職を本官とする大伴《おおとも》・石川《いしかわ》氏など有力氏族の官人を任命して勢威を誇った。その証拠にこれ以降、孝謙在位中（七四九〜七五八）に出された詔勅《しょうちょく》には大臣の署名がみえず、もっぱら仲麻呂が宣者であったから政治は光明を中心にまわっていたことが確認でき、そのことは光明が天皇の命令である詔《みことのり》を渙発《かんぱつ》していることでもわかる。

孝謙が即位したのちにも、政情の混乱を反映して皇太子をなかなか立てることができなかった。しかし、聖武は死にのぞんでやっと遺言として天武天皇々孫で、新田部《にいたべ》親王の次子道祖王《ふなどおう》を皇太子に指名して没した。けれども、これは光明や孝謙とは相談をしていなかったこともあって、一年も経たない天平宝字元年三月に道祖王は廃太子にされ、新しい皇太子が臣下にも諮《はか》られ選定された。新皇太子には舎人《とねり》・新田部両親王系諸王の船王《ふねおう》・池田王《いけだおう》兄弟や塩焼王《しおやきおう》などが推薦されたが、結局は光明と仲麻呂が領導して舎人の七男大炊王《おおいおう》が立太子した。

『続日本紀』には「皇太后（光明）が（中略）、皇儲《こうちょ》を議《はか》り定めた」とあって、光明が大炊王を皇太子に決めたことがわかる。このことには娘孝謙で絶える草壁《くさかべ》親王の直系皇統に代えて舎人皇統を創出して、せめて傍系でも天武皇統を維持しようとした光明の思いがあった。

光明皇后陵（佐保山東陵）◆皇族以外から立后する実例をつくった光明皇后は天平宝字４年（760）に死去し、夫の聖武天皇と寄り添うかのようにごく近くに陵墓が築かれた　奈良市　撮影：筆者

天平宝字二年八月、大炊王は即位して淳仁《じゅんにん》天皇となったことから、光明は聖武没後から保持していた皇位を象徴する御璽《ぎょじ》を淳仁に譲渡して、父舎人に天皇称号を与えることや兄弟姉妹を親王・内親王とするように進言するなど、劣性の傍系皇統である淳仁を擁護しつづけた。しかし、光明が没すると、在位中には光明が紫微中台に拠って権力を掌握していて、天皇としての権勢をふるうことができずに鬱憤としていた孝謙が、権力の奪回と、自分の直系皇統に比べての傍系淳仁への蔑視から淳仁と仲麻呂（恵美押勝《えみのおしかつ》）を打倒することになる。

だが、重祚《ちょうそ》して称徳女帝となった孝謙は、権力に固執し譲位をも考えていた道鏡《どうきょう》の存在もあって、皇太子を決めずに没して、結局は皇統が天武から天智《てんじ》系へと移っていくことになって、光明苦心の天武皇統維持策は水泡に帰することになるのである。　（木本）

【参考文献】
林陸朗『光明皇后』（吉川弘文館、一九六一年）
瀧浪貞子『光明皇后』（中央公論新社、二〇一七年）
木本好信「仲麻呂と光明皇后」（『藤原仲麻呂政権の基礎的考察』志学社、二〇二一年）

4 仲麻呂《なかまろ》――独断的な皇位継承で挫折した政治改革

　藤原仲麻呂《なかまろ》は、南家武智麻呂《なんけむちまろ》の次男として慶雲《けいうん》三年（七〇六）に生まれた。『続日本紀《しょくにほんぎ》』天平宝字《てんぴょうほうじ》八年（七六四）九月の「薨伝《こうでん》」に享年五九とある。父は二七歳、大学頭《だいがくのかみ》であった。母は、二歳年長の兄豊成《とよなり》と同母で、右大臣《うだいじん》であった阿倍御主人《あべのみうし》の孫娘貞媛《さだひめ》である（『藤氏家伝《とうしかでん》』下巻「武智麻呂伝」）。その人柄について、やはり「薨伝」には「率性聡敏《そっせいそうびん》にして、略《ほぼ》書記に渉《わた》る」、天性は聡《さと》く敏《かしこ》く、多くの書物を読んでいたとあるから、その学識文才は非凡であり、幼少時から算道《さんどう》を学び、当時屈指の学者でもあった淡海三船《おうみのみふね》にも匹敵する評価がなされている。

　仲麻呂が官途についたのは、神亀《じんき》三年（七二六）頃と思われるが、はっきりしているのは天平《てんぴょう》二年（七三〇）頃に大学少允《だいがくのしょうじょう》に任じられたことで、さっそく同三年には大学寮《だいがくりょう》での算道の学修について改革を実行している。しかし、仲麻呂は次男ということもあって三〇歳代前半までは目立った昇進はみられない。しかし、天平九年に疫病の大流行で父や叔父たちが急逝したのが転機となって、同一一年から同二〇年までの九年間に九階も昇叙して正三位《しょうさんみ》に昇り、その間に参議《さんぎ》に任じられて太政官《だいじょうかん》メンバーとなっている。この要因としては、光明皇后《こうみょうこうごう》による兄たちの急逝で没落状態にあった生家の復活を仲麻呂に託す気持ちがあった。

　その後、仲麻呂は光明の誘掖《ゆうえき》によって、天平勝宝《てんぴょうしょうほう》元年（七四九）には中納言《ちゅうなごん》を超任して大納言《だいなごん》に昇るとともに、国政を掌握する光明の執政機関といってもよい紫微中台《しびちゅうだい》の長官紫微令《しびりょう》に就任して、太政官の左《さ》大臣《だいじん》橘《たちばなの》諸兄《もろえ》・右大臣豊成などを埒外において光明を背後勢力として政治を主導していった。

　天平宝字元年三月には、独身であった孝謙《こうけん》天皇の皇太子として聖武太上天皇《しょうむだいじょうてんのう》が遺言で指定した道祖王《ふなどおう》を光明・孝謙と謀って廃太子にし、長子真従《まより》の寡婦粟田《あわたの》諸姉《もろね》と夫婦にして自邸で養っていた舎人親王《とねりしんのう》七男の大《おお》炊王《いおう》を立太子させて次代での権勢を固めた。しかし、このような独断的な皇位継承には反発があり、同年七月には仲麻呂の殺害と光明の幽閉、大炊皇太子の追放、孝謙の廃位、そして新田部《にいたべ》親王王子の塩焼王《しおやきおう》・道祖王兄弟、長屋王《ながやおう》王子の安宿王《あすかべおう》・黄文王《きぶみおう》兄弟の四人から選んで新帝を立てるクーデター計画が露呈した。この「橘《たちばなの》 奈良麻呂《ならまろ》の変」を鎮圧して反対派を一掃した仲麻呂は、豊成がこの計画を事前に知っていたにもかかわらず太政官の責任者として追及しなかったことの失策を理由に、大宰員外帥《だざいいんがいのそち》に左降して政治権力を掌中にした。

翌二年八月には大炊皇太子を淳仁《じゅんにん》天皇として即位させ、自らは紫微中台から正統な執政機関である太政官に移り大保《だいほう》（右大臣を唐風に改称）に就任して、淳仁から「広く恵みを施すことの美徳に過ぎるものはなく、暴逆の輩を禁圧し強敵に勝ち兵乱を鎮圧したとのことから藤原に恵美を加えて、押勝と名のるように」との命令があって、これ以降は「藤《ふじ》原恵美朝臣押勝《わらのえみのあそんおしかつ》」と称することになったのである。この「藤原恵美朝臣」の賜姓は、藤原一族のなかでも自分たち一家がより貴種であることを誇示するものであって、同四年正月には臣下で

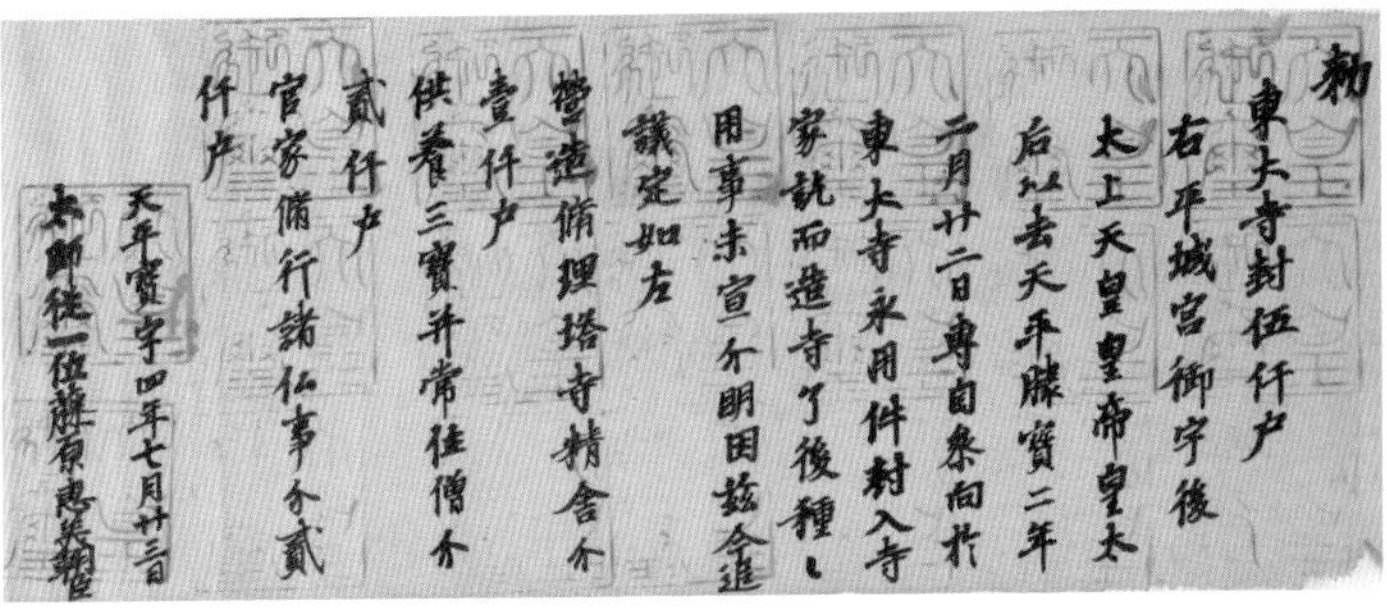
勅
東大寺封伍仟戸
右平城宮御宇後
太上天皇皇帝皇太
后以去天平勝寶二年
二月廿二日專自參向於
東大寺永用件封入寺
家訖而造寺了後種々
用事未宣分明因茲今追
議定如左
營造修理塔寺精舎分
壹仟戸
供養三寶并常住僧分
貳仟戸
官家修行諸仏事分貳
仟戸
天平寶字四年七月廿三日
大師従一位藤原恵美朝臣

藤原仲麻呂自筆「東大寺封戸処分勅書（天平宝字４年７月）」◆正倉院蔵

藤原仲麻呂関係系図

①〜③は、女子

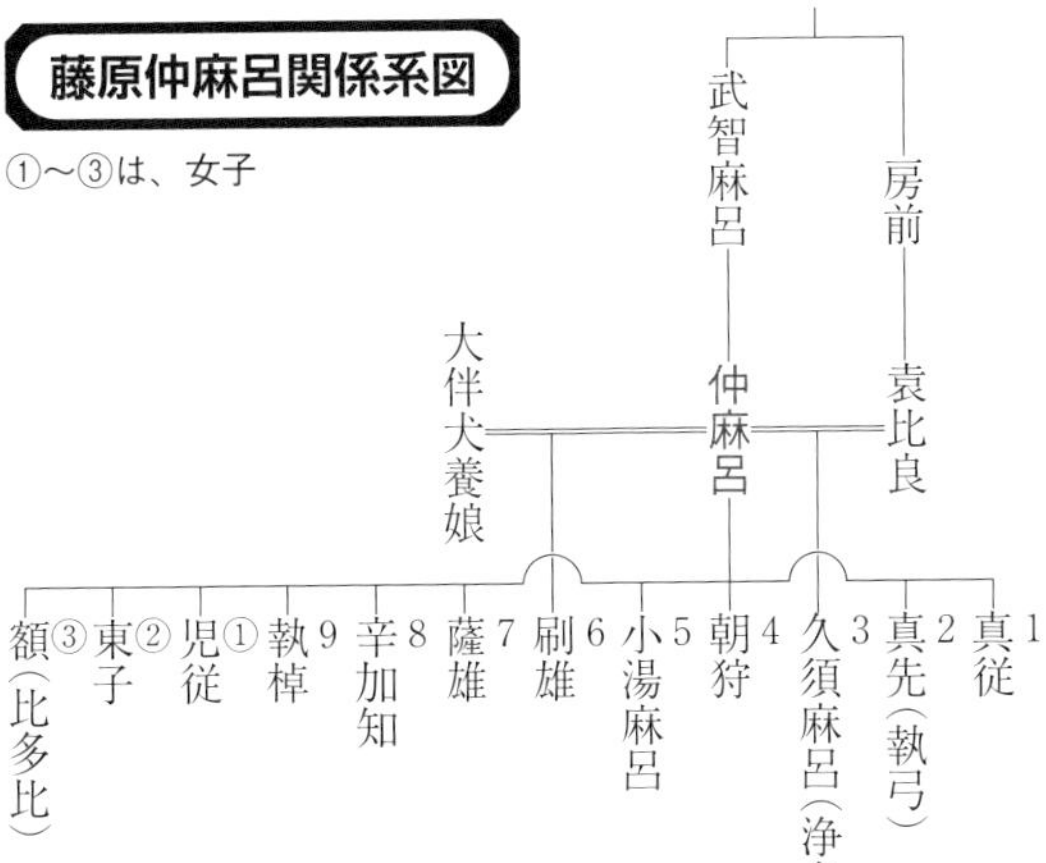

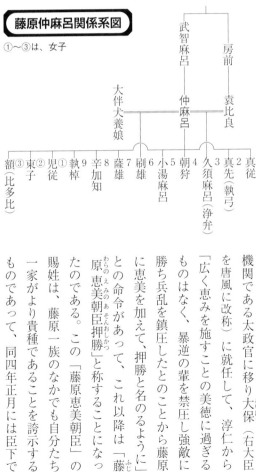

はじめて大師《だいし》（太政大臣《だいじょうだいじん》）となり、血脈のつながる御《ぎょ》史大夫《しだいぶ》（大納言）石川年足《いしかわのとしたり》をはじめ、参議に娘婿藤《ふじ》原御楯《わらのみたて》や自派閥の紀飯麻呂《きのいいまろ》・阿倍島麻呂《あべのしままろ》らを太政官に配して政権を確立させた。

その間に行った仲麻呂政治の特徴としては、唐の太《たい》宗《そう》・玄宗《げんそう》皇帝の政治に範をとった「唐風の儒教による徳政《とくせい》」だといわれている。けれども孝謙太上天皇に叛《そむ》いて反乱を起こした逆賊とされてきたことから、その施政も評価されてこなかったが、逆賊といういわれのないフィルターを剥いで冷静にみてみると、律令を重視した官僚制による革新的な庶民の辛苦にも配慮した政策が多い。

その特徴を示す施政をいくつかあげてみよう。まずは中男《ちゅうなん》一七歳・正丁《せいてい》二一歳年齢の繰り上げ、老丁《ろうてい》六一歳・耆老《きろう》六六歳年齢の繰り下げがある。中男の調庸《ちょうよう》負担は正丁の四分の一、老丁は二分の一、耆老は免除という規定であったが、それぞれ一歳を繰り上げ下げして負担の軽減をはかった。また、正丁の一年間最大六〇日の国司による官衙《かんが》・池堤《ちてい》修理などの公役に駆使する雑徭《ぞうよう》の負担が、国民の辛苦となっているとして三〇日に半減している。また地方政治の紊乱《びんらん》に対して、国司を監察する巡察使《じゅんさつし》を頻繁に派遣し、また貧乏・疾病など庶民の苦しみを巡問して救済、政治に反映させるために全国に問民苦使《もみくし》を派遣している。この成果の一例として毛野川《けぬがわ》（鬼怒川《きぬがわ》）の掘防工事などが裁可されている。また平準署《へいじゅんしょ》と常平倉《じょうへいそう》の創置もある。これは調庸を平城京《へいじょうきょう》まで運ぶ運脚夫《うんきゃくふ》が帰郷にあたって持参食料の欠乏や病気に斃《たお》れることが多かったことから、豊作時に常平倉に貯穀し、不作時に放出して売買の差額を運脚夫の食料医薬代に充てるとともに、米価を調整する施策であった。

これ以外にも、仲麻呂政権が企図したものの政権崩壊で挫折中断されていた諸施策のうち、国史編纂が桓《かん》武《む》天皇朝の『続日本紀』編纂につながり、別格《べっきゃく》・別《べつ》式《しき》と『氏族志《しぞくし》』の編纂が、嵯峨《さが》天皇朝の「弘仁格式《こうにんきゃくしき》」と『新撰姓氏録《しんせんしょうじろく》』として平安朝初期に完成している。これらの施策は、仲麻呂の進取的な政治改革として評価してよいであろう。

そのような仲麻呂政権も、光明没後の天平宝字八年になって在位中に皇権をふるえなかった孝謙が、その権勢欲から突然に淳仁を拘束のうえ御璽《ぎょじ》を奪取して、仲麻呂を反逆者とする詔勅《しょうちょく》を発したことから崩壊を迎える。虚をつかれた仲麻呂は逃亡し、近江国高島《おうみのくにたかしま》で孝謙軍と戦闘のうえ一族とともに敗死した。これは孝謙の淳仁・仲麻呂政権へのクーデターともいえるが、『続日本紀』編纂時の桓武天皇は、孝謙が重祚《ちょうそ》した称徳《しょうとく》天皇から父光仁《こうにん》天皇を通して皇位を受け継いでいたから、称徳が淳仁から皇位を簒奪《さんだつ》したとすると、自らの皇位が正統性をもたないものとなる。このこともあって仲麻呂を反逆者とする『続日本紀』の記述になっているのであるが、最近では仲麻呂反逆論は訂正される研究方向にある。

（木本）

【参考文献】
岸俊男『藤原仲麻呂』（吉川弘文館、一九六九年）
木本好信『藤原仲麻呂』（ミネルヴァ書房、二〇一一年）
木本好信『藤原仲麻呂政権の基礎的考察』（志学社、二〇二一年）
木本好信『奈良時代』（中央公論新社、二〇二二年）

百万塔◆恵美押勝（藤原仲麻呂）の内乱鎮圧後、称徳天皇の発願によって作成された。その名のとおり100万基つくられた小塔で宝亀元年（770）に完成した。興福寺や薬師寺など十大寺に安置され、掲載のものは法隆寺に伝来した　奈良国立博物館蔵

榮山寺八角堂◆榮山寺は仲麻呂の父武智麻呂が創建したとされ、藤原南家の菩提寺となった。八角堂は仲麻呂が父を弔うために建立したもので、内部には菩薩像や飛天等が描かれた壁画が残る。天平宝字4年から8年（760～764）に建てられたと推定されており、奈良時代の建築物として貴重である　奈良県五條市

5 百川《ももかわ》——桓武新王朝を樹立し、平安時代を現出

奈良時代の出現を演出したのが藤原不比等《ふひと》であれば、平安時代の現出をデザインしたのは百川《ももかわ》といっても過言ではない。

百川は、『続日本紀《しょくにほんぎ》』の「薨伝《こうでん》」に、宝亀《ほうき》一〇年（七七九）七月に四八歳で没したとあるから逆算すると、天平《てんぴょう》四年（七三二）の出生となる。もとは雄田《おだ》麻呂《まろ》と名のり、のちに光仁《こうにん》天皇即位を機に百川と改名した。「薨伝」には、「参議《さんぎ》正三位《しょうさんみ》式部卿《しきぶきょう》兼大宰帥《だざいのそち》宇合《うまかい》の第八の子なり」とあるから式家《しきけ》宇合の八男とわかる。百川の生まれた天平四年頃、父宇合は兄武智麻《むちま》呂《ろ》とともに長屋王《ながやおう》を自死に追いこんだあとの政治的混乱を収束させつつ、「藤原武智麻呂政権」の確立をほぼ為し遂げたときであったが、周知のように同九年には疫病が大流行して、宇合もこれに感染して急逝したから、百川は六歳で父を亡くしたのである。

母は、久米若女《くめのわくめ》（若売《わくめ》）という光明皇后《こうみょうこうごう》づきの宮《くう》人《にん》（女官）であった。『続日本紀』宝亀一一年六月己未《つちのとひつじ》条に「散位《さんい(に)》従四位下《じゅしいのげ》久米連若女卒《しゅっ》す。贈右《う》大臣《だいじん》従二位《じゅにい》藤原朝臣《あそん》百川の母なり」とある。散位とは位階をもつが職務のない者をいうから、すでに七〇歳近くであった若女は致仕《ちし》（退職）していたのである。久米氏は石見国《いわみのくに》（島根県）を出自とする理解もあるが、一方で百済《くだら》系の渡来氏族《とらいしぞく》とする説も有力で、そうだとするとのちに百川が必死になって擁立した桓武《かんむ》天皇の母高野新笠《たかののにいがさ》も百済系渡来氏族の出であるから、百川と桓武との強い絆の理由もこのあたりにあるのかもしれない。

若女は、百川が幼少の天平一一年、宇合の正妻であった石上国守《いそのかみのくにもり》（国盛）の兄弟である石上乙麻呂《おとまろ》とスキャンダルを起こし、乙麻呂は土佐国《とさのくに》に、若女は下総国《しもうさのくに》に流罪《るざい》となったことがあった。のちに百川は桓武立太子の陰謀を企むが、ともに行動したのが乙麻呂嫡子で有名な文人公卿の宅嗣《やかつぐ》であった。この乙麻呂・若女事件は、藤原広嗣《ひろつぐ》の反乱をひかえて政権の確立を急ぐ

橘《たちばなの》諸兄《もろえ》による広嗣派の乙麻呂排斥《はいせき》というのが真相であった。すでに父は亡くなり、また母が流罪となった八歳の百川の面倒をみたのは、九州に下向していた長兄広嗣ではなく次兄良継《よしつぐ》（改名前は宿奈麻呂《すくなまろ》）であったと思う。そのようなこともあって百川は妻に良継の娘諸姉《もろね》を迎えていて、終生良継を支えつづけた。

その後、百川がどのような官人生活をおくっていたのか不明であるが、史料に初出するのは天平宝字《てんぴょうほうじ》三年（七五九）で従五位下《じゅごいのげ》に叙爵したことだが、同七年に良継が当時の権勢者である藤原仲麻呂《なかまろ》（恵美押勝《えみのおしかつ》）の暗殺未遂事件を起こし除名《じょみょう》になったから百川も不遇であった。百川に転機が訪れたのは、良継や弟蔵下《くらじ》麻呂《まろ》が「仲麻呂の内乱」で仲麻呂打倒を左右するような大きな功績をあげたことであった。

この結果をうけて称徳《しょうとく》女帝政権下の神護景雲《じんごけいうん》元年（七六七）、百川は右兵衛督《うひょうえのかみ》に任じられる。すでに兄田麻呂《たまろ》が外衛大将《がいえのたいしょう》、蔵下麻呂が近衛大将《このえのたいしょう》に在職していて、兄弟三人で衛府《えふ》（軍隊）の長官にあり、また良継が兵部卿《ひょうぶきょう》にあったから式家兄弟で軍事力を掌握して朝廷での発言力は大きくなっていた。

そして、百川は右兵衛督だけではなく、左中弁《さちゅうべん》・侍従《じじゅう》などの重職を兼任、さらに内豎大輔《ないじゅだいふ》・中務大輔《なかつかさだいふ》などに在任して称徳や道鏡《どうきょう》から信任されていた。ただ宇佐八幡《うさはちまん》神の神託による道鏡の即位を阻止した和気《わけの》清麻呂《きよまろ》が、称徳・道鏡から責められ流罪になったときに経済的助力をしている。ここに百川の深慮遠謀をみることができる。

そして、百川の存在が日本歴史に大きく影響したの

藤原百川関係系図

※数字は即位順

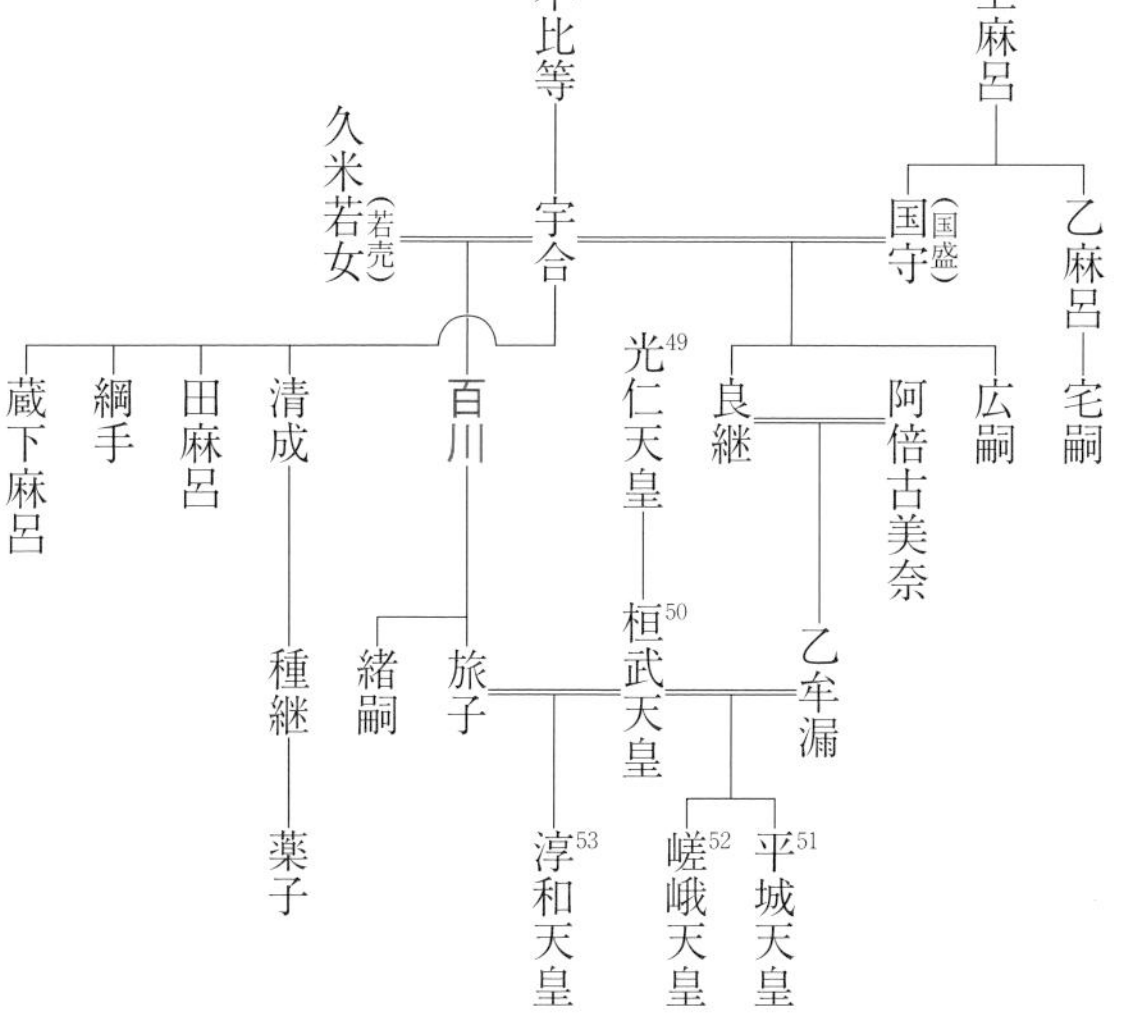

は、称徳没後の白壁王《しらかべおう》（天智《てんじ》天皇孫）擁立の陰謀を北《ほっ》家《け》永手《ながて》、良継と企んだことであった。『続日本紀』には、称徳は没するにあたって異母姉井上内親王《いのえ(いかみ)ないしんのう》の夫白壁王を後継に指名したとある。けれども、真実は『日本紀略《にほんきりゃく》』にあるように後継者を指名せずに没したので、永手や良継・百川らが白壁王と井上の間に生まれていた聖武《しょうむ》天皇の孫でもある他戸王《おさべおう》（のち親王）に将来皇位をつなぐことを理由に、まずは他戸王が幼少であったので白壁王を中継ぎとして立てたのであった。ところが、右大臣吉備真備《きびのまきび》が反対して天武《てんむ》天皇孫の文室浄三《ふんやのじょうさん》の擁立を譲らず対立した。

そのようなとき、百川がとった行動について『日本紀略』宝亀元年八月癸巳《みずのとみ》条の引く「百川伝」には、「百川、永手・良継と策を定めて、偽りの宣命語《せんみょうご》を作りて、宣命使を庭に立て宣制せしむ。（中略）即ち諸仗《しょじょう》に命じて、白壁王を冊《た》てて皇太子となす」とある。つまり、百川が白壁王を皇太子とする称徳の遺言を偽作して公表、軍衛に命じて立太子させたというのである。「百川伝」の史料としての信憑性が問題視されるが、いまの研究ではおおむね真実であるとされている。百川の複数の帯任職は、この陰謀工作を可能とする職掌《しょくしょう》であることからも、まず間違いないと思われる。

しかし、百川の陰謀はこれにとどまらなかった。白壁王が即位し光仁天皇となった後、宝亀二年、百川は太政官《だいじょうかん》の一員である参議に昇ったが、その翌三年に皇后となっていた井上が、宮人の粟田広上《あわたのひろかみ》・安都堅石女《あとのかたしわめ》らとともに巫蠱《ふこ》によって光仁の呪殺を企んだという裳咋足島《もくいのたるしま》の密告によって廃后になる事件が起こった。この事件の真相は不詳であるが、間もなくして立太子していた他戸王も母が謀反人ということを理由に廃太子された。この後、井上・他戸母子は大和国《やまとのくに》宇《う》智郡《ちぐん》（奈良県五條市）に幽閉され、同六年四月の同じ日に亡くなっている。たぶん暗殺か服毒を強要されたのであろう。

他戸王の廃太子をうけて宝亀四年正月、光仁の長子山部親王《やまべしんのう》（桓武天皇）が皇太子となった。太政官の異動を記した『公卿補任《くぎょうぶにん》』が引く「本系」には、百川が「もと心を桓武天皇に属し、龍潜《りょうせん》の日に交情を結ぶ。（中略）しばしば奇計を出し、遂に他部《（マヽ）》を廃して、桓武天皇を太子と為す」とみえて、百川が立太子以前から親交のあった山部を皇太子とするために奇計を弄《ろう》して他戸を廃したとあるのは、先のことであって桓武即位に大きな働きをしたのである。

このことが真実であることは、『続日本後紀《しょくにほんこうき》』承《じょう》和《わ》一〇年（八四三）七月庚戌《かのえいぬ》条に、桓武が百川の長子である緒嗣《おつぐ》に、いまになっても百川の言葉は忘れないし、思い出すと涙が出るとし、「緒嗣の父なかりせば、予あに帝位に践《つ》くことを得んや」といったとあることからしても納得できる。

このような百川の陰謀がなかったならば、桓武の即位も平安京への遷都も、そして平安時代も出現しなかったかもしれない。

（木本）

藤原百川の墓◆他戸親王を廃太子に追い込み山部親王を皇太子につけることに成功したが、山部の即位を見ることなく宝亀10年（779）に死去した。娘の旅子が淳和天皇の母であったため、のちに正一位・太政大臣を追贈されている。なお、墓所は当地に比定されているが、確定しているわけではない　京都府木津川市

御霊神社◆百川の策謀により死去した井上内親王・他戸親王母子のほか、早良親王や藤原広嗣等の怨霊を鎮めるために桓武天皇の勅命により建立された。井上内親王が本殿に、他戸親王が神霊二座として祀られている　奈良市

【参考文献】

木本好信『新装復刊　藤原式家官人の考察』（岩田書院、二〇一九年）
西本昌弘「光仁天皇と藤原百川」（『人物で学ぶ日本古代史』奈良時代編、吉川弘文館、二〇二二年）
木本好信『奈良時代』（中央公論新社、二〇二二年）

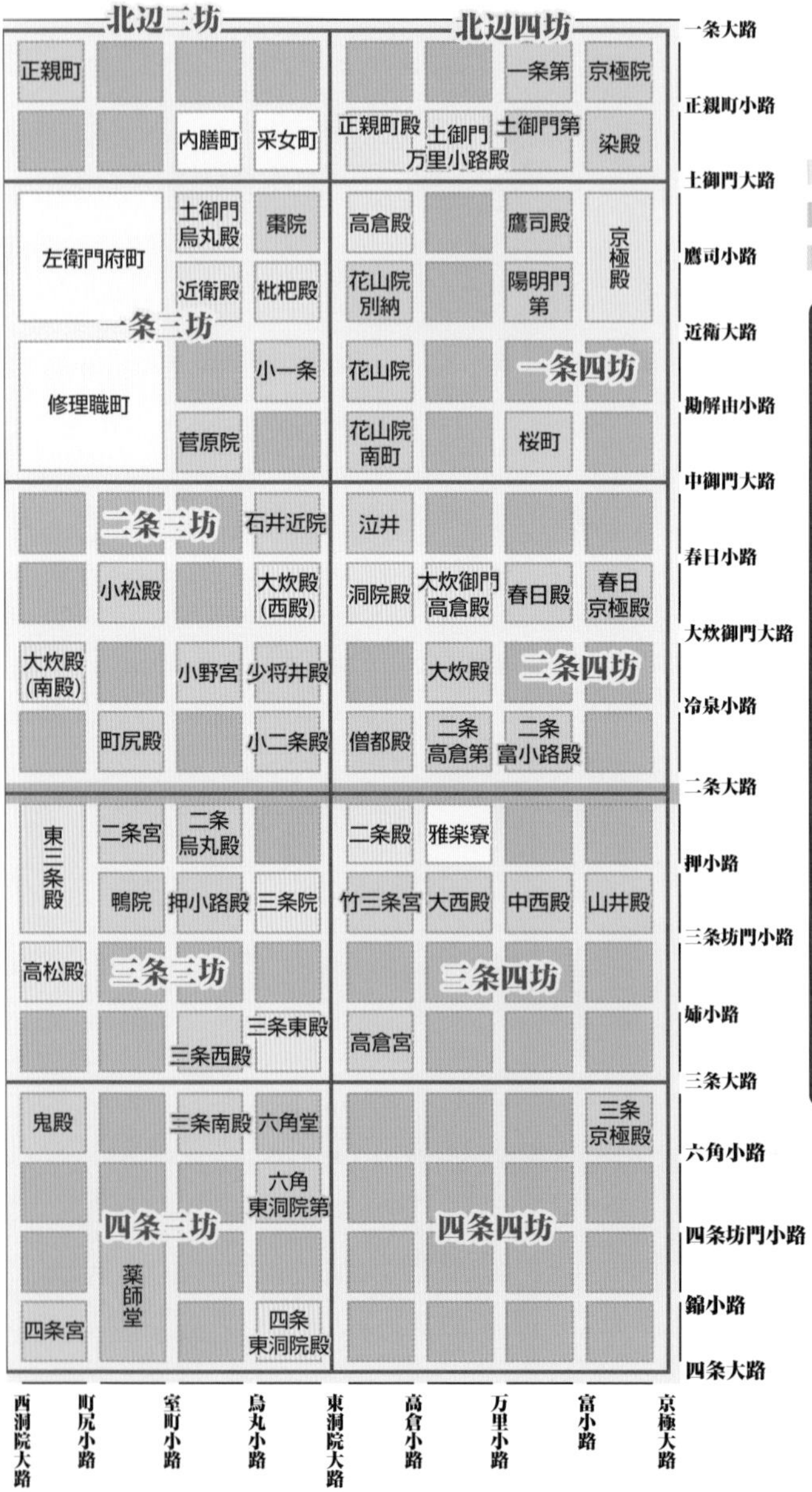

平安京中心部地図

作成：樋口健太郎

官衙・官衙町
里内裏(平安時代)・後院
寺堂
貴族邸宅・院御所

平安京は、中央北部に位置する大内裏の正門である朱雀門から南に延びる朱雀大路によって、東側の左京と右京に分けられたが、低湿地に造られた右京は早くから衰退した。残った左京は、朱雀門が面した二条大路によって、北側の上辺《かみわたり》(上京)と南側の下辺《しもわたり》(下京)に分かれ、上辺周辺は役人の住む官衙町のほか、天皇の住む里内裏や貴族の邸宅が立ち並んで政治の中心となった。図は13世紀頃の成立とされる『拾芥抄』所収の東西京図をもとに作成した。

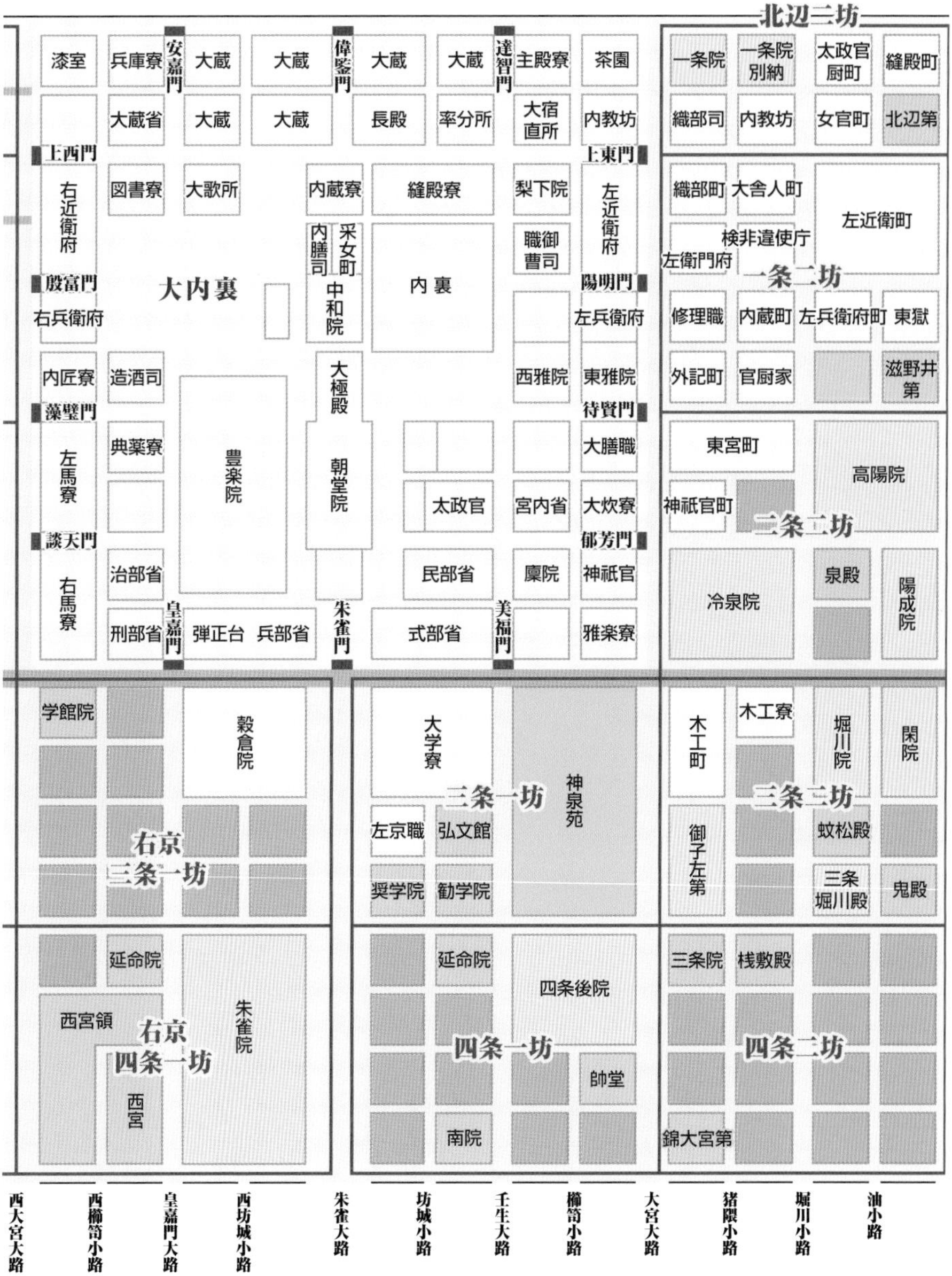
北辺二坊
漆室
兵庫寮
安嘉門
大蔵
偉鑒門
達智門
主殿寮
茶園
一条院
一条院別納
太政官厨町
縫殿町
大蔵省
長殿
率分所
大宿直所
内教坊
織部司
女官町
北辺第
上西門
上東門
右近衛府
図書寮
大歌所
内蔵寮
縫殿寮
梨下院
左近衛府
織部町
大舎人町
左近衛町
内膳司
采女町
職御曹司
検非違使庁
左衛門府
殷富門
大内裏
中和院
内裏
陽明門
一条二坊
右兵衛府
左兵衛府
修理職
内蔵町
左兵衛府町
東獄
内匠寮
造酒司
大極殿
西雅院
東雅院
外記町
官厨家
滋野井第
藻壁門
待賢門
典薬寮
大膳職
東宮町
左馬寮
豊楽院
朝堂院
高陽院
太政官
宮内省
大炊寮
神祇官町
二条二坊
談天門
郁芳門
治部省
民部省
廩院
神祇官
冷泉院
泉殿
陽成院
右馬寮
皇嘉門
朱雀門
美福門
刑部省
弾正台
兵部省
式部省
雅楽寮
学館院
穀倉院
大学寮
木工町
木工寮
堀川院
閑院
神泉苑
三条一坊
三条二坊
右京三条一坊
左京職
弘文館
御子左第
蚊松殿
奨学院
勧学院
三条堀川殿
鬼殿
延命院
三条院
桟敷殿
四条後院
西宮領
右京四条一坊
朱雀院
四条一坊
四条二坊
帥堂
西宮
南院
錦大宮第
西大宮大路
西櫛笥小路
皇嘉門大路
西坊城小路
朱雀大路
坊城小路
壬生大路
櫛笥小路
大宮大路
猪隈小路
堀川小路
油小路

6 良房《よしふさ》――天皇に代わり政務の決裁を行った人臣初の摂政

平安時代初期、嵯峨《さが》天皇が兄である平城太上天皇《へいぜいだいじょうてんのう》との政争に勝利すると、皇太子時代からの側近であった北家《ほっけ》出身の藤原冬嗣《ふゆつぐ》が台頭し、天長《てんちょう》二年（八二五）には左大臣《さだいじん》まで昇った。良房はその跡継ぎで、父同様、嵯峨の皇子である仁明《にんみょう》天皇に側近として仕えた。

良房にとって政権掌握のチャンスとなったのは、承和《じょうわ》九年（八四二）に起こった承和の変である。この事件は、東宮帯刀伴健岑《とうぐうたちはきとものこわみね》・但馬権守橘逸勢《たじまごんのかみたちばなのはやなり》らが謀反《むほん》を企てたとして配流《はいる》に処されたため、高校の教科書などでは藤原氏北家による他氏排斥事件の一つとされている。しかし、実際にはこの時期、伴氏（大伴氏）や橘氏はすでに往事のような力はなく、近年では、この事件は皇位継承をめぐる対立を原因とするものであったと考えられている。この頃の天皇家では、嵯峨上皇―仁明天皇、淳和《じゅんな》天皇―恒貞親王《つねさだしんのう》の二つの皇統《こうとう》が並立しており、双方の皇統に近臣グループが生まれていた。こうしたなかで、承和九年、嵯峨太上天皇が死去した。そうすると、両皇統の間のパワーバランスが崩れ、皇太子であった恒貞が謀反の疑いをかけられて皇太子の地位を辞めさせられた。伴健岑・橘逸勢は恒貞の関係者で、その謀反とは恒貞や側近集団を失脚させるための口実にすぎなかったのである。

ただ、恒貞の廃太子《はいたいし》によって皇統が仁明のもとに一本化されたことで、事件が仁明側近である良房に有利に働いたのは間違いない。事件後、恒貞に代わる皇太子として仁明の皇子である道康《みちやす》親王が立てられたが、道康の母は良房の妹順子であった。そのため、嘉祥《かしょう》三年（八五〇）、道康が即位して文徳《もんとく》天皇となると、良房は天皇の外戚《がいせき》になったのである。

しかも、文徳は良房の娘明子《あきらけいこ》を妃に迎えて、皇太子惟仁《これひと》親王をもうけており、文徳の時代、良房と天皇の関係はさらに深まった。こうして天安《てんあん》元年（八五七）、良房は奈良時代末期の道鏡《どうきょう》以来、約九〇年ぶりに、貴族の最高職である太政大臣《だいじょうだいじん》に任じられた。

清和天皇（左）と良房（右）◆良房は晩年、『貞観格式』を公布、『続日本後紀』を編纂させるなど、法の整備と修史事業に尽力した
「伴大納言絵巻（模本）」　東京国立博物館蔵　出典：ColBase　https://colbase.nich.go.jp/collection_items/tnm/A-11871?locale=ja

藤原良房・天皇家関係系図

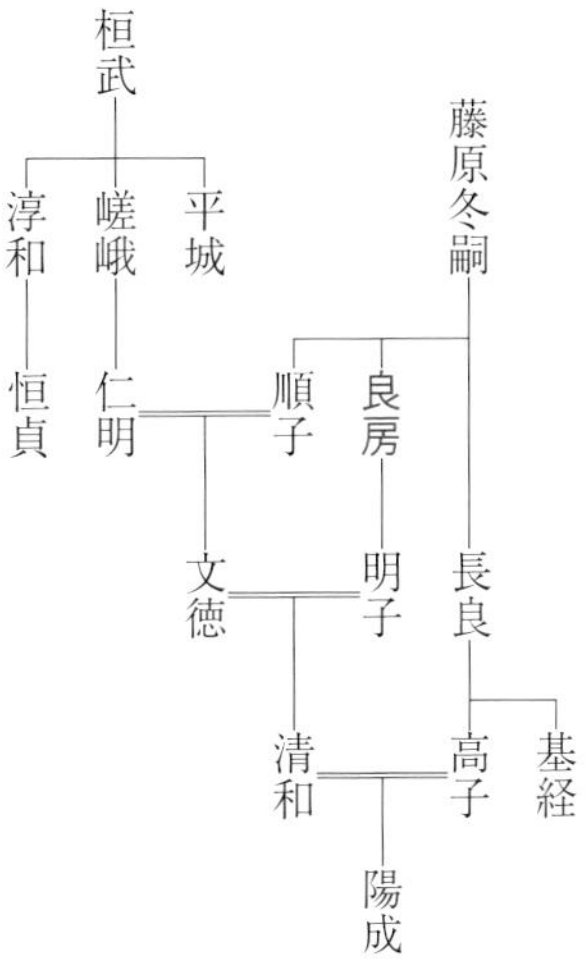

だが、その翌年、文徳は急死し、朝廷は危機に直面する。皇太子惟仁が即位して清和《せいわ》天皇となるが、九歳という幼年のため、政務の判断ができなかったのである。ここに良房が天皇に代わり政務の決裁を行うことになる。これが人臣摂政《じんしんせっしょう》のはじまりである。このことは、かつては良房が幼帝を立てて政務の実権を奪ったと理解されたが、近年では、幼帝即位という天皇制の危機を克服するための対応であったとして高く評価する研究もある。

清和天皇は貞観《じょうがん》六年（八六四）に元服《げんぷく》したが、その後も社会は不安定で、二年後の貞観八年、応天門《おうてんもん》炎上事件が起こると、清和は改めて良房に政務の代行を命じた。世情が不安定化するなか、若い天皇だけでは危機に対応できず、良房は政権の重しとして天皇を補佐した。こうしたなかで、摂政は天皇制を補完する存在として定着していった。

（樋口）

【参考文献】
今正秀『藤原良房—天皇制を安定に導いた摂関政治—』（山川出版社、二〇一二年）
瀧浪貞子『藤原良房・基経—藤氏のはじめて摂政・関白したまう—』（ミネルヴァ書房、二〇一七年）

7　基経《もとつね》——初代関白となり摂関政治の基礎をつくる

藤原基経《もとつね》は、良房《よしふさ》に続き摂関政治の基礎をつくった人物である。彼は権大納言《ごんのだいなごん》長良《ながら》の三男で、良房の実子ではなかった。しかし、彼は男子のいなかった良房の猶子《ゆうし》（養子）となり、その後継者となった。また、彼の同母妹の高子《たかいこ》は貞観《じょうがん》八年（八六六）、女御《にょうご》として清和《せいわ》天皇に入内《じゅだい》し、貞観一〇年、皇子貞明《さだあきら》を出産した。貞観一八年、清和天皇が病によって貞明（陽成《ようぜい》天皇）に譲位《じょうい》すると、基経は天皇外戚《がいせき》になったのである。

一方、陽成天皇は即位時九歳の幼帝であり、政務執行は不可能であった。そこで、同じく九歳であった清和天皇の即位に際して、外祖父《がいそふ》良房が政務を摂行《せっこう》したのにならい、基経は摂政に任じられ、天皇に代わって政務を執り行うことになった。そして元慶《がんぎょう》四年（八八〇）には、太政大臣《だいじょうだいじん》に任じられた。

ところが、陽成天皇は元慶八年、基経に書状を遣わし、突然退位を表明する。表向きは病気がその理由とされているが、実際は乳兄弟《ちきょうだい》である源益《みなもとのまさる》を殺害したためとする説が有力である。ともあれ、陽成の退位によって、基経の政権運営は先が見通せない不透明なものとなった。陽成には、基経の妹高子を母とする同母弟の貞保親王《さだやすしんのう》、基経の娘佳珠子《かずこ》を母とする異母弟の貞辰《さだとき》親王もいたが、基経はあえて二人を後継候補からはずし、清和の叔父に当たる時康《ときやす》親王（光孝《こうこう》天皇）を即位させたのである。

だが、結果的にこれによって基経は損して得を取ることになった。光孝天皇は即位時五五歳の成人天皇であり、基経との血縁関係もなかった。しかし、彼は基経を自分を擁立した恩人として最大限尊重した。また、突然天皇になった光孝は政務がわからなかったが、基経は摂政として天皇大権を代行した経験があった。それをもって彼は光孝に助言し、政務を補佐したのである。光孝は、天皇の政務決裁に当たって、前もって基経に諮《はか》りその指示を仰ぐことを命じた。これが事実上の関白のはじまりとされている。

仁和《にんな》三年（八八七）、光孝が死去すると、皇太子定省《さだみ》が即位して宇多《うだ》天皇となった。宇多も父に引き続き基経を重用し、彼を正式に関白に任じた。しかし、宇多と基経との関係は前代とは違い、あまりよくなかったようである。宇多は基経を関白として登用する際、その職掌について、中国の故事を引用して「阿衡《あこう》の任」とした。だが、「阿衡の任」には職掌がないとの意見が出されたため、基経は以後、約一年にわたって出仕を拒否した。こうして基経は自分の存在の重さを若い天皇に対して見せつけたのである。両者の対立は、仁和四年、基経の娘温子《おんし》が入内することで解消されるが、寛平《かんぴょう》三年（八九〇）、基経が没すると、宇多は菅原《すがわらの》道真《みちざね》ら側近を重用して政治を進め、北家《ほっけ》とは距離を置いた。

（樋口）

宇多法皇画像◆母の班子女王は基経の妹淑子と仲が良く、宇多は淑子の猶子となっていた　東京大学史料編纂所蔵模写

伝藤原基経の墓◆宇治陵第36号墳墓。許波多神社の境内にあり、「狐塚」と呼ばれている　京都府宇治市　撮影：筆者

【参考文献】
今正秀『摂関政治と菅原道真（敗者の日本史3）』（吉川弘文館、二〇一四年）
瀧浪貞子『藤原良房・基経―藤氏のはじめて摂政・関白したまう―』（ミネルヴァ書房、二〇一七年）

8 忠平《ただひら》――同じ天皇の摂政・関白となり摂関政治を完成

藤原基経《もとつね》には、時平《ときひら》・仲平《なかひら》・忠平《ただひら》の三人の男子がいた。三兄弟が育った頃、基経は光孝《こうこう》天皇擁立の功によって、天皇から父のように慕われており、仁和《にんな》二年（八八六）、時平の元服は内裏《だいり》仁寿殿《じじゅうでん》で行われ、天皇自ら加冠《かかん》役をつとめている。また、兄弟は三人とも、当時としては異例の正五位下《しょうごいのげ》で元服叙爵《じょしゃく》するなど、親王に準じた扱いをされており、貴族というより皇族に近い存在だったようである。

三兄弟のうち、基経の後継者と目されたのは時平で、昌泰《しょうたい》元年（八九八）の醍醐《だいご》天皇即位に当たっては、宇多太上天皇《うだだいじょうてんのう》より「第一の臣として能く顧問に備《よ》ふ」と評価され（『寛平御遺誡《かんぴょうごゆいかい》』）、菅原道真《すがわらのみちざね》とともに内覧《ないらん》に任じられた。昌泰四年、道真が大宰権帥《だざいのごんのそち》として左遷されると、時平は左大臣《さだいじん》として政権を主導し、延喜《えんぎ》の荘園整理令を出すなど、体制の安定化に努めたが、延喜九年（九〇九）、三九歳の若さで病死した。

時平の死によってその地位を受け継いだのが弟の忠平である。彼は時平が死んだ延喜九年には、兄仲平を抜いて権中納言《ごんのちゅうなごん》となり、同じ年には、史上初めて近《この》衛大将《えたいしょう》・検非違使別当《けびいしべっとう》・蔵人所別当《くろうどどころべっとう》の栄職を兼帯した。そして、延喜一三年には右大臣《うだいじん》源光《みなもとのひかる》の死去によって太政官《だいじょうかん》の首班となり、翌年には右大臣に任官した。

この頃、時平をはじめとして皇族や貴族の変死が相次ぎ、その原因として道真の怨霊《おんりょう》が噂された。怨霊の存在は当時の朝廷にしだいに重苦しくのしかかったが、このことも忠平には有利に働いた。忠平は道真に近く、左遷事件のときも公卿《くぎょう》に列していなかったため、その存在感がかえって高まったのである。

ただ、醍醐天皇の時代、彼は天皇の外戚《がいせき》ではなかったこともあって、天皇との関係は疎遠で、右大臣昇進の後は、なかなか昇進できなかった。右大臣になってから一〇年後の延長《えんちょう》二年（九二四）、忠平はようやく左大臣となったが、これも醍醐天皇が外戚である藤原

藤原忠平◆ある夜、内裏紫宸殿に鬼が出現し、忠平の太刀の鞘をつかんだが、忠平が太刀を引き抜いて鬼の手をつかんだところ、鬼は驚き逃げたという。忠平の剛胆さをあらわす一場面　「大かゞみ絵詞」　国立歴史民俗博物館蔵

定方《さだかた》を右大臣に昇進させるため、やむなく彼を昇進させたものらしい。

しかし、延長八年、醍醐天皇が退位すると彼は政治の主導権を完全に掌握する。醍醐に代わって即位した朱雀《すざく》天皇はわずか八歳であり、忠平は天皇の母穏子《おんし》の弟として摂政に任じられた。そして承平《じょうへい》六年（九三六）には、太政大臣《だいじょうだいじん》を兼任したのである。

忠平は朱雀天皇の下で一一年間、摂政《せっしょう》を務め、承平七年、天皇が元服すると、天慶《てんぎょう》四年（九四一）には関白《かんぱく》に任じられた。同じ天皇に摂政・関白として仕えたのは忠平が最初で、これによって天皇が幼少のときは摂政、天皇が元服すると関白が置かれるというあり方が確定した。こうしたことから、忠平が摂関だった時代は、摂関政治の完成期と考えられている。（樋口）

【参考文献】
黒板伸夫「藤原忠平政権に対する一考察」（『摂関時代史論集』吉川弘文館、一九八〇年）

COLUMN 1

中臣氏から藤原氏へ

中臣氏《なかとみうじ》は、大倭国《やまとのくに》（大和国）高市郡《たけちぐん》藤原を本拠とする有力氏族であって、天児屋根命《あめのこやねのみこと》を祖神として、朝廷の祭祀を務めた一族であった。系図によると、欽明《きんめい》天皇朝の黒田《くろだ》の子の常盤《ときわ》のときに中臣連《なかとみのむらじ》姓を賜っている。のちに天武《てんむ》天皇一三年（六八四）の「八色《やくさ》の姓《かばね》」の制定で朝臣《あそん》姓となっている。その常盤の孫の御食子《みけこ》・国子・糠手子《ぬかてこ》三兄弟から中臣氏は分立するが、この御食子の長子が鎌足《かまたり》である。

鎌足は、乙巳《いっし》の変で中大兄皇子《なかのおおえのおうじ》とともに蘇我入鹿《そがのいるか》を暗殺して大化改新《たいかのかいしん》を為し遂げたことから、即位した天智《てんじ》天皇（中大兄皇子）からの信頼は絶大であった。よって鎌足が重体となって死を迎えると、天智は自ら鎌足を病床に見舞い、数日後には皇太弟《こうたいてい》の大海人皇子《おおあまのおうじ》（天武《てんむ》天皇）を遣して、中臣氏を改め藤原氏の名を下賜している。『日本書紀《にほんしょき》』には、「天皇、（中略）大臣の位とを授く。仍《よ》りて姓《うじ》を賜ひて、藤原氏とす。此より以後、通して藤原内大臣《ないだいじん》と曰《い》ふ」とみえている。

これによって藤原氏は、中臣氏と相違して大臣を出す家柄となったが、ただ藤原氏は鎌足直系の家系だけでなく、国子や糠手子の孫の意美麻呂《おみまろ》・大島《おおしま》も名のっていた。しかし、文武《もんむ》天皇二年（六九八）八月になって鎌足の次子不比等《ふひと》（長子定恵《じょうえ》（貞慧）は僧侶で、すでに死去）の家系のみに限ることになり、それ以外は中臣氏に復させて神事を掌《つかさど》ることを命じた。これには持統太上天皇《じとうだいじょうてんのう》の不比等重用の政治的配慮があった。

この措置によって、不比等の家系のみが鎌足の政治的功績を蒙《こうむ》って、蔭位《おんい》制の大織冠《だいしょくかん》（大宝《たいほう》令制で正《しょう》一位《いちい》）の適用によって、不比等の四子の武智麻呂《むちまろ》・房《ふさ》前《さき》・宇合《うまかい》・麻呂《まろ》らの蔭階も高く昇級も早く、奈良時代の政界にあって要職を占め政治権力を掌握して、藤原氏発展の基礎を築いた。

（木本）

【参考文献】
田村円澄『藤原鎌足』（塙書房、一九六九年）
高島正人『藤原不比等』（吉川弘文館、一九九七年）

第二章　藤原氏のライバルたち

「北野天神縁起絵巻」に描かれた菅原道真◆宇多天皇に重用され、道真の急激な昇進は藤原氏の脅威となった　九州国立博物館蔵　出典：ColBase　https://colbase.nich.go.jp/collection_items/kyuhaku/A18?locale=ja

1 長屋王《ながやおう》――無実の罪で自死に追い込まれた皇親左大臣

長屋王《ながやおう》、父は天武《てんむ》天皇長子の高市皇子《たけちのおうじ》、母は天智《てんじ》天皇の娘で、持統《じとう》・元明《げんめい》両女帝を姉妹にもつ御名部皇女《みなべのおうじょ》という皇親のなかでもすこぶる貴種であった。

生年については、かつて天武天皇一三年（六八四）といわれたが、いまは天武天皇五年とするのが妥当だとされる。史料に初出するのは、慶雲《けいうん》元年（七〇四）正月に无位《むい》から正四位上《しょうしいのじょう》に蔭叙《おんじょ》されたときである。親王の子の位階は、「養老選叙令《ようろうせんじょりょう》」によると従四位下《じゅしいのげ》と規定されているから、長屋王は三階高い位階に叙されている。これは蔭位《おんい》が実施されずに叙位年齢二一歳を越えて八年も遅れたからだとする説もあるが、やはり貴種ゆえの別勅による特別待遇が理由であった。和《わ》銅《どう》七年（七一四）には、長《なが》・舎人《とねり》・新田部《にいたべ》ら三親王とともに封戸《ふこ》の加増にあずかっていることをみても親王と同等に扱われていて、ここに私的ではあるが「長屋親王」とも呼ばれる素因があった。

和銅二年には宮内卿《くないきょう》に、翌三年には式部《しきぶ》卿に任じられて藤原不比等《ふひと》政権の枢要職を歴任していたが、長屋王が将来の宰相として期待されるのが明確となったのは、養老《ようろう》二年（七一八）三月に不比等からの政権を継承することを前提に参議《さんぎ》（参議朝政）・中納言《ちゅうなごん》を超任して一挙に大納言《だいなごん》に登用されたことである。不比等は息子武智麻呂《むちまろ》兄弟らとは違って、天皇のもとに皇親と協調する為政を考えており、また長屋王に期待してすでに二女長娥子《ながこ》を配していたからの登用となったのである。

不比等が没した翌年の養老五年正月に長屋王は右大《うだい》臣《じん》として政治を主導することになった。よく知られている施政として、当時の経済的窮乏を解消、国民の生活を安定化し税収を増加させるために、耕地を拡大する百万町歩《ひゃくまんちょうぶ》開墾計画がある。この方針は養老七年に転換されるが、それが開墾した土地は三世の私有を認める（造溝池の場合）という律令制度の根幹である公地公民制を揺るがす三世一身法《さんぜいっしんのほう》の施行である。長屋王政権の政治基調としては、自然災害が起こるのは政治が疲弊しているからだという災異主義であり、その要因は緩怠の官人にあるとして、責任を転嫁のうえ厳しく綱紀を粛正した。このようなことが長屋王を政界から孤立化させた。

神亀《じんき》元年（七二四）二月、聖武《しょうむ》天皇の即位とともに長屋王は左大臣《さだいじん》となって政治を領導していたが、天《てん》平《ぴょう》元年（七二九）二月、漆部君足《ぬりべのきみたり》・中臣宮処東人《なかとみのみやこのあずまひと》らから国家転覆を謀っているとの密告があった。前年に亡くなった基皇太子《もといこうたいし》の呪殺《じゅさつ》をはかったものと疑われたのである。ただちに藤原宇合《うまかい》が中衛《ちゅうえ》・左右兵《さゆうひょう》衛府《えふ》など六衛府の兵士を率いて長屋王の邸宅を囲んだ。これは長屋王を邸宅内に押し込めて行動の自由を奪い、長屋王派との連絡を遮断するとともに、翌日の邸内での舎人・新田部両親王や藤原武智麻呂らによる糾問《きゅうもん》を意のままにすすめるためでもあって、無実の長屋王を自死に追い込むうえでも事件の結果を左右した。結果的には長屋王は無実であったから君足らの密告は嘘の誣告《ぶこく》であったが、誣告であれば死刑となる密告の虚実の判断を委ねられた左右京大夫《さうきょうのだいぶ》藤原麻呂《まろ》は真実とした。これは本当の誣告者が麻呂であり、宇合がこれをうけて邸宅を囲み、そして武智麻呂が糾弾《きゅうだん》

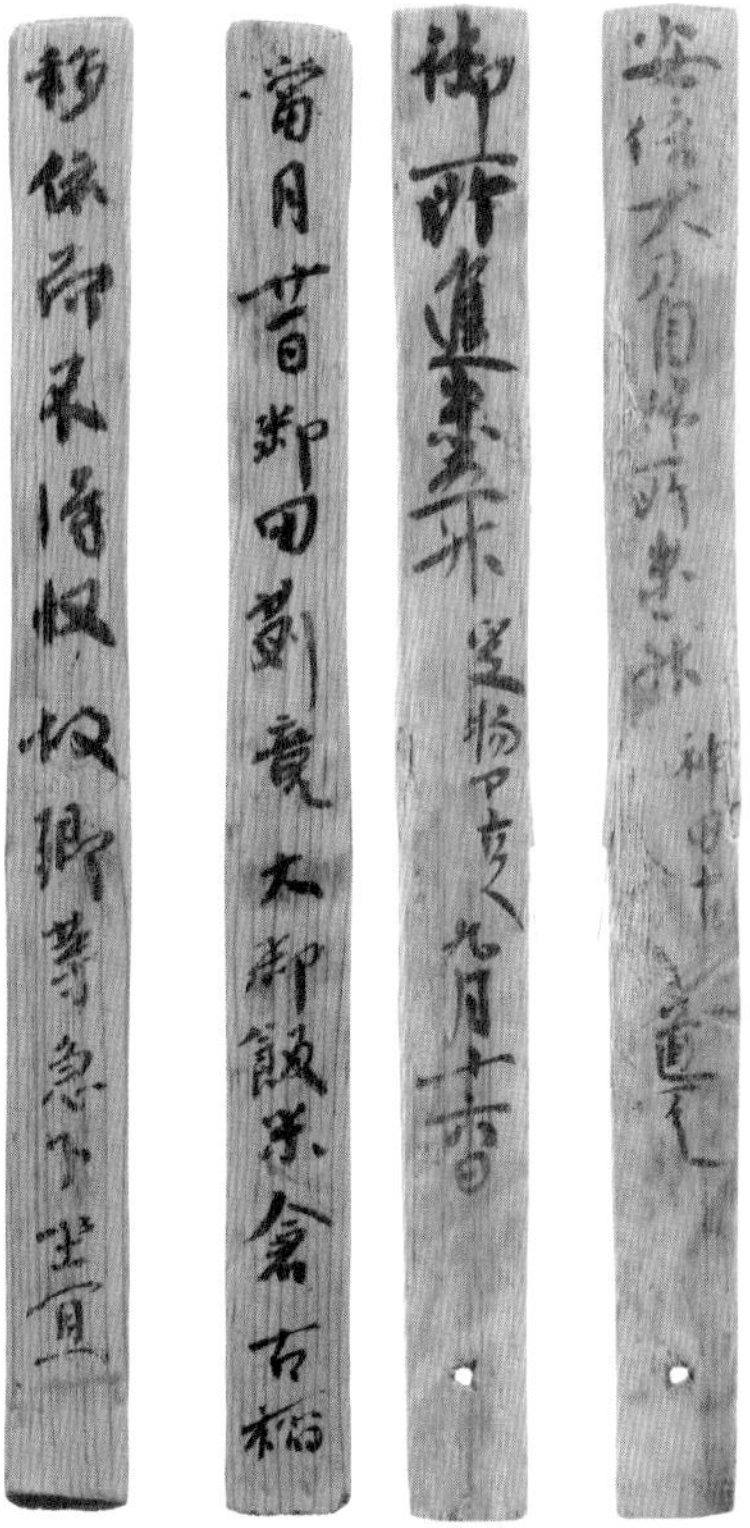

長屋王邸出土木簡◆長屋王邸は250 m四方の大規模なもので、平城宮の東南に所在した。木簡は35000点ほど見つかっており、文化人としても知られる長屋王を象徴するように漢詩が記された木簡も出土している　奈良文化財研究所蔵 出典：ColBase　https://colbase.nich.go.jp/collection_items/nabunken/6AFITC11000133?locale=ja

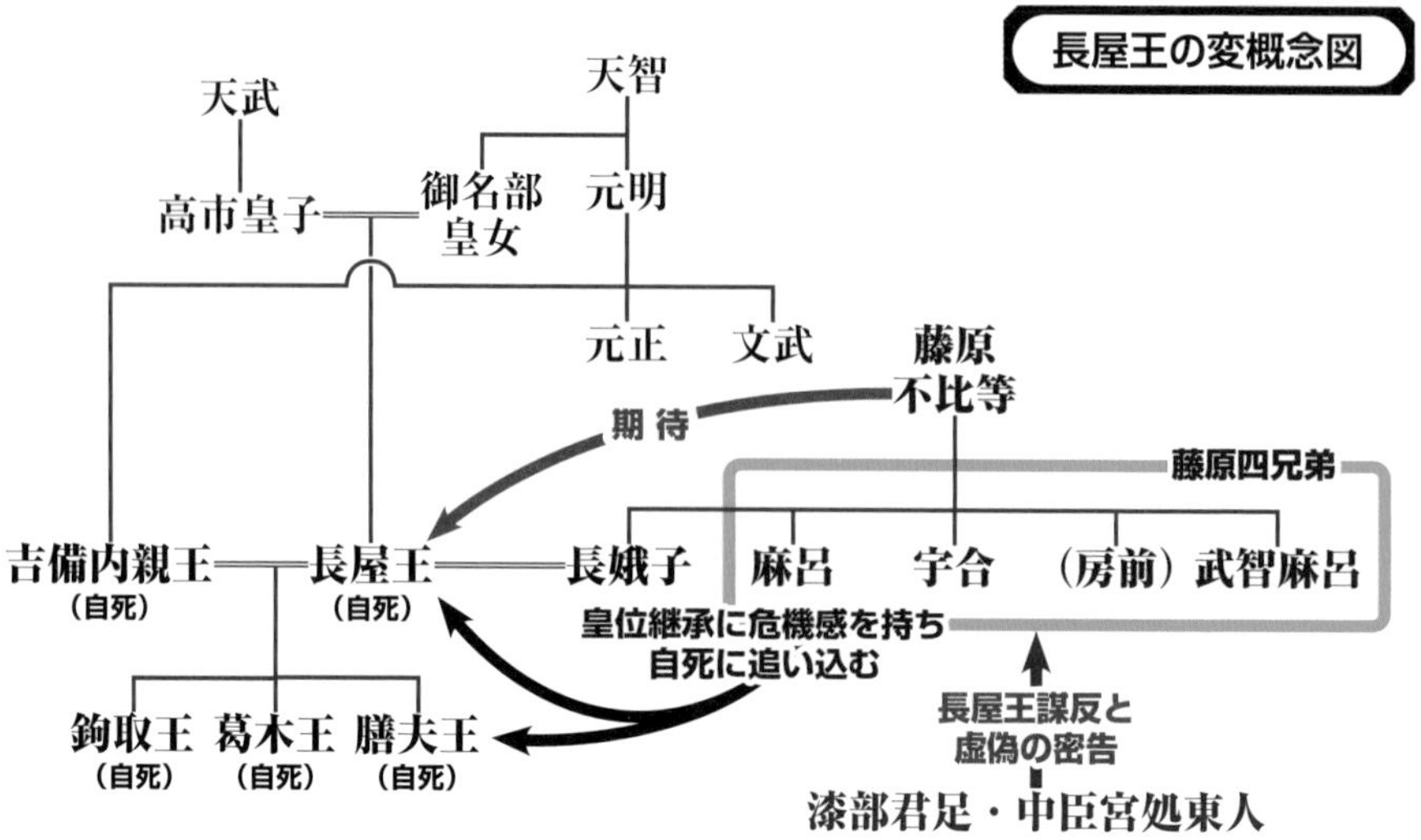

するという三兄弟が綿密な計画のもとに実行した陰謀であった。

武智麻呂ら兄弟が長屋王の排除を謀った理由は、皇親政治を排して藤原氏中心の政治を成立しようとしたことであったが、加えて基皇太子亡きあとの聖武の後継に不安を感じて、聖武よりも天皇としての血統に勝れている長屋王や、また元明の娘で文武《もんむ》・元正《げんしょう》両天皇の妹でもある妻吉備内親王《きびないしんのう》の生んだ長屋王よりさらに貴種の膳夫王《かしわでおう》の皇位継承への危機感から、長屋王一家の打倒をはかったことにあった。

長屋王の私生活については、一九八六年秋から始まった左京三条二坊一・二・七・八坪の邸宅の発掘がすすむに従っての多くの木簡《もっかん》の発見によって、家政機関や近畿地方を中心に保有する御田・御薗などの土地や封戸を利用した経済活動の実態が解明された。（木本）

【参考文献】

木本好信「長屋王と旅人の時代」（『大伴旅人・家持とその時代』桜楓社、一九九三年）
寺崎保広『長屋王』（吉川弘文館、一九九九年）
森公章『長屋王家木簡の基礎的研究』（吉川弘文館、二〇〇〇年）
木本好信『藤原四子』（ミネルヴァ書房、二〇一三年）

2 橘諸兄《たちばなのもろえ》・奈良麻呂《ならまろ》——不比等妻の連れ子一族の不運

橘諸兄《たちばなのもろえ》は、敏達《びだつ》天皇の子孫である美努王《みぬおう》を父に、元明《げんめい》女帝から信頼されて後宮《ごくう》の実力者であった県犬《あがたいぬ》養《かいの》橘《たちばなの》三千代《みちよ》を母として、天武《てんむ》天皇一三年（六八四）に五世王として生まれた。よって、はじめは葛城王《かずらきおう》と称していた。その後、母三千代が美努王の九州赴任をきっかけに離別して、藤原不比等《ふひと》と再婚したことで藤原氏との縁に繋がるとともに、不比等の四女である多比能《たびの》を妻に迎え、また母が不比等との間に妹光明《こうみょう》子《し》（光明皇后）をもうけたことによって、結果的に聖《しょう》武《む》天皇の義兄となって五世王にすぎない諸兄の人生は一変することになる。

よって不比等の四子である武智麻呂《むちまろ》ら兄弟とも親しい関係にあったから、長屋王打倒後の天平《てんぴょう》三年（七三一）の藤原武智麻呂政権成立の新太政官《だいじょうかん》構成にあたって、藤原宇合《うまかい》・麻呂《まろ》兄弟らとともに参議《さんぎ》に登用された。その後、同八年に諸兄は皇親から離脱して葛城王の名を棄て橘宿禰《すくね》氏を賜姓《しせい》した。これは三年前に没した母三千代が和銅《わどう》元年（七〇八）に天武朝から持《じ》統《とう》・文武《もんむ》・元明《げんめい》朝までの忠誠を賞せられて元明から賜った「橘姓」にならって賜姓を願ったものであった。

橘氏賜姓の理由についてはよくわからないが、この頃には皇親が増加していたことから新しい氏族を創出して権力基盤を強化しようとした政府の方針に応えたもので、また自身が五世王であることから息子奈良麻《ならま》呂《ろ》が皇親（五世王まで）ではなくなるなどのことがあったと考えられる。改名にあたって普通なら「橘葛城」とすべきを「諸兄」としたのは光明の異父兄であり、聖武にも義兄にあたるということを政界に誇示するためであった。

この改名を契機にさらなる飛躍を目指していた諸兄に思いがけない大臣への昇進をもたらしたのは、天平九年の疫病の大流行であった。当時の太政官メンバー八人のうち、右大臣《うだいじん》武智麻呂ら四兄弟をはじめ上席の五人が亡くなって残ったのは諸兄ら三人だけであった。これをうけて諸兄は、大納言《だいなごん》を経て急遽右大臣に任じられて政権を領導することになった。

しかし、国民の三〜四人に一人が亡くなったとされる疫病流行によって国政は疲弊しきっていて、さらに天平一二年には反対派の藤原広嗣《ひろつぐ》らの九州での大反乱もあり、政治を安定させることに苦労した。その間にも聖武は、広嗣の乱を契機にして伊勢国《いせのくに》への行幸から始まって、その後の五年間を恭仁宮《くにのみや》（京都府木津川市）・紫香楽宮《しがらきのみや》（滋賀県甲賀市）・難波宮《なにわのみや》（大阪市中央区）と転々と彷徨《ほうこう》することになり、国政は不安定化した。

天平一七年になると平城京《へいじょうきょう》に還都するが、この頃より光明の支援をうけた藤原仲麻呂《なかまろ》が台頭してきた。天平勝宝《てんぴょうしょうほう》元年（七四九）に聖武が譲位して独身の孝《こう》謙女帝《けんじょてい》が即位すると、光明皇太后と光明のための新設官司である紫微中台《しびちゅうだい》の長官紫微令《しびりょう》仲麻呂に政治権限が移り、太政官は無力化して左大臣《さだいじん》の諸兄は失意のなかで天平宝字《てんぴょうほうじ》元年（七五七）に没した。

その息子奈良麻呂は、多比能を母として養老《ようろう》五年（七二一）に生まれた。孝謙の即位とともに参議に重用されて、かねてより孝謙の後継をめぐって従兄弟の黄文王《きぶみおう》（長屋王《ながやおう》の子、母は多比能の姉長娥子《ながこ》）の擁立を企てていた。

そして天平宝字元年三月に仲麻呂が聖武太上天皇《だいじょうてんのう》の遺言で立太子した道祖王《ふなどおう》（新田部親王《にいたべしんのう》の子）を廃太子にして、強引に大炊王《おおいおう》（舎人《とねり》親王の子、淳仁《じゅんにん》天皇）を皇太子に立てたことに反発して、ついに同年七月に仲麻呂を暗殺、大炊皇太子を追放、光明を拘束して御璽《ぎょじ》を奪取、直後に孝謙を廃位にしたうえで安宿王《あすかべおう》・黄文王兄弟、塩焼王《しおやきおう》・道祖王兄弟の四王から選んで新帝に立てるなどのクーデター計画の実行を図った。しかし、相次ぐ密告から事前に逮捕され、黄文王・道祖王・大伴古麻呂《おおとものこまろ》・小野東人《おののあずまひと》・賀茂角足《かものつのたり》らとともに拷問死《ごうもんし》した。（木本）

【参考文献】
新川登亀男「橘諸兄」（『奈良の都』清文堂、二〇一六年）
中村順昭『橘諸兄』（吉川弘文館、二〇一九年）
木本好信「橘奈良麻呂の変の密告について」（『奈良時代貴族官人と女性の政治史』和泉書院、二〇二二年）
木本好信『奈良時代』（中央公論新社、二〇二二年）

恭仁宮跡◆藤原広嗣の乱後、平城京から遷都された恭仁京の宮殿跡。平城宮より規模は小さく、南北約 750 m、東西約 560 mであった。宮殿は完成したものの恭仁京の工事は途中で中止となり、聖武天皇は紫香楽宮に遷った。こののち都は数年の間転々とすることになった　京都府木津川市　撮影：筆者

橘氏略系図

橘諸兄——奈良麻呂
- 嶋田麻呂——真材——岑範——広相
- 入居——永継
- 浄野——逸勢
- 清友
  - 氏公——岑継
  - 嘉智子（嵯峨天皇皇后）

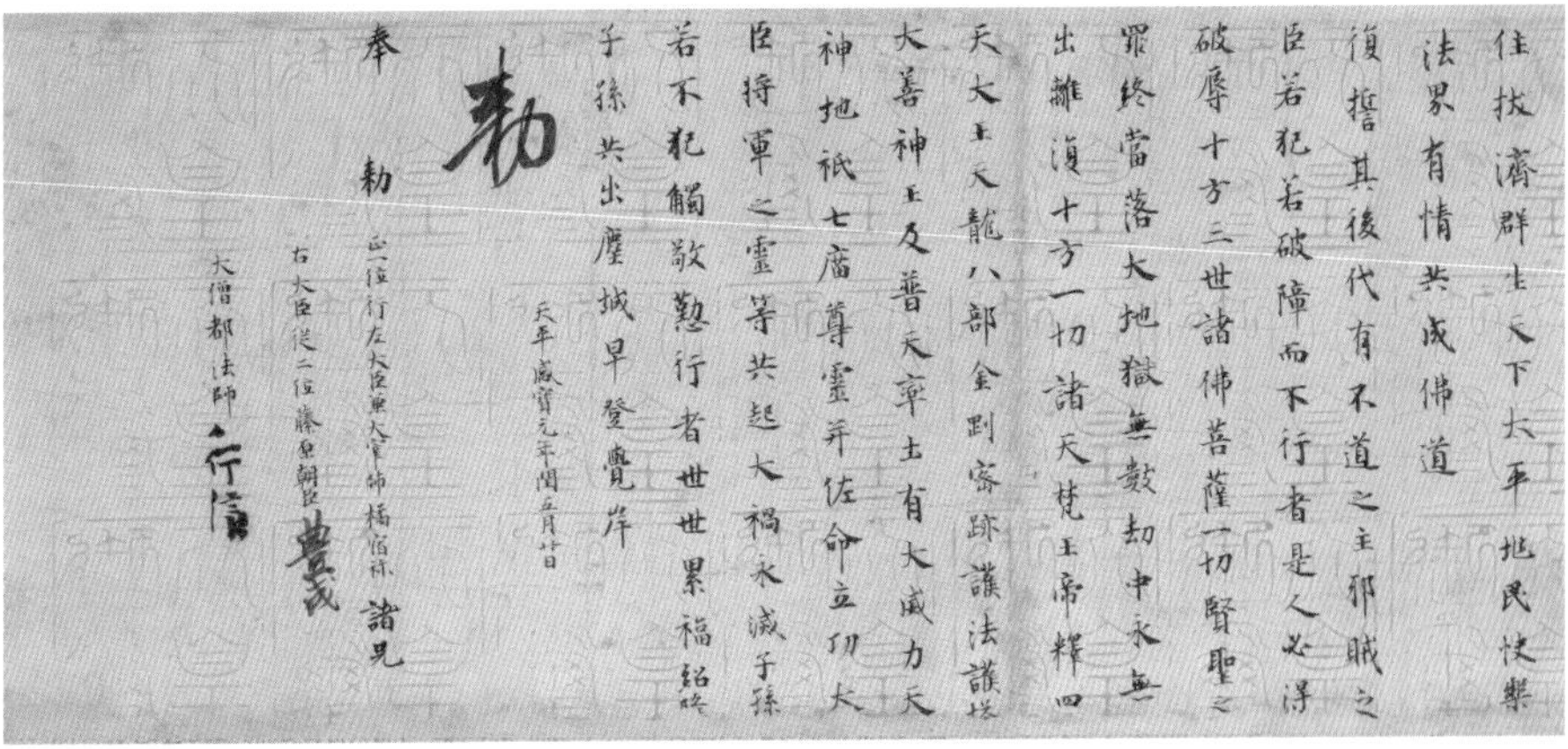

住拔濟群生天下太平兆民快樂
法界有情共成佛道
復擾其後代有不道之主邪賊之
臣若犯若破障而不行者是人必得
破辱十方三世諸佛菩薩一切賢聖之
罪終當落大地獄無數劫中永無
出離復十方一切諸天梵王帝釋四
天大王天龍八部金剛密跡護法護塔
大善神王及普天率土有大威力天
神地祇七廟尊靈并佐命立功大
臣將軍之靈等共起大禍永滅子孫
若不犯觸敬懃行者世世累福終
子孫共出塵域早登覺岸
天平感寶元年閏五月廿日
勅
奉勅　正一位行左大臣兼大宰帥橘宿祢諸兄
右大臣從二位藤原朝臣豊成
大僧都法師行信

橘諸兄が署名した「聖武天皇勅書」◆天平感宝元年（749)、大安寺など諸寺への絁・綿・墾田地などの施入を命じたもの。右大臣藤原豊成の自署もみえる。掲載したのは、施入願文の部分。紙面に 30 の御璽を押捺する　静岡県牧之原市・平田寺蔵　画像提供：牧之原市教育委員会

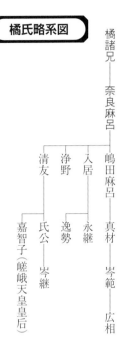

3 道鏡《どうきょう》——仲麻呂を排除し、天皇になろうとした男

道鏡《どうきょう》、その出自についてはよくわからない。確かなことは、『続日本紀《しょくにほんぎ》』（宝亀《ほうき》三年（七七二）四月丁巳《ひのとみ》条）にみえる「道鏡伝」に「俗姓弓削連《ゆげのむらじ》、河内の人なり」とあって、河内国若江郡《かわちのくにわかえぐん》弓削郷が生地であったということだけである。若いときに法相宗《ほっそうしゅう》をとなえた義淵《ぎいん》僧正《そうじょう》やのちには良弁《ろうべん》を師として東大寺《とうだいじ》で仏教を学んだとされ、梵文《ぼんぶん》（古代インドのサンスクリット語）をよく理解したという。その後、宮中内の仏事を行う内道《ないどう》場《じょう》に入り、宮中で奉仕する内供奉禅師《ないぐぶぜんし》となっている。

そのような道鏡の生涯が一変する契機となったのは、孝謙太上天皇《こうけんだいじょうてんのう》との出会いであった。天平宝字《てんぴょうほうじ》五年（七六一）のことで、保良宮《ほらのみや》（大津市）で病に罹《かか》った孝謙を時々看病して寵愛されるようになった。同六年になると、孝謙の道鏡寵愛が朝廷の王臣間でも噂となっていたのであろう、このことを懸念した淳仁《じゅんにん》天皇が諫言《かんげん》した。光明太皇太后《こうみょうたいこうたいごう》の亡き今、孝謙に諫言できるのは淳仁しかいない。

しかし、孝謙は淳仁の諫言に、「仇《あた》の在る言《こと》のごとく、言ふましじき辞《こと》も言ひぬ。為《す》ましじき行《わざ》も為《し》ぬ」（『続日本紀』天平宝字六年六月庚戌《かのえいぬ》条）と、恥ずかしく辛い自分に言ってもしてもならないことの非難だとして憤《いきどお》り、淳仁からの天皇大権の剥奪と自身の出家を宣言した。この孝謙の強気の反応は、事実を指摘されたことからの居直りか、はたまた無実のことからの憤激の言動か興味がある。

しかし、この孝謙の淳仁からの天皇大権の剥奪宣言は実効力をともなわないものであったから、あらためて天平宝字八年九月になって、孝謙は淳仁と淳仁に拠って政権を掌握していた藤原仲麻呂《なかまろ》からの政権奪取を企てた。まず淳仁のもとにあった天皇位を象徴し、天皇の命令の正当性を証明する印璽「御璽《ぎょじ》」の強奪に成功し、仲麻呂を反乱者と喧伝のうえ近江国高島《おうみのくにたかしま》に敗死させた。また、淳仁をも淡路国《あわじのくに》に幽閉して死に追い込んでいる。

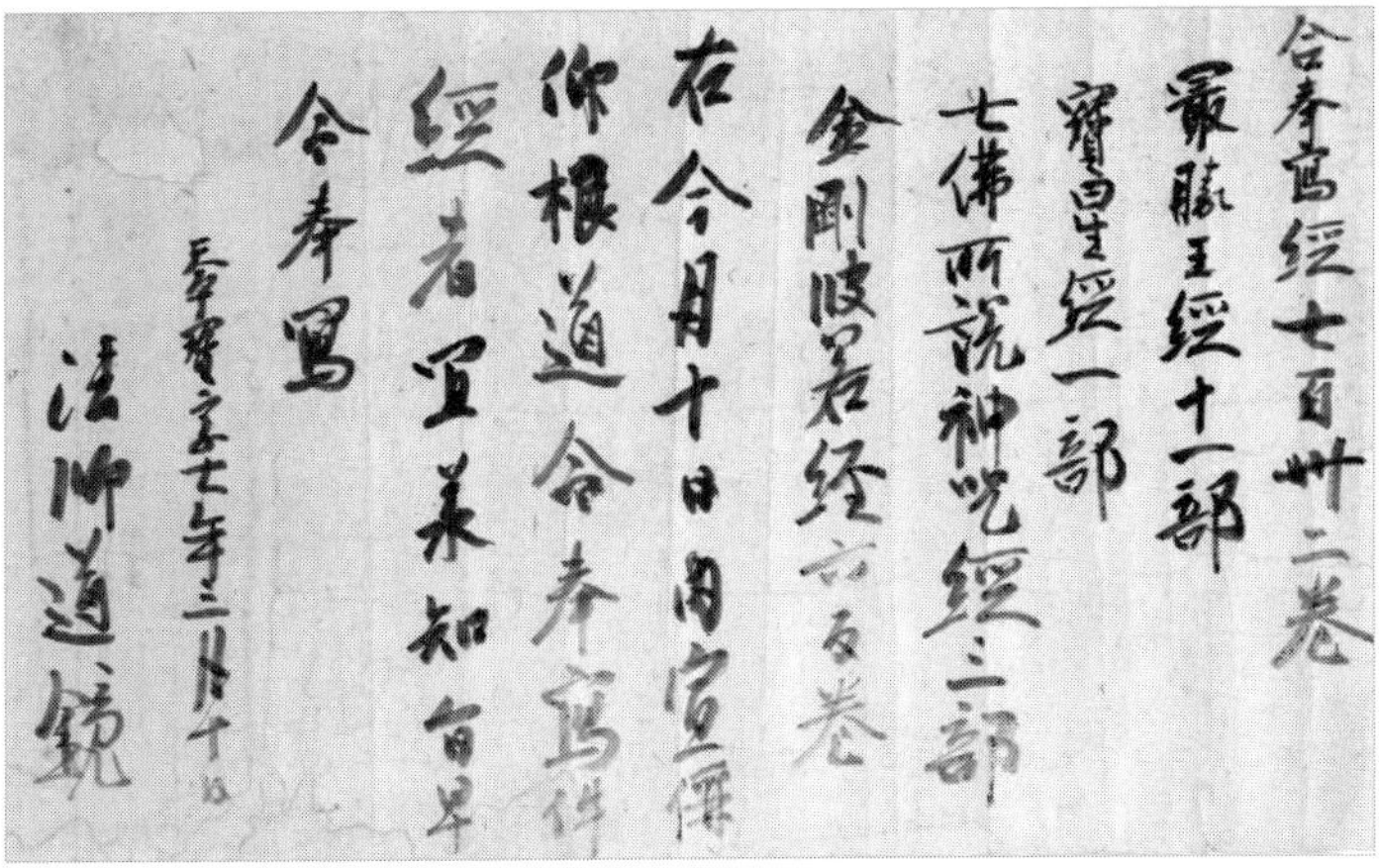

道鏡自筆「法師道鏡牒」◆天平宝字７年（763）、道鏡が孝謙太上天皇の内宣をうけて最勝王経など732巻の写経を命じたもの　正倉院蔵

こうして皇権を略奪した孝謙は、仲麻呂打倒直後に「剃髪し袈裟を着た天皇の時代には僧侶の大臣もあってよい」として、道鏡を「大臣禅師」に任じている。ここに尼の天皇と僧侶の大臣である「称徳《しょうとく》女帝（孝謙の重祚《ちょうそ》）と道鏡」による異形な仏教政治がすすめられることになった。この「称徳・道鏡政権」に対して朝廷内、なかでも藤原氏には道鏡への反発があったものの自重し、積極的な協力もひかえて特に行動を起こすこともなかった。しかし、和気王《わけおう》（天武皇子舎人《とねり》親王《しんのう》の孫、淳仁の甥）のように称徳と道鏡の殺害をはかったものの露顕して、伊豆国《いずのくに》への配流《はいる》途中の山背《やましろの》国相楽郡《くにさがらかぐん》で絞殺され、埋められる事件も起こった。

やがて、天平神護《てんぴょうじんご》元年（七六五）一〇月、称徳は弓削氏の氏寺弓削寺に行幸して、道鏡を「太政大臣《だいじょうだいじん》禅師」に任命し、文武官人らに道鏡を礼拝させている。そして、一一月には即位時の重要な神事の儀式である大嘗会《だいじょうえ》に、仏法を護るのが諸神であるという理由から、道鏡など僧侶を参加させるという過去に例の無いことを強要している。

そして同二年一〇月には基真《きしん》という僧に海龍王寺《かいりゅうおうじ》の毘沙門像からの仏舎利《ぶっしゃり》発現を捏《でっ》ちあげさせて、これは道鏡の政事教導の成果であるとして、衣食などを天皇に準じる「法王《ほうおう》」に就かせ、そのための「法王宮職」という官司も創設した。

このような待遇をうけていた道鏡は、やがて皇位

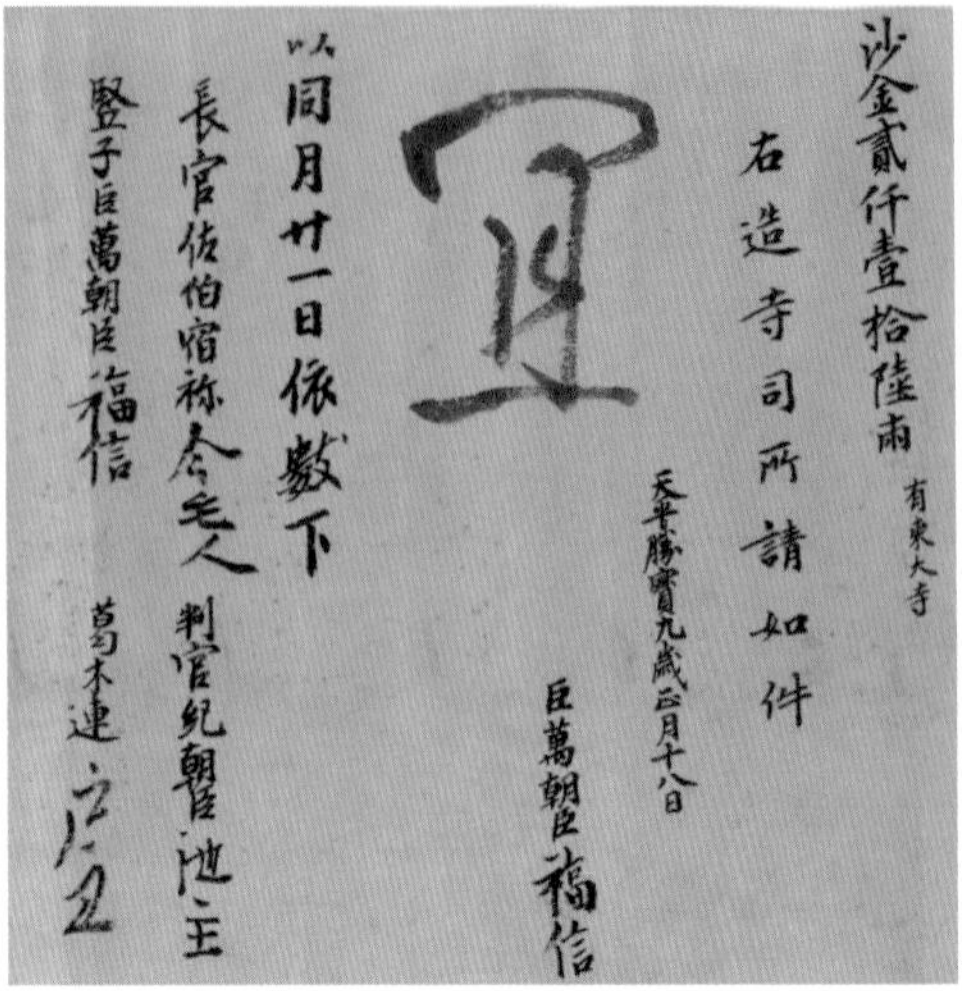

孝謙天皇の御画（宜）「沙金請文」◆天平勝宝９歳（757）、造寺司から大仏像の塗金のために沙金を要請した文書に孝謙天皇が裁可のサイン（宜）をしたもの　正倉院蔵

をも窺《うかが》うようになる。神護景雲《じんごけいうん》三年（七六九）九月、大宰府《だざいふ》の習宜阿曽麻呂《すげのあそまろ》から「道鏡を皇位につければ天下太平になるとの宇佐八幡《うさはちまん》神の託宣が下った」との発言があった。称徳は宇佐八幡神の夢見によって宇佐に和気清麻呂《わけのきよまろ》を派遣したところ、清麻呂は「天《あめ》の日嗣《ひつぎ》は必ず皇緒《こうしょ》を立てよ。无道《むどう》の人は早《すみやか》に掃い除くべし」（『続日本紀』神護景雲三年九月己丑《つちのとうし》条）と道鏡排除の新たな託宣を報告した。称徳は清麻呂が「偽りの報告」をしたとして大隅国《おおすみのくに》に流したが、道鏡はその途中で失敗するが清麻呂の暗殺を謀っている。

この道鏡が皇位を窺った事件、称徳がどのように関わっていたのかであるが、清麻呂の報告を偽りの報告と断じて流罪に処していることは、道鏡への譲位を期待していたということになる。この騒動は称徳が道鏡の願いから即位させるために動いたものの、王臣らの強硬な反対にあって断念したというのが実情であろう。このことによって、これ以前もそうであったが、称徳は公卿官人らの早く皇太子を立てるようにとの進言を頑《かたくな》なまでに拒絶し、結局は皇嗣を決めずに宝亀元年八月に没した。

道鏡は、称徳陵の側に庵を営んで侍っていたが、間もなく造下野国薬師寺別当《ぞうしもつけのくにやくしじべっとう》に退けられ、宝亀三年四月に下野国で亡くなり庶人《しょにん》（庶民）として葬られた。

（木本）

【参考文献】
横田健一『道鏡』（吉川弘文館、一九五九年）
瀧浪貞子『奈良朝の政変と道鏡』（吉川弘文館、二〇一三年）
山本幸男「孝謙太上天皇と道鏡」（『奈良朝仏教史攷』法藏館、二〇一五年）

4

大伴家持《おおとものやかもち》——種継暗殺の黒幕とされた大歌人

大伴家持《おおとものやかもち》、奈良時代の大歌人であり、また『萬葉集《まんようしゅう》』の編纂者としても知られる（筆者は、最終編纂者は桓武《かんむ》天皇の甥五百枝王《いおえのおう》と考えている）。しかし、ここでは萬葉歌人の家持ではなく、武門氏族大伴氏の統領であるがゆえに藤原氏に対抗して政変に巻き込まれていく政治家としての姿をみていく。

狩野探幽画「三十六歌仙額」に描かれた大伴家持◆鳥取市・鳥取東照宮蔵　画像提供：鳥取県立博物館

家持の生誕時には複数の説があるが、養老《ようろう》二年（七一八）説が有力で、時に父旅人《たびと》は五四歳、中納言《ちゅうなごん》・中務卿《なかつかさきょう》に在任して藤原不比等《ふひと》政権の中枢にいた。しかし、旅人は天平《てんぴょう》三年（七三一）、家持が一四歳のときに没したため、家持は官途につくにあたって支援がなく苦労したと思われる。しかし、二〇歳を過ぎると天皇の側近として仕える内舎人《うどねり》に任じられて、聖武《しょうむ》天皇二男の安積親王《あさかしんのう》と親しく交遊するなどして安積の擁立をも考えていたらしい。しかし、安積は天平一六年に一七歳で没してしまう。家持は「万代までも君臨されるはずだったのに天に上って行かれた。身もだえしのたうち回っても仕方がない」（『萬葉集』巻三・四七五番歌）と悲痛な歌を詠んでいる。その後は越中守《えっちゅうのかみ》・少納言《しょうなごん》を経て、天平勝宝《てんぴょうしょうほう》六年（七五四）四月に兵部少輔《ひょうぶしょうふ》に任じられている。

大伴家持関係系図

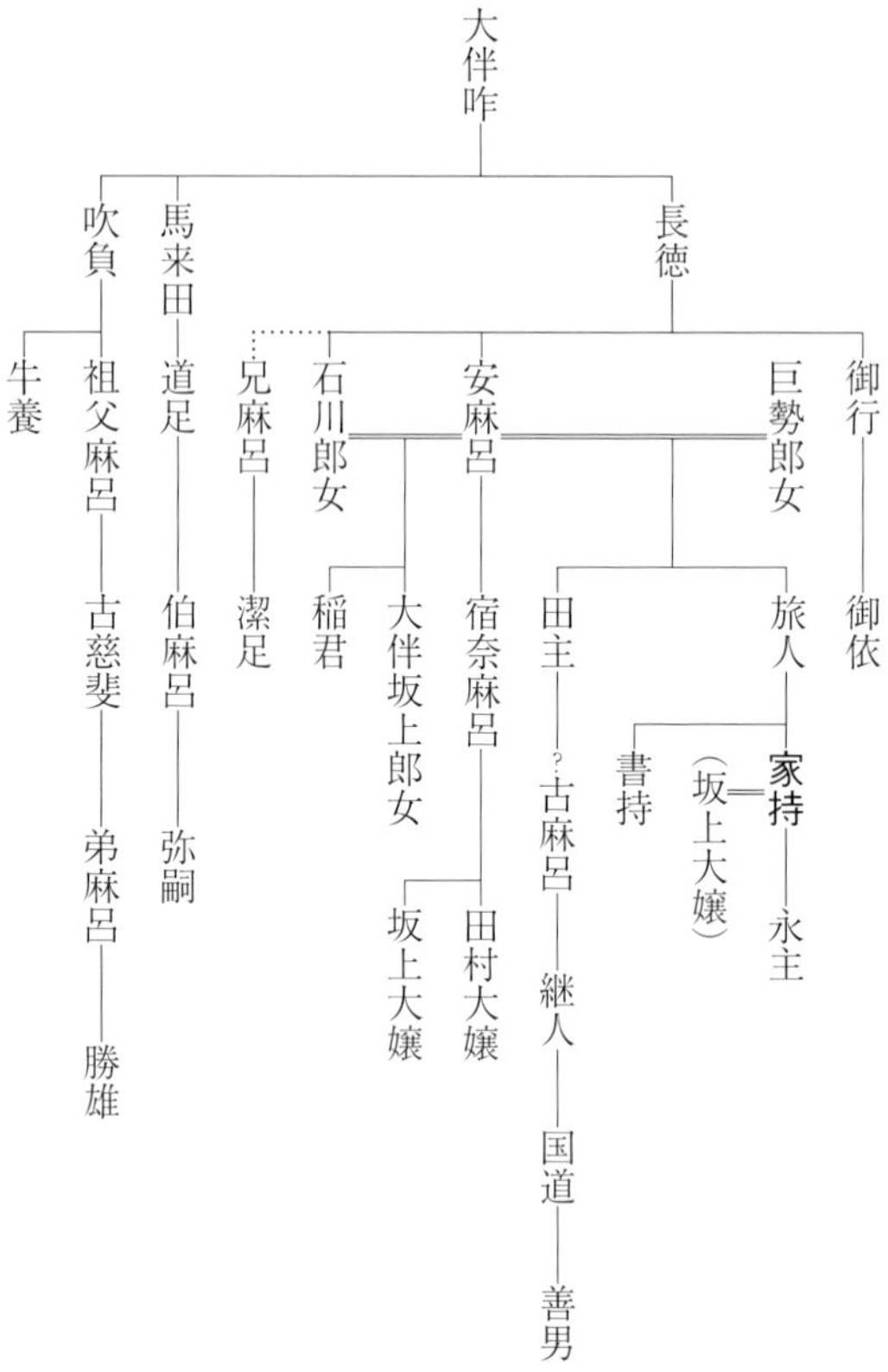

また、この頃には敬愛する左大臣《さだいじん》橘諸兄《たちばなのもろえ》とともに権力を増してきていた藤原仲麻呂《なかまろ》に対抗していたが、天平勝宝八歳（七〜九年は歳）に一族の大伴古慈斐《こしび》が政争に絡んで出雲守《いずものかみ》を解任されたのを転機に、一族に自重を促す「族《うがら》を喩《さと》す歌」（『萬葉集』巻二〇・四四六五番歌）を作り、権力闘争から身を引いている。

その後、仲麻呂政権下では信部大輔《しんぶだいふ》（中務《なかつかさ》大輔）として重用されていたが、天平宝字《てんぴょうほうじ》七年（七六三）四月になって、藤原良継《よしつぐ》を中心に石上宅嗣《いそのかみのやかつぐ》・佐伯今毛人《さえきのいまえみし》らと仲麻呂の暗殺を企んだことが密告により露顕して、見任《げんにん》を解任、翌八年正月に薩摩守《さつまのかみ》に左降された。家持が大宰少弐《だざいのしょうに》を経て帰京を果たしたのは民部《みんぶ》少輔に補任《ぶにん》された宝亀《ほうき》元年（七七〇）六月の六年ぶりのことであった。その後は同一一年に参議《さんぎ》・右大弁《うだいべん》などを歴任して順調であったが、延暦《えんりゃく》元年（七八二）閏正月に桓武天皇の暗殺を謀った氷上川継《ひがみのかわつぐ》（聖武天皇皇女不破内親王《ふわないしんのう》と天武皇孫の塩焼王《しおやきおう》の二男）の知友として縁坐《えんざ》となって左大弁《さだいべん》を解任された。しかし、間もなく復帰して、同二年には中納言《ちゅうなごん》に昇任して皇太弟早良親王《こうたいていさわらしんのう》側近の春宮大夫《とうぐうだいぶ》や陸奥按察使《むつあぜち》鎮守府将軍《ちんじゅふしょうぐん》となったが、同四年八月に没した。

だが、これで家持の生涯が終わったわけではない。家持没後の延暦四年九月二三日夜、長岡京《ながおかきょう》の突貫工事を督促していた造営責任者の藤原種継《たねつぐ》が射殺されるという事件が起こった。最も信任する種継の暗殺に桓武は滞在中の平城旧京から急いで戻り、犯人の捜捕を命じた。その結果、大伴竹良《つくら》と実行犯の伯耆桴麻呂《ほうきのいかだまろ》・牡鹿木積麻呂《おじかのこづみまろ》の兵士二人を捕えて訊問《じんもん》したところ、大伴継人《つぐひと》・大伴真麻呂《ままろ》・大伴夫子《ふうし》らが種継暗殺を企み実行したことを白状した。

そこで継人を追及したところ、二十日余以前にすでに亡くなっていた家持の「大伴・佐伯両氏が協力して種継を除くべし」（『日本紀略《にほんきりゃく》』延暦四年九月丙辰《ひのえたつ》条）との発言から事が始まったことを自供した。継人をはじめ関わった者らは斬刑、桴麻呂らは公開処刑され、家持息子の永主《ながぬし》も隠岐国《おきのくに》への遠流《おんる》に処せられた。数日後、この事件は単なる種継暗殺事件にとどまらずに、桓武の殺害をも企んだものとして皇太弟早良も追及された。早良はハンガーストライキをしてまで（じつは桓武が飲食を絶ったとの説が有力）無実を主張したが容れられず、淡路国《あわじのくに》への配流途中で亡くなったが、そのまま送られて葬られた。

この事件の背景であるが、桓武と皇后藤原乙牟漏《おとむろ》が長子安殿《あて》親王（平城《へいぜい》天皇）の立太子をもくろみ、この意図をうけた乙牟漏の従兄である種継が早良排除の言動をとっていたことから、これを危惧《きぐ》した早良側近の家持ら大伴氏や春宮坊《とうぐうぼう》の紀白麿《きのしろまろ》・林稲麿《はやしのいなまろ》らが種継の暗殺を実行したものである。

ところで、いまだ葬られていなかった家持の遺骸はどうなったのであろうか。種継暗殺の主犯とされた家持の葬送は、世間を憚《はばか》るものであったかもしれない。萬葉歌人を代表する家持の最期は悲惨なものとなった。

（木本）

【参考文献】
小野寛『大伴家持』（笠間書院、二〇一三年）
鐘江宏之『大伴家持』（山川出版社、二〇一五年）
藤井一二『大伴家持』（中央公論新社、二〇一七年）
木本好信『藤原種継』（ミネルヴァ書房、二〇一五年）

視点　太政官と太政大臣

大宝《たいほう》元年（七〇一）、大宝令《りょう》の施行によって定められた律令官制《りつりょうかんせい》において、行政の最高機関とされたのが、太政《だいじょう》官《かん》である。律令官制では、官人《かんじん》は正一位《しょういちい》から少初位下《しょうそいのげ》までの三〇階の位階によって序列化され、位階に相当する官職に任じられた。

そのうち従五位下《じゅごいのげ》以上の位階に叙された官人を貴族（貴《き》・通貴《つうき》）といい、従三位《じゅさんみ》以上の位階に叙せられるか、参議《さんぎ》以上の官職に任じられた貴族を公卿《くぎょう》といった。公卿は令制成立以前において大夫《まえつぎみ》と称された有力豪族を前身とし、令制施行後は太政官の幹部として、執行機関である民部省《みんぶしょう》・大蔵省《おおくらしょう》などの八省や、事務局である弁官局《べんかんきょく》・外記局《げききょく》を指揮・統括して政務を処理した。

公卿官は当初、左大臣《さだいじん》・右大臣《うだいじん》・大納言《だいなごん》で構成され、のち中納言《ちゅうなごん》・参議が加わった。そして、適任者がいるときのみ、左大臣の上に最高官職として置かれたのが太政大《だいじょうだい》臣《じん》である。

太政大臣の職掌は、天皇の師範となり、朝政の万機《ばんき》を総《そう》摂《せつ》することで、令制施行後は、奈良時代にも、恵美押勝《えみのおしかつ》（藤原仲麻呂《なかまろ》）や道鏡《どうきょう》が任じられた例があるが、その地位が定着するのは平安前期、天安《てんあん》元年（八五七）の藤原良房《よしふさ》以降と考えられる。当時、文徳《もんとく》天皇は病がちで、良房を太政大臣に任じて政務を任せたのである。

だが、その後、摂政《せっしょう》・関白《かんぱく》が新たに天皇の代行・補佐者として登場すると、太政大臣の職務であった万機総摂は摂政・関白に移り、太政大臣は名誉職化した。清和《せいわ》天皇以後、幼帝《ようてい》の即位が一般化すると、天皇の元服に際しては太政大臣が加冠役《かかんやく》をつとめることとされたので、摂政や前摂政が一時的に太政大臣に任じられて加冠役をつとめることが多く見られた。こうした事実も、太政大臣の形骸化をあらわすものと考えられる。

（樋口）

【参考文献】
橋本義彦「太政大臣沿革考」（『平安貴族』平凡社、一九八六年）
橋本義彦「貴族政権の政治構造」（同右）

官位相当表（平安時代）

位階	太政官	八省（中務省以外）	近衛府・衛門府・兵衛府	国司（大国）
正一位	太政大臣			
従一位				
正二位	左大臣 右大臣 内大臣			
従二位				
正三位	大納言（正・権）			
従三位	中納言（正・権）		近衛大将（左・右）	
正四位上				
正四位下	参 議	卿		
従四位上	大弁（左・右）			
従四位下			近衛中将（左・右） 衛門督（左・右） 兵衛督（左・右）	
正五位上	中弁（左・右）			
正五位下	少弁（左・右）	大輔（正・権）	近衛少将（左・右） 衛門佐（左・右） 兵衛佐（左・右）	
従五位上	少納言			守（正・権）
従五位下		少輔（正・権）		
正六位上	大外記 大史（左・右）		近衛将監	
正六位下		大丞（正・権）		介（正・権）
従六位上		少丞（正・権）	衛門大尉（左・右） 兵衛大尉（左・右）	
従六位下				
正七位上	少外記 少史（左・右）	大 録	衛門少尉（左・右） 兵衛少尉（左・右）	
正七位下		大 属	近衛将曹	大掾（正・権）
従七位上				少掾（正・権）
従七位下				
正八位上		少 録		
正八位下			衛門大志（左・右） 兵衛大志（左・右）	
従八位上			衛門少志（左・右） 兵衛少志（左・右）	大 目
従八位下				少 目

和田英松（所功校訂）『新訂官職要解』（講談社、1983 年）の付表一を参考に作成

5 橘《たちばなの》逸勢《はやなり》——伊豆に配流された奈良麻呂の孫

天平宝字《てんぴょうほうじ》元年（七五七）七月に起こった橘《たちばなの》奈良《なら》麻呂《まろ》の変によって、橘氏は大きな打撃を受けた。しかし、宝亀《ほうき》元年（七七〇）八月、奈良麻呂の変のときに天皇だった称徳《しょうとく》天皇（孝謙《こうけん》天皇）が死去し、光仁《こうにん》天皇が即位した頃から、橘氏をめぐる環境は変わっていった。称徳死去直前の七月には、奈良麻呂の変縁坐《えんざ》者のうち、罪が軽かった者が免じられ、次第に奈良麻呂の子息たちも罪を許されて政界に復帰するようになっていった。

そして、天応《てんおう》元年（七八一）四月、桓武《かんむ》天皇が即位すると、橘氏は後宮《こうきゅう》に娘を入れられるようになり、なかには天皇の皇子をもうける者も出た。平城《へいぜい》天皇の時代には、橘氏の娘が後宮に入ることはなかったが、次の嵯峨《さが》天皇の時代には、奈良麻呂の四男清友《きよとも》の娘である嘉智子《かちこ》が後宮に入り、第一皇子正良《まさら》親王（のちの仁明《にんみょう》天皇）を生んで皇后に立てられたのである。

こうしたなか、奈良麻呂の二男入居《いりすえ》の子である逸勢《はやなり》は、延暦《えんりゃく》二三年（八〇四）、遣唐使《けんとうし》に従って唐に渡った。このとき、一緒に唐に渡った者のなかには、空海《くうかい》や最澄《さいちょう》もいた。逸勢は唐に留学し、唐の文人《ぶんじん》から「橘秀才《しゅうさい》」と呼ばれたという。そして、大同《だいどう》元年（八〇六）八月に帰国すると、書の才能を買われた。弘仁《こうにん》元年（八一〇）、嵯峨天皇が平安宮《へいあんきゅう》の建物や門の名前を唐風に改めたとき、天皇は逸勢に命じて内裏《だいり》北面の門の額字を書かせたのである。彼は隷書《れいしょ》を得意としたという。おそらく唐で流行の書風に通じていたのであろう。

逸勢は仁明天皇の承和《じょうわ》六年（八三九）以前、従五《じゅご》位下《いのげ》に叙《じょ》されて貴族となり、同七年四月には但馬権《たじまごんの》守《かみ》に任官した。ところが、この二年後の承和九年七月、悲劇が起こる。春宮坊帯刀《とうぐうぼうたちはき》の伴健岑《とものこわみね》とともに謀反の首謀者として伊豆《いず》に配流《はいる》されたのである（承和の変）。

この事件は、かつては藤原氏による橘氏・伴氏の排斥として理解されてきたが、現在では皇位継承をめぐる対立が背景にあったと考えられている。当時の天皇

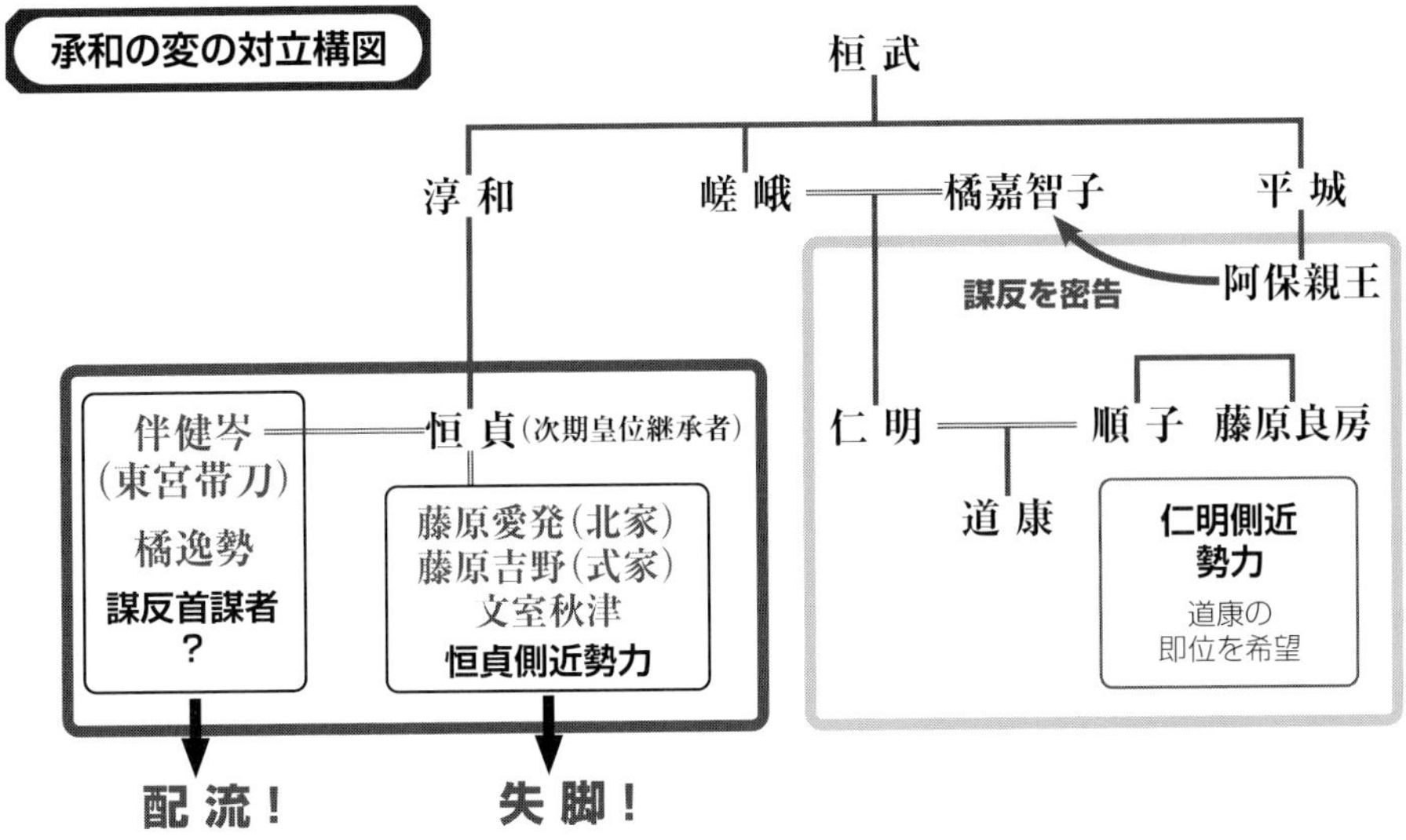

家は嵯峨―仁明の皇統と淳和《じゅんな》―恒貞《つねさだ》の皇統《こうとう》が並び立ち、皇位は両統が交互に継承する両統迭立《てつりつ》になっていた。ところが、この事件では、逸勢らは皇太子恒貞親王を擁立して謀反《むほん》を起こそうとしたとされ、恒貞は事件に連座して皇太子を廃された。そして、この事件以後、皇位は嵯峨―仁明の皇統に一本化されたのである。この事件で逸勢と並んで首謀者とされた伴健岑は恒貞の春宮坊の職員であった。逸勢と恒貞の関係は明らかではないが、こうした状況から、逸勢が捕らえられたのも、恒貞との関係があったためと考えられている。

逸勢は遠江《とおとうみ》の配所《はいしょ》に赴く途上、六十余歳で没した。だが、のちに名誉は回復され、嘉祥《かしょう》三年（八五〇）、正五位下《しょうごいのげ》を追贈《ついぞう》され、遺体は京都に埋葬することを許された。後世、彼の霊は天下に災いをもたらす御《ご》霊《りょう》として恐れられ、朝廷や都市民によって祀《まつ》られた。

（樋口）

【参考文献】
安田政彦「九世紀の橘氏―嘉智子立后の前後を中心として―」（『帝塚山学院大学研究論集』二八号、一九九三年）
勝浦令子『橘嘉智子』（吉川弘文館、二〇二二年）

6 伴善男《とものよしお》──名門大伴氏の没落

大伴《おおとも》氏は大化前代より軍事を職掌として朝廷に奉仕してきた名門一族である。しかし、奈良時代以降、藤原氏が台頭すると、逆に大伴氏は衰退した。古麻呂《こまろ》や継人《つぐひと》といった一族の有力者が、橘奈良麻呂《たちばなのならまろ》の変や藤原種継《たねつぐ》暗殺事件などの政変に関与したことが疑われ、排斥されたり、処刑されたりして勢力を縮小させていったのである。大伴の氏名《うじな》も、弘仁《こうにん》一四年（八二三）、淳和《じゅんな》天皇の諱《いみな》である大伴を避けるため、伴《とも》に改めさせられた。

伴善男《とものよしお》は藤原種継暗殺事件の首謀者として処刑された継人の孫で、父国道《くにみち》も事件に連座して佐渡《さど》に流された。善男は国道が罪を許され京都に帰還した後になって誕生したが、彼の生まれた頃、その一族は散々な状況にあったわけである。だが、善男は二〇歳になって宮仕えを開始すると、仁明《にんみょう》天皇の信頼を得、承和《じょうわ》八年（八四一）には大内記《だいないき》、翌年には蔵人《くろうど》に登用された。そして承和一一年、右少弁《うしょうべん》になると、同一三年、法隆寺《ほうりゅうじ》僧善愷《そうぜんがい》が檀越《だんおつ》の少納言登美直名《しょうなごんとみのただな》を訴えた事件で、左大弁正躬王《さだいべんまさみおう》が善愷に便宜を与え、その訴えを直接受理したとして糾弾《きゅうだん》し、正躬王らを解官《げかん》に追い込んだ。これによって名声を獲得した善男は翌年、蔵《くろ》人頭《うどのとう》に抜擢され、嘉祥《かしょう》元年（八四八）には参議《さんぎ》に昇進して公卿《くぎょう》になったのである。

善男が登用された背景には、彼の優れた能力と、仁明天皇が文人《ぶんじん》官僚を積極的に重用したことがあったと考えられている。こうした天皇の信頼も背景として、彼は公卿になると、律令制の立て直しを推し進め、清《せい》和《わ》天皇の貞観《じょうがん》六年（八六四）には、大伴氏としては約一三〇年ぶりの大納言《だいなごん》にまで昇進した。

だが、善男は生まれながらずる賢かったと評されており（『日本三代実録《にほんさんだいじつろく》』貞観八年九月二二日条）、敵も多かった。嵯峨《さが》天皇の皇子である源信《みなもとのまこと》も善男と対立した一人で、貞観八年閏《うるう》三月、平安宮八省院《へいあんきゅうはっしょういん》の正門である応天門《おうてんもん》が炎上する事件が発生すると、善男は

応天門の変対立構図

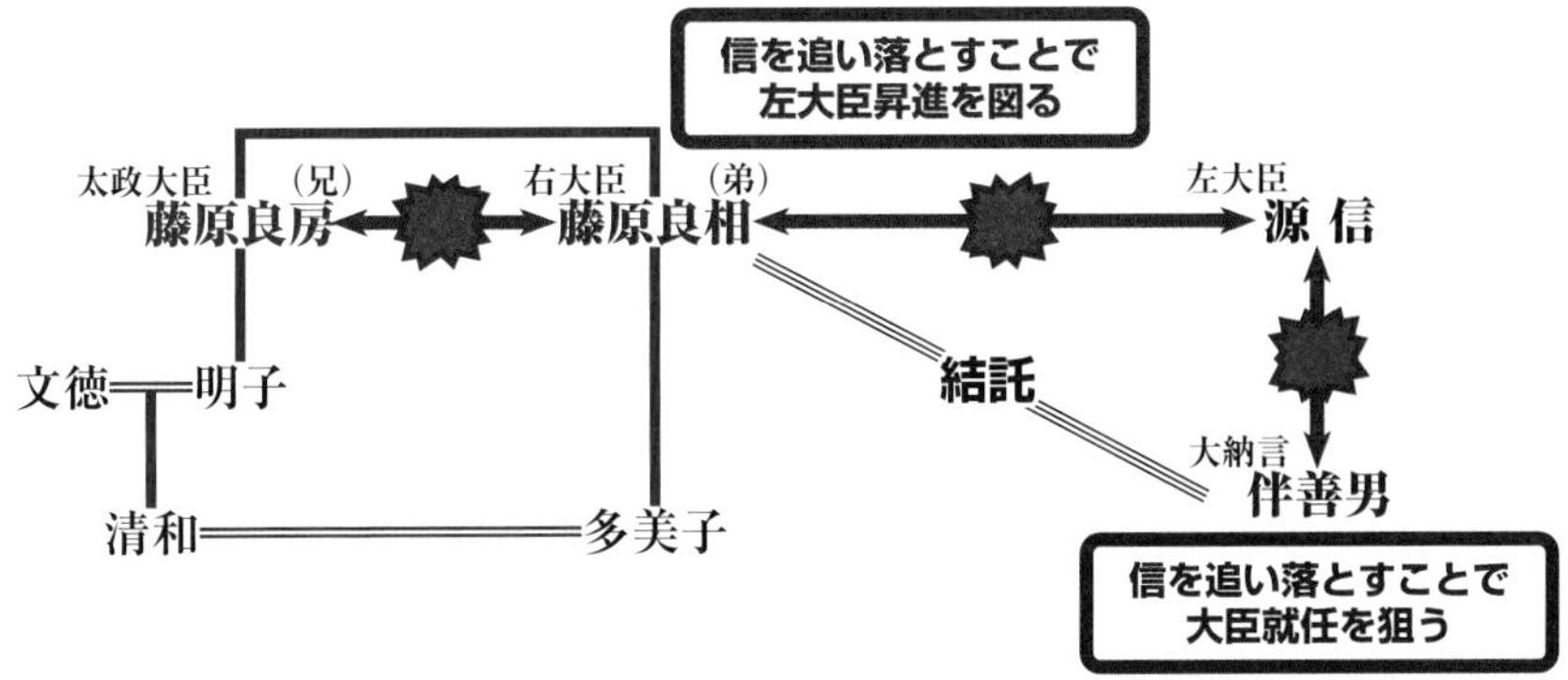

信が放火犯だと主張し、信の邸宅を囲ませようとした。しかし、この事件は逆に善男を追い詰めることになる。その後、善男と子息中庸《なかつね》が放火を共謀して行ったとする訴えが出されると、善男は無罪を主張したが斥けられ、九月、伊豆《いず》に配流《はいる》に処されたのである。

この応天門の変は従来、藤原良房《よしふさ》によって伴善男が排斥された事件と見なされてきた。だが、実際には良房と善男の関係は良好で、近年では、むしろ良房と対立していたのは、善男とともに信の失脚を謀った良房実弟の良相《よしみ》であったとの説が有力である。だとすれば、善男は良房・良相の兄弟対立の割を食っただけということになろう。しかし、善男はその後も中央政界に戻ることはできず、その子孫も没落した。この事件は結果的に名門貴族としての大伴氏にとどめを刺すことになったのである。

（樋口）

【参考文献】
佐伯有清『伴善男』（吉川弘文館、一九七〇年）
今正秀『藤原良房―天皇制を安定に導いた摂関政治―』（山川出版社、二〇一二年）

7 菅原道真《すがわらのみちざね》——藤原氏の脅威となった学者貴族

菅原氏《すがわらし》は、もともと天皇の葬送などに携わる土師氏《はじし》の一族であったが、延暦《えんりゃく》元年（七八二）、古人《ふるひと》が菅原への改氏姓《かいしせい》を許されて、一般的な官人へと転身した。その後、古人の子清公《きよとも》は儒者の道を進んだが、出身に関係なく有能な文人《ぶんじん》官僚を登用しようとした嵯峨《さが》天皇の目に留まって文章博士《もんじょうはかせ》となり、公卿《くぎょう》にまで昇進した。また、彼は私塾である菅家廊下《かんけろうか》を創設し、儒家としての菅原氏の基礎を築いた。この孫に当たるのが道《みち》真《ざね》である。

道真も祖父清公・父是善《これよし》の後を継いで文章博士となったが、仁和《にんな》三年（八八七）、宇多《うだ》天皇が即位すると、天皇にその才能を見込まれて、蔵人頭《くろうどのとう》に抜擢された。皇族出身の班子女王《はんしじょおう》を母にもつ宇多天皇は、藤原氏北《ほっ》家《け》から距離を置き、有能な側近を登用して天皇の権力を強化しようとしたのである。寛平《かんぴょう》五年（八九三）、参議《さんぎ》に任じられ公卿となった道真は、翌年には中納《ちゅうな》言《ごん》に昇進し、三年前に没した関白《かんぱく》藤原基経《もとつね》の跡継ぎである時平《ときひら》と並んだ。

道真の業績としてよく知られるのが、寛平六年の遣《けん》唐使《とうし》の「廃止」であろう。この年、宇多天皇は六〇年ぶりに遣唐使の派遣を計画し、道真を遣唐大使《けんとうたいし》に任命した。だが、道真はこの頃、すでに唐は疲弊《ひへい》しており、使節《しせつ》の安全も保証できないとして、派遣の再検討を求めたのである。ただ、道真はこの後も遣唐大使を名乗っており、近年の研究では、これ以後も遣唐使は廃止されたわけではなく、派遣が模索されていたと理解されている。九〇七年、唐が滅亡したため、結果的に道真が最後の遣唐大使となり、「廃止」を建言したようになったのである。

寛平九年、宇多天皇は皇太子《こうたいし》敦仁親王《あつぎみしんのう》（醍醐《だいご》天皇）に譲位《じょうい》したが、宇多は醍醐に道真を重用するよう命じ、昌泰《しょうたい》二年（八九九）、道真は右大臣《うだいじん》に任じられた。しかし、彼の急激な昇進は、藤原氏北家をはじめとする旧来の氏族には脅威と感じられたようである。醍醐

菅原氏略系図

- 土師宇庭
  - 菅原 古人
    - 清公
      - 善主 ― 宗岳
      - 是善 ― **道真**
        - 高視
          - 雅規 ― 資忠 ― 孝標 ― 女（『更級日記』作者）
          - 文時 ― 輔昭
        - 寧茂
        - 淳茂 ― 在躬 ― 輔正
        - 淑茂 ― 理詮 ― 為職
      - 忠人
      - 興善
    - 清人
  - 秋篠 安人

太宰府天満宮◆菅原道真を祭神として祀る。学問の神様として知られ、多くの人でにぎわう　福岡県太宰府市

天皇即位直後、道真は藤原時平と並び、関白に準じて天皇を補佐する内覧《ないらん》の地位を与えられた。これに対し、一部の公卿は強く反発し、政務参加を拒否したのである。また、醍醐天皇も成長するにつれて自立し、宇多太上天皇《だいじょうてんのう》に近い道真から距離を置くようになっていった。こうして延喜《えんぎ》元年（九〇一）、道真は大宰《だざいの》権帥《ごんのそち》として九州に左遷されることになった。

では、なぜ彼は左遷されたのか。直接的な容疑としては、醍醐天皇を廃して、娘婿である斉世親王《ときよしんのう》を即位させようと計画したことがあったとされるが、本当にそのような計画があったのかは疑わしい。通説では、時平が道真左遷の首謀者とされるが、近年の研究では、時平と道真は対立関係にはなかったことが指摘されており、謎の多い事件といえる。

（樋口）

「松崎天神縁起絵巻」に描かれた清涼殿落雷事件◆道真の怨霊が雷神となり雷を落としたなどとする伝承に基づく。左の剣を抜こうとしている人物が藤原時平　山口県防府市・防府天満宮蔵

渡唐天神像◆菅原道真が中国に渡り、当地の高僧無準師範に弟子入りし、やがて法衣を賜り帰国したという「渡唐天神」伝説を表す。室町時代に盛んに描かれた　九州国立博物館蔵
出典：ColBase　https://colbase.nich.go.jp/collection_items/kyuhaku/A106?locale=ja

【参考文献】
滝川幸司『菅原道真―学者政治家の栄光と没落―』（中央公論新社、二〇一九年）
今正秀『摂関政治と菅原道真（敗者の日本史3）』（吉川弘文館、二〇一四年）

第三章　藤原氏の氏寺と氏神

春日宮曼荼羅◆鎌倉時代の作品で、中央に藤原氏の氏神・春日大社を描く　東京国立博物館蔵　出典：ColBase　https://colbase.nich.go.jp/collection_items/tnm/A-11088?locale=ja

1 春日大社《かすがたいしゃ》――奈良に鎮座する藤原氏の氏神

春日大社《かすがたいしゃ》は、武甕槌命《たけみかづちのみこと》・経津主命《ふつぬしのみこと》・天児屋根命《あめのこやねのみこと》・比売神《ひめのかみ》の四座を祭神とする藤原氏の氏社《うじしゃ》である。

その創建は、一般的には神護景雲《じんごけいうん》二年（七六八）といわれている。その根拠は、『古社記《こしゃき》』などの記事があるが、信頼する史料として『日本三代実録《にほんさんだいじつろく》』元慶《がんぎょう》八年（八八四）八月二六日条に、「新たに神琴二面を造りて、春日神社に充《あ》て奉る。神護景雲二年十一月九日に充てるところが破損するを以てなり」とあることによる。神琴を賜ったときをもって創建だとする見解である。しかし、この事実が創建期の根拠になるとはいえない。筆者は藤原氏による祭祀はもっと遡るのではないかと考えている。

元来、平城京《へいじょうきょう》遷都以前から東方で日が昇る御笠山《みかさやま》（御蓋山）は信仰の対象となっていたようで、『東大寺要録《とうだいじようろく》』四には、和銅《わどう》元年（七〇八）頃にはすでに御笠山に安部《（阿倍）》氏の社があったとみえる。また『続日本紀《しょくにほんぎ》』には、養老《ようろう》元年（七一七）に遣唐使《けんとうし》の無事帰還を願って御笠山で神祇《じんぎ》を祭ったとあり、天平勝宝《てんぴょうしょうほう》二年（七五〇）には、「酒殿」が建てられていたとみえる。『萬葉集《まんようしゅう》』巻一九・四二四〇番歌の題詞にも「春日に神を祭る日に、藤原太后《（光明皇太后）》の作らす歌一首」とみえるように、同三年には「神を祭る日」が決まっていて、ここでも遣唐使の無事を祈る儀式があった。同八歳の「東大寺山堺四至図《とうだいじさんかいししず》」にも、御笠山の西、現在の社殿域にあたるところに「神地」と記されている。

そして、発掘調査によって奈良時代初期の平城京羅城門《らじょうもん》近くの朱雀大路《すざくおおじ》に酷似した築地《ついじ》も確認されており、『萬葉集』巻三・四〇四番歌に「ちはやぶる　神の社《やしろ》しなかりせば　春日《かすが》の野辺《のべ》に　粟蒔《あわま》かましを」とあることからも、奈良時代の早い時期にすでに春日大社の前身ともなるような「神の社」があって遙拝《ようはい》地、祭場となっていたことがわかる。

それでは藤原氏の氏社としての性格を有する春日大社が成立したのは、いつなのかである。それは春日大社の祀る四座の神、武甕槌命（鹿島《かしま》）、経津主命（香《か》取《とり》）、天児屋根命・比売神（枚岡《ひらおか》二座）のうち、鹿島神（常陸国《ひたちのくに》）が首座であることからすると、奈良時代初期頃の藤原氏と常陸国との関係に注視する必要がでてくる。

その条件に適うのが、不比等《ふひと》三男の宇合《うまかい》（馬養《うまかい》）で、宇合は遣唐副使として帰国した直後の養老三年に常陸《ひたちの》守《かみ》に任じられ、安房《あわ》・上総《かずさ》・下総《しもうさ》三国の国司を監督管掌する按察使《あぜち》にも就いている。帰京した時期ははっきりしないが、『懐風藻《かいふうそう》』には同五年秋にはまだ在任し

春日本地仏曼荼羅図◆本地垂迹説に基づいて描かれ、上部には春日本来の神々の姿が描かれる。その下には御蓋山が見える。13 世紀・鎌倉時代の作品　東京国立博物館蔵　出典：ColBase　https://colbase.nich.go.jp/collection_items/tnm/A-106?locale=ja

ていたことを窺わせる漢詩がみえているから、同六年頃ではないかと思われる。国守は毎年国内を巡行することが「養老戸令《ようろうこりょう》」にも定められており、またこの時期に成立した常陸国内の郡郷名の由来や産物・地形・伝承など国情を記した『常陸国風土記《ひたちのくにふどき》』の編述に宇合が積極的に関わっていたことから推考して、宇合と鹿島・香取社との間に関係が生じていた可能性は高い。

その後に宇合は、神亀《じんき》元年（七二四）、陸奥国《むつのくに》海道側の蝦夷《えみし》の反乱を鎮圧するための持節大将軍《じせつたいしょうぐん》として三万人の騎歩兵を率いて東北に下向、成果をあげて帰京しているが、宇合が持節大将軍に選任されたのは常陸守を経験していたことから在地の事情に通じ、進攻に際して郡司・豪族らに兵站《へいたん》面などで協力をえやすかったからであろう。

宇合は、この蝦夷征討にあたり成功を祈って、記紀神話などに霊剣の伝承をもち、「葦原中国《あしはらのなかつくに》」の平定に活躍した尊崇する武神である鹿島神と、鹿島神へ奉斎する司祭者の神格化した香取神を伴ったことは十分に推考できる。そして、帰京後に信仰の地であった御笠山に式家《しきけ》の氏神として分祀勧請《かんじょう》、春日社を祭ったとしても不思議ではない。この事実の論拠となる二つの事実を次にあげてみる。

その一つが、古代の法制書『新抄格勅符抄《しんしょうきゃくちょくふしょう》』に天平神護《てんぴょうじんご》元年（七六五）、鹿島社の封戸《ふこ》（租庸調を与える）のうち二〇戸分を割いて春日神に充てたとみえていることである。いまだ封戸を有していなかった分祀された春日社に、鹿島社が融通したのである。

もう一つは、『続日本紀』宝亀《ほうき》八年（七七七）七月乙丑《きのとうし》条に、「内大臣従二位《ないだいじんじゅにい》藤原朝臣良継《あそんよしつぐ》病めり。その氏神鹿島社を正三位《しょうさんみ》に、香取神を正四位上《しょうしいのじょう》に叙す」とみえて、宇合の次男で内大臣であった良継が病気になったとき、その快復を鹿島・香取両神に祈り霊験に頼ろうとしたことである。ここには「氏神」とあるが、これは系譜上の祖である天児屋根命と性格を異にしており、本来の氏神の前段階の姿であるとの見解（新日本古典文学大系『続日本紀』五、補注、岩波書店、一九九八年）もあるから、「藤原氏の氏神」ではなく、「藤原式家の氏神」を指すものとするのが妥当であろう。

つまり養老三年、常陸守・按察使となっていた式家宇合は管掌国内の鹿島・香取神を崇敬するようになり、神亀元年に持節大将軍として征夷に赴くに際して、武功を祈り武神であった両神を分霊して従軍するなど一層信仰するようになった。そして、式家の氏神として従来から阿倍《あべ》氏も社を築いていて信仰の地であった春日に勧請分祀したのである。その宇合の信仰を受けついだのは妹の光明《こうみょう》皇后だったとの説がある。『春日社私記』に天平勝宝七歳、光明のための皇后宮職を拡大した「紫微中台《しびちゅうだい》が春日四所を祭る」とあるから、徐々に官祭的になり氏神化していったのであろう。式家の氏神となった両神は、嗣子である良継の信心をうけて、やがて良継と政治的に連携する氏上の北家永手《ながて》によって社殿なども整備されて官社化されていったのではなかろうか。

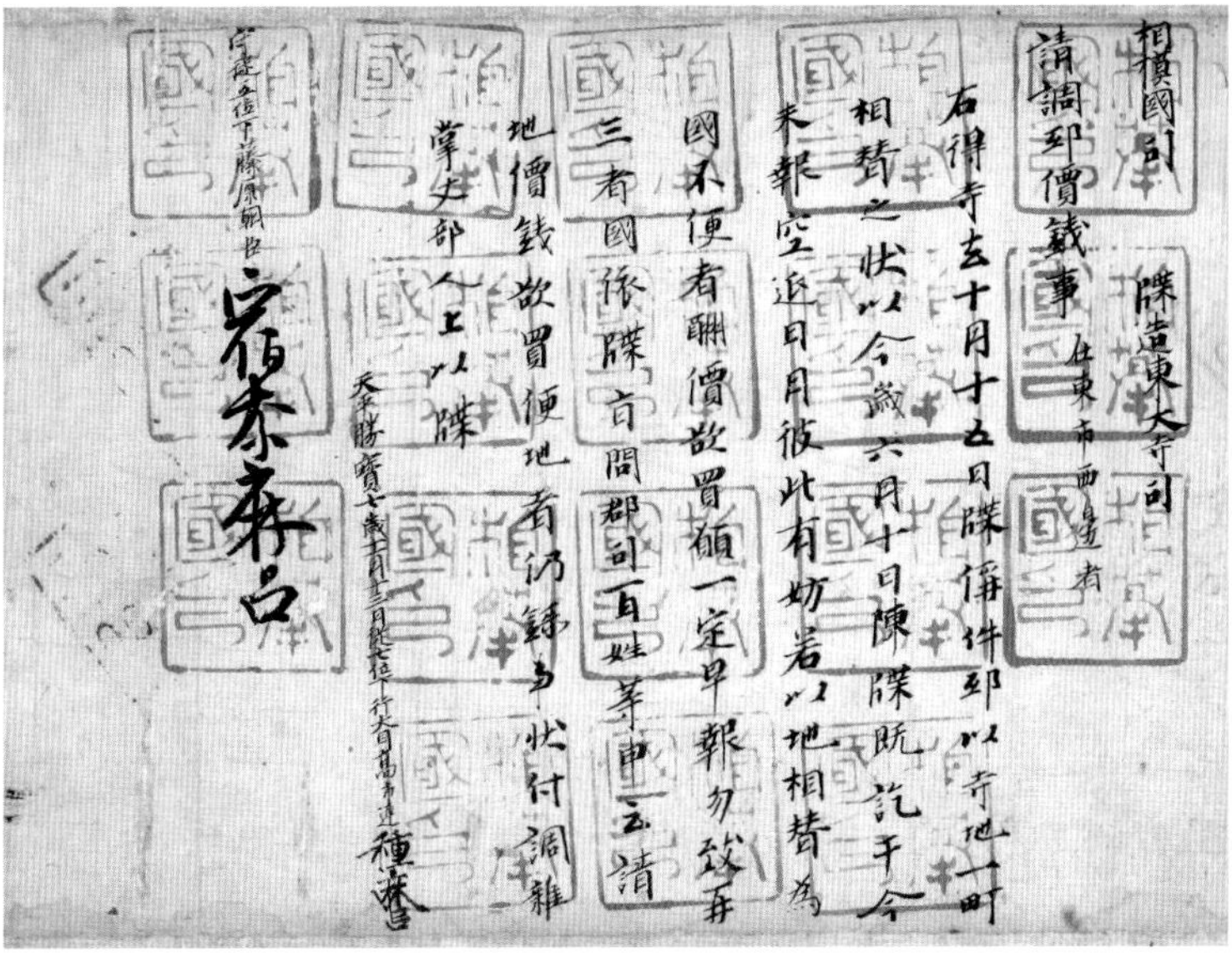

藤原宿奈麻呂（良継）自署「相模国司牒」◆早稲田大学付属図書館蔵

このようにして創祀された春日大社は、平城京の鎮護神となり、平安時代になると藤氏長者《とうしちょうじゃ》の参詣があって、治安《じあん》元年（一〇二一）に後一条《ごいちじょう》天皇の行幸時に大和国添上郡《やまとのくにそうのかみぐん》を神郡として賜わるなど、社領の寄進がつづいて繁栄していったのである。　（木本）

【参考文献】

宮地直一「春日神社の成立」（『神社論攷』古今書院、一九四二年）
中村英重『古代氏族と宗教祭祀』（吉川弘文館、二〇〇四年）
大友裕二「春日大社創祀に関する一考察」（『神道史研究』六〇巻二号、二〇一二年）
大友裕二「春日大社の創祀と藤原氏」（『神道史研究』六一巻二号、二〇一三年）

2 鹿島社《かしましゃ》と香取社《かとりしゃ》——崇敬を集めた関東の氏神

現在の茨城県・千葉県にまたがる霞《かすみ》ヶ浦《がうら》・北浦《きたうら》は、鎌倉時代末期頃までは内海で、「香取海《かとりのうみ》」と呼ばれていた。古代、この「香取海」北側の常陸国《ひたちのくに》に建てられたのが鹿島神宮《かしまじんぐう》（鹿島社）、南側の下総国《しもうさのくに》に建てられたのが香取神宮《かとりじんぐう》（香取社）である。

両社は九世紀に成立した『延喜式神名帳《えんぎしきじんめいちょう》』のなかに、伊勢《いせ》以外ではこの二社だけが「神宮」と記されていたように社格が高く、朝廷にとって重要な役割を担っていたようである。両社のある地域は、「香取海」の入口で交通上の要衝であるとともに、東北平定のための拠点として用いられたと考えられるのである。鹿島社の主神である武甕槌命《たけみかずちのみこと》、香取社の主神である経津《ふっ》主命《ぬしのみこと》（大神《おおかみ》）はいずれも武神としての性格をもつことから、古くから朝廷や貴族が東北平定の成功を祈願するなど、篤い崇敬を集め、現在も鹿島社には、神宝として奈良時代から平安時代に製作されたと考えられる刃長二二三．五センチの直刀（国宝）が伝わっている。

「1春日大社」の項でもふれているように、これら両社を藤原氏の氏神としたのは、奈良時代、藤原不比《ふひ》等《と》の三男宇合《うまかい》であったと考えられる。宇合は養老《ようろう》三年（七一九）、常陸守《ひたちのかみ》として現地に赴任するとともに、安《あ》房《わ》・上総《かずさ》・下総三国の按察使《あぜち》にも任じられて「香取海」の支配に関わった。そこで管掌する国内にあった鹿島・香取の祭神を崇敬し、奈良に春日社《かすがしゃ》として勧請《かんじょう》・分《ぶん》祀《し》したのである。

そのため、これ以降、鹿島社・香取社は、関東にありながらも、藤原氏出身の貴族の篤い崇敬を受け、藤《とう》氏長者《しちょうじゃ》は職封《しきふ》（給与）の一部を寄進した。また、藤原氏で大臣になった者や、皇后・中宮《ちゅうぐう》に立てられた者は、両社に封戸《ふこ》を寄進するのが恒例であった。

一方で、藤氏長者は両社社司の任命権をもち、両社社司は代々藤氏長者宣《せん》によって任じられたため、両社は、藤氏長者を世襲する摂関家の強い影響も受けた。摂関家では藤氏長者の代替わりごとに、鹿島・香取社の神主職《かんぬししき》を改めて任命し直す政所下文《まんどころくだしぶみ》が発給されたが、摂関家が分裂すると、神主の一族も両派に分かれて対立した。特に香取社では、中臣氏《なかとみ》・大中臣氏《おおなかとみ》が神主職をめぐって競合し、九条家《くじょうけ》や近衛家《このえけ》に結びついて対立したことが知られている。

（樋口）

【参考文献】
茨城県立歴史館編『鹿島と香取』二〇二三年
井原今朝男「摂関家領における代始安堵考」（『日本中世の家政と国政』校倉書房、一九九五年）

香取神宮◆千葉県香取市　撮影：筆者

鹿島神宮楼門◆茨城県鹿嶋市

鹿島社と香取社位置図

3 興福寺《こうふくじ》――大和を支配した藤原氏の氏寺

〈奈良時代〉藤原氏の氏寺興福寺《こうふくじ》は、『興福寺縁起《えんぎ》』（『群書類従《ぐんしょるいじゅう》』第二四、釈家部）、『興福寺流記《るき》』（『大日本仏教全書』一二八）などによると、天智《てんじ》天皇八年（六六九）の藤原鎌足《かまたり》没時に際して、妻の鏡女王《かがみのおおきみ》が山階《やましな》（京都府）に開基、宝殿を構えたのに始まり、その後の飛鳥《あすか》帰京にあたって厩坂《うまやさか》（厩坂寺）に移り、やがて和銅《わどう》三年（七一〇）の平城京《へいじょうきょう》遷都にともなって、嫡子不比等《ふひと》が「春日之勝地《かすがのしょうち》」に金堂《こんどう》を造営し、今にいたるという。

しかし、事実としては不比等が霊亀《れいき》（七一五～七一六）・養老《ようろう》年間（七一七～七二三）初期に左京三条七坊に創建したことに始まる。養老四年には「造興福寺仏殿司《ぞうこうふくじぶつでんし》」なる官職が設置され（『続日本紀《しょくにほんぎ》』）、官寺となって本格的な造営が始まった。翌五年までには中金堂《ちゅうこんどう》も完成していて、同年に元明太上天皇《げんめいだいじょうてんのう》・元《げん》正《しょう》天皇が不比等供養のための北円堂《ほくえんどう》を建て本尊弥勒《みろく》と脇侍《わきじ》・四天王《してんのう》像を、神亀《じんき》三年（七二六）には聖武《しょうむ》天皇が元正の病気快復を祈り東金堂《とうこんどう》を建て釈迦像を安置、天平《てんぴょう》二年（七三〇）には光明皇后《こうみょうこうごう》の発願《ほつがん》による五重塔が造立《ぞうりゅう》されて、徐々に伽藍が整備されていった。

また天平六年に光明は、母県犬養橘三千代《あがたいぬかいのたちばなのみちよ》の一周忌にあたって西金堂《さいこんどう》を造立して釈迦如来像を本尊とし、舎利弗《しゃりほつ》など十大弟子像、有名な阿修羅《あしゅら》など八部《はちぶ》衆《しゅう》像を安置、これ以外にも光明は四恩堂《しおんどう》・松院堂《しょういんどう》なども造立したという。また、同一七年には藤原房前《ふささき》の妻室である牟漏女王《むろのおおきみ》が祈願して講堂を建てたとあるが（一説では藤原仲麻呂《なかまろ》と姉妹の藤原夫人《ぶにん》）、僧坊や食《じき》堂《どう》はそれ以前にあった可能性が指摘されている。天《てん》平宝字《ぴょうほうじ》五年（七六一）になると、淳仁《じゅんにん》天皇が「恵美《えみの》大臣《だいじん》」（仲麻呂《なかまろ》）に命じて東院西堂《とういんさいどう》を造立させるなど、天皇や藤原氏によってより充実し、寺領地としても不比等施入の寺田を基礎に、越前《えちぜん》・加賀《かが》両国などの寺田一二〇〇町を領有して経済的にも発展、藤原氏の氏寺

興福寺維摩会◆維摩会は平安時代には鎌足忌日の10月10日からはじまり、16日に結願した。勅会として朝廷からも勅使が派遣され、勅使には勧学院の弁別当が用いられた。画面中央、束帯姿で座すのが勅使である　「春日権現験記絵」　宮内庁三の丸尚蔵館蔵

ながら大安寺《だいあんじ》などの官寺に伍して繁栄していった。

　その興福寺のもっとも重要な法会《ほうえ》が、鎌足が始め不比等が再興した維摩経《ゆいまきょう》を講説する維摩会《ゆいまえ》である。天平宝字元年、仲麻呂は橘奈良麻呂《ならまろ》の変を鎮圧して政治権力を掌握、太政官《だいじょうかん》首班であった兄豊成《とよなり》を大宰府《だざいふ》に斥《しりぞ》け、ふたたび絶えていたのを近江国《おうみのくに》にあった鎌足の功田一〇〇町を施入するなどして復興している。これは仲麻呂が藤原氏の正統な氏長者《うじのちょうじゃ》となったことを広く誇示するものであった。（木本）

〈平安時代〉平安時代になると、藤原氏の勢力が一段と伸張し、氏寺である興福寺もそれにともなって発展した。だが、南都僧《なんとそう》は南京三会《なんきょうさんえ》（興福寺維摩会・宮《きゅう》中御斎会《ちゅうごさいえ》・薬師寺最勝会《やくしじさいしょうえ》）において講師《こうじ》をつとめなければ、寺院幹部である僧綱《そうごう》への昇進が認められなかったため、京都周辺の寺院に比べて世俗権力が介入できる余地がなかった。寺僧のトップに当たる別当《べっとう》も、事実上藤氏長者《とうしちょうじゃ》が任命権をもつものの、一一世紀末までは寺僧中から有能な人物が選ばれ、藤原氏以外の氏族出身者が選ばれることも多かった。
　しかし、承保《じょうほう》二年（一〇七五）、関白《かんぱく》藤原師実《もろざね》の子息である覚信《かくしん》が入寺《にゅうじ》し、康和《こうわ》二年（一一〇〇）、別当

に任じられると、以降、摂関家は代々子息を入寺させ、別当に任じるようになり、興福寺と世俗権力の関係は大きく変化する。治暦《じりゃく》四年（一〇六八）、後三条《ごさんじょう》天皇の即位によって、天皇外戚《がいせき》の地位から転落した摂関家は、宗教的権威である興福寺と結合することで体制の立て直しをはかった。一方、興福寺は同時期、大和《やまと》国内で諸寺院を末寺化して勢力を拡大しており、その後ろ盾として摂関家を必要としたのである。

貴族の子弟が入寺するに当たっては、寺内に格式に見合った邸宅が形成された。これを院家《いんげ》といい、経済基盤である荘園とそれを経営する家政機関《かせいきかん》が付属した。興福寺では、摂関家子弟の入る院家として一乗《いちじょう》院《いん》と大乗院《だいじょういん》があり、これらは特別に門跡《もんぜき》と称された。これらは摂関家による興福寺統制の拠点となった。

一方で、興福寺内では、この頃から下級の寺僧集団である大衆《だいしゅ》の勢力も成長した。かれらは大和国内で私領支配を拡大するとともに、その自衛のために自身武装したほか、在地の有力者とも結んで多くの軍勢を動員できるようになった。この頃、荘園の拡大や諸寺院の末寺化をめぐっては、延暦寺《えんりゃくじ》など他の大寺院との衝突が相次いだ。また、院政が開始されると、上皇《じょうこう》も別当人事や維摩会講師の人選などに介入しようとした。こうした問題に対して、大衆は軍勢を率いて上洛し、強訴《ごうそ》を行って要求を受け容れさせようとした。

とりわけ鳥羽《とば》院政期には、大治《だいじ》四年（一一二九）、院が興福寺の末寺である清水寺《きよみずでら》別当に興福寺系の僧侶ではない長円《ちょうえん》を任じたことから、大衆が反発して激しく上皇と対立した。大衆が長円を襲撃する事件を起こすと、上皇は検非違使《けびいし》を寺内に入れ捜索させたのである。しかし、こうしたなかで、鳥羽上皇と近い関係にあった摂関家の藤原忠実《ただざね》は、大衆の代表者である悪《あく》僧信実《そうしんじつ》と結ぶことで大衆を編成し、上皇との融和をはかった。そして、このことは摂関家と興福寺のさらなる関係強化につながっていった。

このように、摂関家が全体として興福寺と結び、関係を強化していくと、大和国内における興福寺の支配はさらに強化された。一一世紀前半以降、大和国では国司《こくし》と興福寺の対立が繰り返されたが、摂関家が興福寺と結んだことで、大和国司は後ろ盾を失って国務《こくむ》を執れなくなり、興福寺は国司に代わる実質的な支配者になった。鎌倉幕府成立後も、幕府は大和に守護《しゅご》を置かず、興福寺に支配を委ねたのである。

（樋口）

【参考文献】
奈良六大寺大観刊行会『奈良六大寺大観』第七巻 興福寺一（岩波書店、一九六九年）
元木泰雄「院政期興福寺考」（『院政期政治史研究』思文閣出版、一九九六年）
泉谷康夫『興福寺』（吉川弘文館、一九九八年）
川端新「平安後期における大和国司」（『荘園制成立史の研究』思文閣出版、二〇〇〇年）
小林裕子『興福寺創建期の研究』（中央公論美術出版、二〇一〇年）

不空羂索観音像◆本図は平安～鎌倉時代のものと目され、藤原氏が篤く信仰した興福寺南円堂の不空羂索観音像を写したものと推定されている。中世においては、春日社一宮の祭神である武甕槌命と南円堂の不空羂索観音が同体とみなされることが有力であったという　奈良国立博物館蔵　出典：ColBase https://colbase.nich.go.jp/collection_items/narahaku/1264-0?locale=ja

4 多武峰《とうのみね》——興福寺に対抗した鎌足の墓寺

多武峰《とうのみね》は飛鳥《あすか》の南東にある山で、中臣鎌足《なかとみのかまたり》が中大《なかのおお》兄皇子《えのおうじ》と蘇我入鹿《そがのいるか》暗殺の謀議を談じた場所とされている。現在、ここにある談山神社《たんざんじんじゃ》（奈良県桜井市）は、もともと妙楽寺《みょうらくじ》という寺院で、明治時代、神仏分離令によって神社となった。妙楽寺は鎌足の子息である定恵《じょうえ》（貞慧）が摂津国安威山《せっつのくにあいやま》に埋葬されていた鎌足の遺骸《いがい》を、この場所に改葬したのが始まりとされ、『多武峰略記《とうのみねりゃっき》』によれば、鎌足の墓には、現在、談山神社にあるような十三重塔《じゅうさんじゅうのとう》が築かれたという。

多武峰には朝廷によって墓守《はかもり》が置かれたほか、藤原氏の発展とともに、その始祖である鎌足の墓所として保護され、一〇世紀には妙楽寺は比叡山延暦寺《ひえいざんえんりゃくじ》の末《まつ》寺《じ》、同無動寺《むどうじ》の別院とされた。延暦寺を後ろ盾としたことで多武峰は勢力を拡大し、もともと十数人だった墓守は、一二世紀末には数百人規模へと爆発的に増加した。

一方、一一世紀頃から大和国《やまとのくに》では、同じく鎌足の邸宅に起源をもつ藤原氏の氏寺・興福寺《こうふくじ》が勢力を拡大して法隆寺《ほうりゅうじ》・長谷寺《はせでら》といった国内の諸寺院を末寺化した。そのため、ともに大和国内で勢力を広げようとする多武峰と興福寺は権益をめぐってたびたび衝突した。

たとえば、天仁《てんにん》元年（一一〇八）九月には、山内平《びょう》等院《どういん》の経蔵《きょうぞう》に施入《せにゅう》（寄付）された大和国高田庄《たかだのしょう》（奈良県大和高田市）近辺の所領田畠《でんぱく》をめぐるトラブルに興福寺が介入した。多武峰僧は、興福寺僧が作物を奪い取ったとしてこれを乱暴したため、興福寺大衆《だいしゅ》が蜂《ほう》起《き》して多武峰を焼き討ちし、食堂《じきどう》・経蔵・多宝塔《たほうとう》・灌《かん》頂堂《じょうどう》・五大堂《ごだいどう》といった堂塔《どうとう》が焼失している。

また、承安《しょうあん》二年（一一七二）には、多武峰に比叡山の守り神である山王権現《さんのうごんげん》を勧請《かんじょう》し、山王祭を行ったところ、興福寺大衆が反発し、翌年六月、再び焼き討ちにあった。今回は金堂《こんどう》・講堂《こうどう》ほか主要堂舎が焼失したため、朝廷は興福寺別当《べっとう》を解任、首謀者を流罪に処し、諸国司に命じて興福寺の所領末寺まで没官《もっかん》（朝廷

多武峰縁起絵巻◆中臣鎌足が中大兄皇子と多武峰で密談する様子　奈良県桜井市・談山神社蔵

談山神社◆奈良県桜井市　画像提供：談山神社

に没収）させた。しかし、それでも怒りを抑えきれなかった延暦寺側は自分たちも蜂起を画策していたようで、南北の大寺院が直接衝突する寸前まで至った。興福寺の膝下である大和国にあって、延暦寺を後ろ盾とする多武峰の存在は、つねに両者の衝突の火種になったのである。

多武峰の聖霊殿《しょうりょうでん》には、不比等《ふひと》が命じて作らせたという「大織冠《だいしょくかん》」鎌足の木像があり、この像は藤原氏にとっての大事を知らせる霊像《れいぞう》として認識されていた。この像はたびたび破裂し、このことは藤原氏の一族や政治・社会にとっての危機を示す予兆《よちょう》とされた。像が破裂すると、藤氏長者《とうしちょうじゃ》は多武峰に使者を派遣して破裂平癒《へいゆ》の告文《こうもん》（願文《がんもん》）を読み上げさせ、祈禱《きとう》や物《もの》忌《い》みなども行わせた。像の破裂は多武峰が勢力を拡張した一一世紀頃から頻繁に見られ、多武峰はこれを利用して、その存在を社会的にアピールしたのである。

（樋口）

【参考文献】
黒田智「大織冠像の破壊と肖像―中世における肖像と「名付け」―」（『年報中世史研究』二三号、一九九七年）
網野善彦『日本中世の百姓と職能民』（平凡社、一九九八年）
大平敏之「衝突する多武峰と興福寺―平安後期を中心に―」（『文芸論叢』七八号、二〇一二年）

十一面観音菩薩立像◆明治時代まで多武峰に伝来した仏像で、フェノロサによって購入された。白檀製で唐初期、7世紀半ばのものと目されている　東京国立博物館蔵　出典：ColBase https://colbase.nich.go.jp/collection_items/tnm/C-304?locale=ja

多武峰位置図

『週刊朝日百科 日本の歴史 41』（朝日新聞出版、2003 年）掲載図を参考に作成

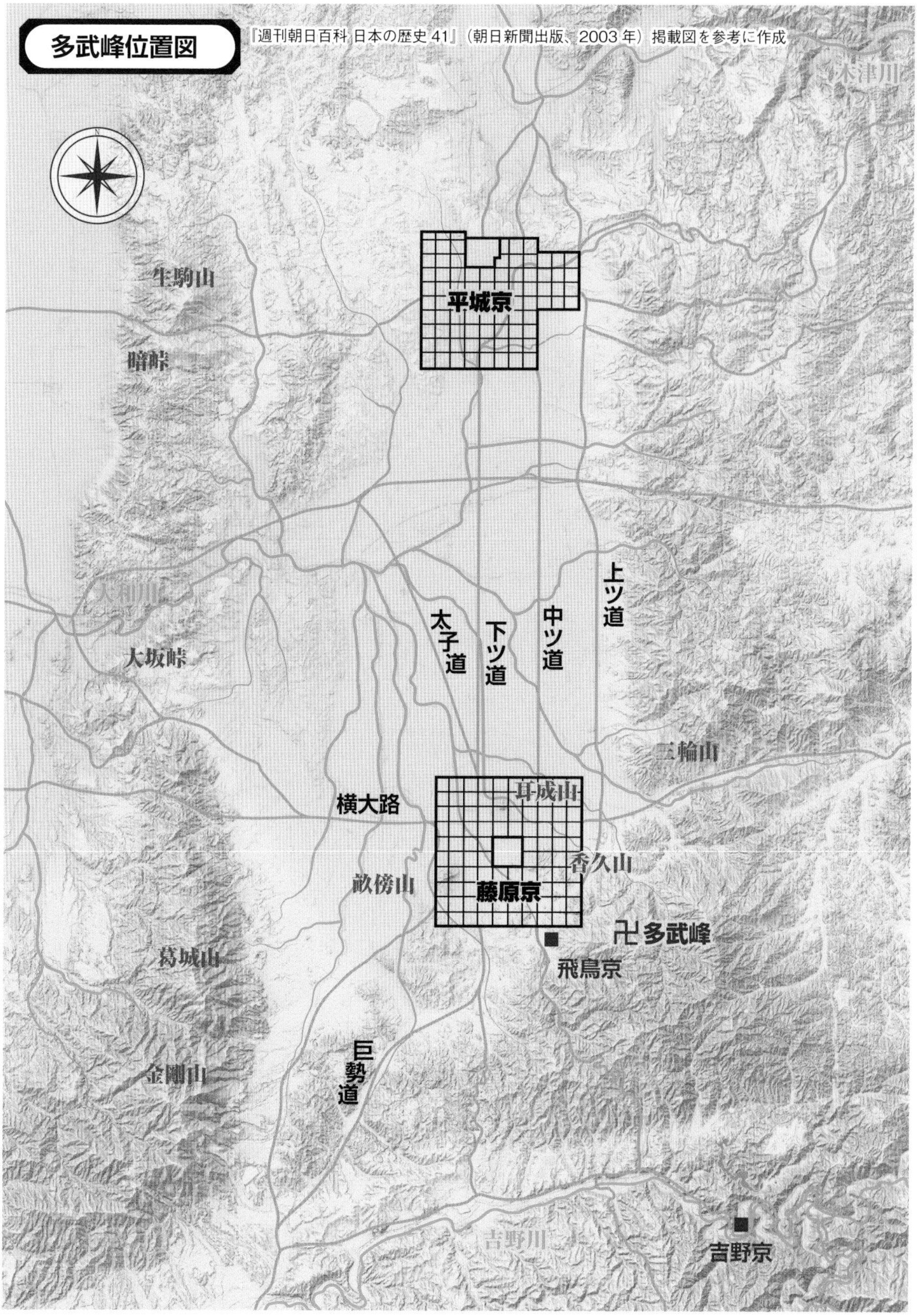

視点 藤原氏と奈良

藤原氏始祖の鎌足《かまたり》は、『藤氏家伝《とうしかでん》』上巻の「鎌足伝」に「藤原」（奈良県高市郡明日香村小原）の邸宅で生まれ、その後は摂津国《せっつのくに》三島郡《みしまぐん》（大阪府高槻市付近）を本拠として、淡海《おうみ》（滋賀県）の邸宅で亡くなり、山背国《やましろのくに》宇治郡《うじぐん》山階寺《やましなでら》で火葬に付されたとあるから、特に奈良と深い関係があるようにはみえない。

藤原氏と奈良との関係は、不比等《ふひと》から始まったのではなかろうか。和銅《わどう》元年（七〇八）二月になって元明《げんめい》天皇は平城京《へいじょうきょう》の造営を宣言するが、大内裏《だいだいり》の東側に接して不比等の邸宅が造作されている。内裏造営とともに不比等邸も建設したものと思われるが、不比等が自邸の隣地に誘致したとする見解もあるくらい不比等と平城京造営は密接な関係が指摘されるから、やはり藤原氏と奈良との関係は不比等から始まるとみてよい。

不比等の四子である四兄弟も、慶雲《けいうん》年間（七〇四～七〇七）に長子武智麻呂《むちまろ》は左京の南に、次兄房前《ふさざき》は宮城の北に、そして養老《ようろう》年間（七一七～七二三）初期には、三男宇合《うまかい》はよくわからないが、四弟麻呂《まろ》は発掘の成果から左京二条二坊に邸宅を構えて、「南家《なんけ》」「北家《ほっけ》」「式家《しきけ》」「京家《きょうけ》」の四

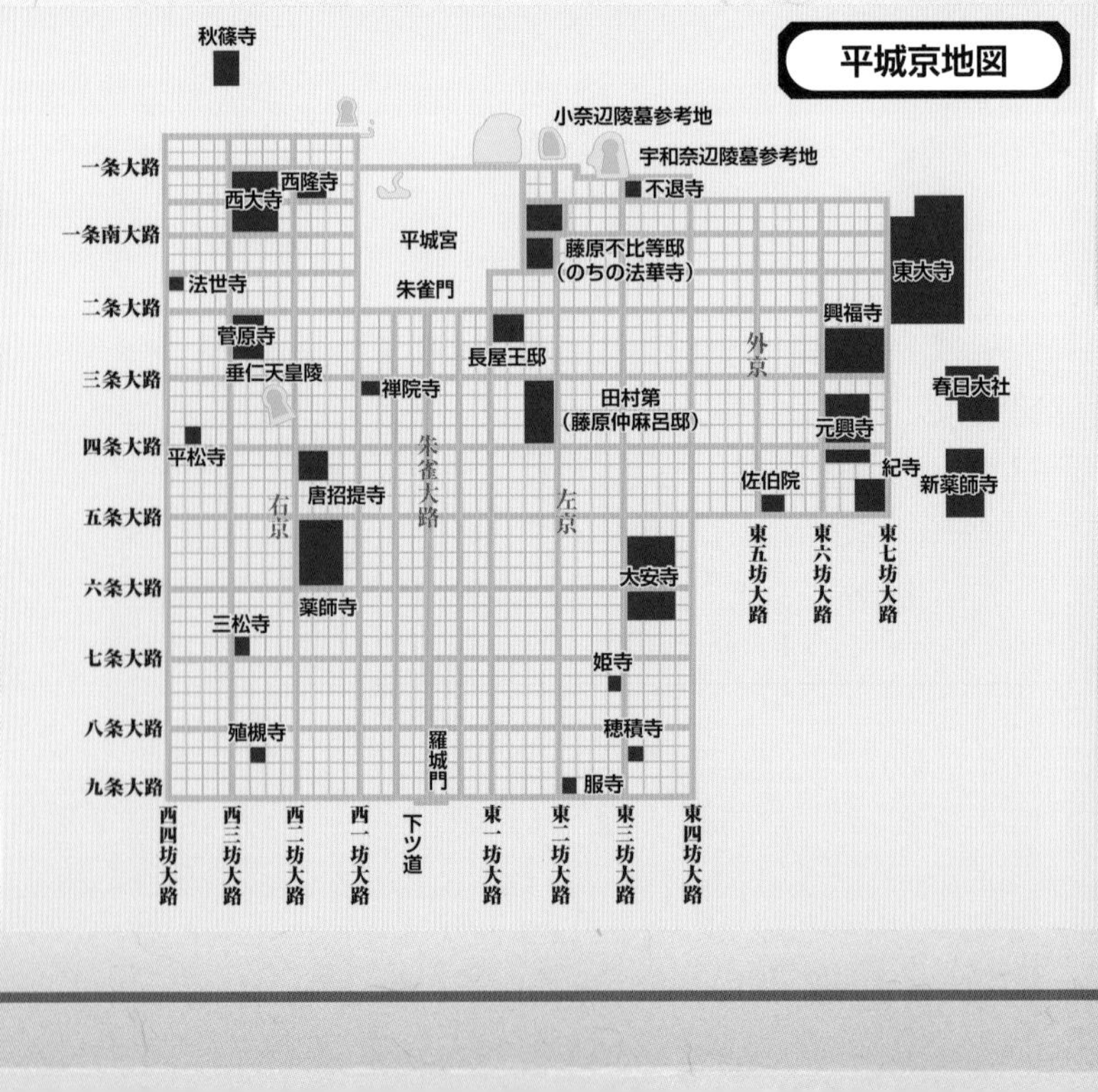

平城京地図

平城京平城宮大極殿◆朱雀門北にある第１次大極殿跡に復元された　奈良市　撮影：筆者

家が分立して在住するようになる。

四兄弟の次の世代も、藤原氏は各自だいたい平城京五条以北に邸宅を構えている。たとえば武智麻呂の孫黒麻呂《くろまろ》（のち是公《これきみ》と改名、桓武朝《かんむちょう》に右大臣《うだいじん》）宅も左京三条四坊にあり、その邸宅跡のごく一部に我家も建つ。黒麻呂ら藤原氏に限ったことではないが、奈良は郷里である。唐にあって帰国が叶わなかった阿倍仲麻呂《あべのなかまろ》が「あまの原 ふりさけ見れば 春日なる 三笠の山に 出でし月かも」と奈良の都を懐《おも》って詠んだ心情は藤原氏をはじめ他氏族の人びとにも共通のものであった。

もちろん、長岡京《ながおかきょう》、そして平安京《へいあんきょう》遷都にともない藤原氏と奈良との関係は希薄になるが、氏寺興福寺《こうふくじ》、氏社春日《かすが》大社《たいしゃ》があり、その関係は絶えることはなかった。春日大社春冬二回の例祭には春日祭使が派遣され、雪の日に一三歳の頼通《よりみち》を奈良に送った父道長《みちなが》の息子を思いやった気持ちが日記『御堂関白記《みどうかんぱくき》』にみえるなど、奈良との深い縁を感じる。摂関の春日詣《かすがもうで》など、氏寺氏社の興福寺・春日大社を通して藤原氏にとって奈良は特別な土地であった。（木本）

【参考文献】
直木孝次郎『奈良』（岩波書店、一九七一年）
倉本一宏『藤原氏』（中央公論新社、二〇一七年）

5 大原野社《おおはらのしゃ》と吉田社《よしだしゃ》――京都に遷された氏神

藤原氏の氏社《うじしゃ》は、奈良御蓋山《ならみかさやま》に鎮座《ちんざ》する春日社《かすがしゃ》であった。だが、延暦《えんりゃく》三年（七八四）、桓武《かんむ》天皇が長岡《ながおか》京《きょう》に遷都《せんと》し、さらに同一三年、平安京《へいあんきょう》に遷都すると、藤原氏の一族もほとんどが新たな都に移ったので、氏《うじ》神《がみ》を新たな都城《とじょう》付近に勧請《かんじょう》して祀ろうとする動きがあらわれる。こうして創建されたと考えられるのが、大原野社《おおはらのしゃ》と吉田社《よしだしゃ》である。両社は春日社と同じく武甕《たけみか》槌命《づちのみこと》（建御賀豆智命）・伊波比主命《いわいぬしのみこと》・天児屋根命《あめのこやねのみこと》（天之子八根命）・比売神《ひめがみ》（大神）の四柱《よはしら》を祭神としている。

このうち大原野社は長岡京の北側にあり、社伝《しゃでん》では桓武天皇の皇后藤原乙牟漏《おとむろ》が春日社を長岡京付近に勧請したものとされる。しかし、同社の例祭《れいさい》である大《おお》原野祭《はらのまつり》では、祭儀の神主は「長岡大臣《ながおかだいじん》の胤《いん》」を用いると『江次第抄《ごうしだいしょう》』（第五）に見えることから、実際は「後《のちの》長岡大臣」と称された北家《ほっけ》の藤原内麻呂《うちまろ》によって勧請されたものと考えられている。以後、北家によって祀られていたものと思われるが、内麻呂の孫娘（冬《ふゆ》嗣《つぐ》の娘）である順子《じゅんし》が仁明《にんみょう》天皇の女御《にょうご》となり、嘉《か》祥《しょう》三年（八五〇）、彼女の生んだ文徳《もんとく》天皇が即位すると、外戚《がいせき》の氏社として朝廷によって祀られ、大原野祭も国家的祭儀として執り行われるようになった。

そして、藤原氏出身の后妃《こうひ》が定着すると、大原野社は后妃によって祀られる神社になっていった。長保《ちょうほう》二年（一〇〇〇）、一条《いちじょう》天皇の皇后に藤原定子《ていし》がいたにもかかわらず、藤原道長《みちなが》が娘彰子《しょうし》を后妃に立てようとした。このとき説得材料として、当時三人いた藤原氏出身の后妃がすべて出家しており、大原野祭での后妃の御祈りができない状態であり、氏祭を行うために彰子の立后《りっこう》が必要とされたのは有名である（『権記《ごんき》』同年正月二八日条）。

一方、吉田社は平安京一条大路《いちじょうおおじ》の東、吉田山《よしだやま》にあり、平安京鎮護《ちんご》の氏社などともいわれるが、これも北家魚《うお》名流《なりゅう》の藤原山蔭《やまかげ》が私的に春日社を勧請したのが最初と考えられている。山蔭は従三位《じゅさんみ》中納言《ちゅうなごん》となり、仁《にん》和《な》四年（八八八）に没した人物であるが、その孫娘時《とき》姫《ひめ》（中正《なかまさ》の娘）は藤原兼家《かねいえ》の妻となり、道隆《みちたか》・道兼《みちかね》・道長《みちなが》を生んだ。また、彼女の娘である詮子《せんし》は円融《えんゆう》天皇の女御《にょうご》となり、寛和《かんな》二年（九八六）、彼女の生んだ一条天皇が即位したことで、時姫は外祖母《がいそぼ》として正一《しょういち》

大原野社創建関係者系図

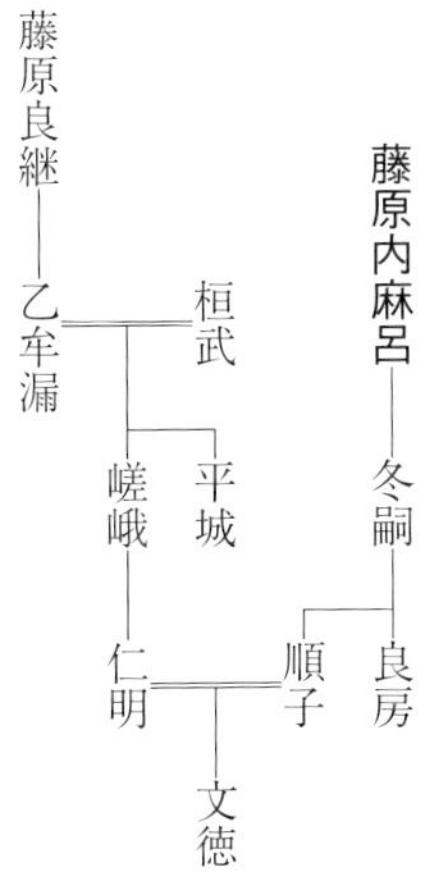

吉田社創健社関係図

大原野神社◆西山山地の一つ小峰山の麓に位置する大原野に所在する。春日社を勧請したことから「京春日」とよばれる。また、春日大社・吉田神社とともに藤原氏の氏神三社とされる。応仁の乱後に衰退したが、江戸時代になって復興された　京都市西京区　撮影：筆者

位《い》に叙された。ここに吉田社も外戚の氏社として朝廷に祀られる神社となり、例祭である吉田祭も国家的祭儀となったのである。

大原野社・吉田社は藤原氏の氏社ではあったものの、藤氏長者・摂関との関係は余り深くなかった。とくに吉田社では鎌倉時代以降、神祇官人《じんぎかんじん》の卜部《うらべ》氏が社司《しゃし》を継承するようになり、南北朝時代になると、卜部氏は吉田家と称して公卿《くぎょう》にまで昇進した。戦国時代の吉田兼倶《かねとも》は唯一神道《ゆいいつしんとう》（吉田神道）を提唱し、その根本霊場として大元宮《たいげんぐう》を境内に創建した。

（樋口）

【参考文献】
宮地直一「吉田神社の鎮座に就いて」（『歴史地理』一三―一、一九〇九年）
宮地直一「大原野社の鎮座に就いて」（『神社協会雑誌』八―一・二、一九〇九年）

吉田神社大元宮◆吉田兼倶によって建立されて以降、江戸時代を通して吉田神社の信仰の中心だった。正式名称は「斎場所大元宮」といい、宇宙の根元神である「虚無大元尊神」を祀る。なお、大元宮の後ろには神祇官でかつて祀られていた祭神８座を祀る八神殿が後陽成天皇の勅命で建立され、国家的な位置付けが与えられた　京都市左京区

山蔭神社◆吉田社の境内にあり、藤原山蔭を祀っている　京都市左京区　撮影：筆者

6 浄妙寺《じょうみょうじ》——藤原氏の墓地に建立された道長の寺

京都の東南にある桃山丘陵《ももやまきゅうりょう》の木幡山《こわたやま》は、一六世紀、豊臣秀吉《とよとみひでよし》が伏見城《ふしみじょう》を築いた場所であるが、この周辺は、平安時代には藤原氏の墓所として利用されていた。

九世紀、最初の関白《かんぱく》となった藤原基経《もとつね》は、木幡山を藤原氏一門の埋骨《まいこつ》の地として定めたとされ、それ以後、彼の子孫たちはこの周辺に墓所をつくったのである。

だが、平安時代の貴族たちには死の穢《けが》れを忌《い》む習慣があり、遺骨は余り大切にされなかった。そのため、基経が藤原氏一門の埋骨の地と定めた木幡山でも、しばらくするとどれが誰の墓なのかわからなくなり、卒《そ》塔婆《とば》が散在する荒れた状態になった。

長保《ちょうほう》二年（一〇〇四）、これに心を痛め、墓所を整備するとともに、木幡山南東に法華三昧堂《ほっけさんまいどう》を建立《こんりゅう》して先祖を極楽に引導《いんどう》しようとしたのが、藤原道長《みちなが》であった。堂舎は翌寛弘《かんこう》二年（一〇〇五）一〇月一九日、落慶供養《らっけいくよう》されて浄妙寺《じょうみょうじ》と名付けられ、二年後の寛弘四年には多宝塔《たほうとう》も建立された。浄妙寺には僧侶《そうりょ》のほかに墓守《はかもり》も置かれ、一門の墓所は浄妙寺によって管理されたのである。そして、道長自身も、万寿《まんじゅ》四年（一〇二七）、没すると浄妙寺近くに埋骨された。

その後、道長の子孫である頼通《よりみち》・師実《もろざね》・忠実《ただざね》といった摂関家《せっかんけ》の歴代も死後、遺骨は木幡山に葬られ、木幡の墓所とそれを管理する浄妙寺は摂関家によって重視された。しかし、平安時代末期には、後白河院《ごしらかわいん》の介入により、後白河の皇子である聖恵法親王《しょうえほっしんのう》が浄妙寺別《べっ》当《とう》に任じられ、これ以降、寺院のトップである別当職《しき》は摂関家の手を離れて聖護院宮《しょうごいんのみや》に渡ってしまう。また、摂関家も分立するとともに、各家ごとに新たな葬地がつくられるようになり、一門の埋骨の地という意識は薄れていった。

浄妙寺は一四世紀後半までは伽藍《がらん》が存在したことが確認されている。しかし、寛正《かんしょう》三年（一四六二）、徳《とく》政一揆《せいいっき》によって執行《しぎょう》（寺務責任者）の住居が破壊されたとき、火を付けられ、焦土《しょうど》と化してしまった（『碧《へき》

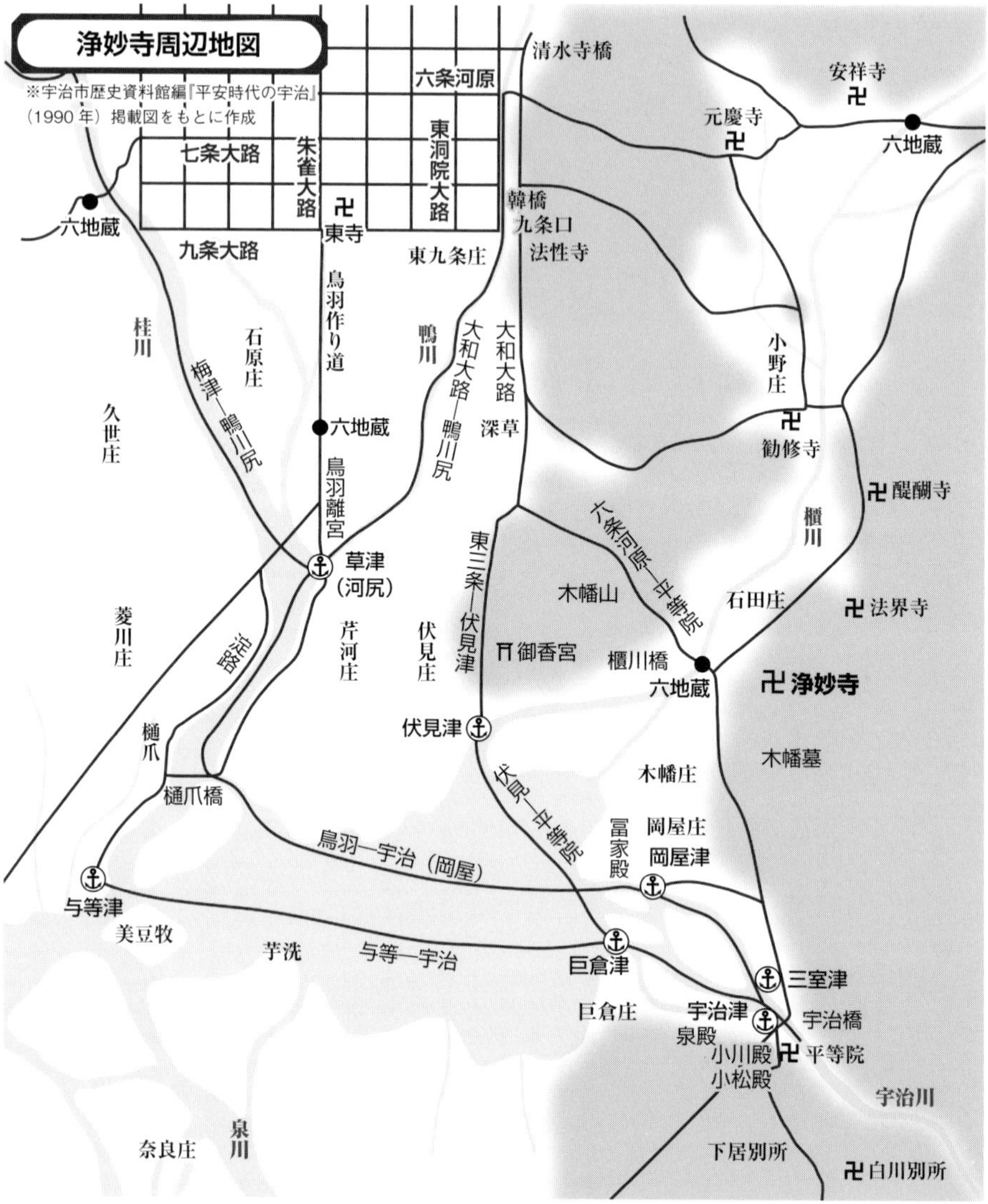
浄妙寺周辺地図
※宇治市歴史資料館編『平安時代の宇治』（1990 年）掲載図をもとに作成
清水寺橋
六条河原
安祥寺
元慶寺
六地蔵
東洞院大路
七条大路
朱雀大路
東寺
韓橋
九条口
法性寺
六地蔵
九条大路
東九条庄
鳥羽作り道
桂川
石原庄
鴨川
大和大路―鴨川尻
大和大路
小野庄
梅津―鴨川尻
久世庄
六地蔵
深草
勧修寺
鳥羽離宮
醍醐寺
六条河原―平等院
櫃川
東三条―伏見津
草津（河尻）
木幡山
石田庄
法界寺
菱川庄
淀路
芹河庄
伏見庄
御香宮
櫃川橋
六地蔵
浄妙寺
樋爪
伏見津
木幡墓
木幡庄
樋爪橋
伏見―平等院
冨家殿
岡屋庄
鳥羽―宇治（岡屋）
岡屋津
与等津
美豆牧
芋洗
与等―宇治
巨倉津
三室津
巨倉庄
宇治津
泉殿
宇治橋
小川殿
小松殿
平等院
宇治川
奈良庄
泉川
下居別所
白川別所

浄妙寺跡◆扁額には藤原行成が、造仏には康尚が携わったとされる。また、発掘調査では法華三昧堂の跡をはじめ築地塀跡・溝跡等の遺構、瓦・須恵器・土師器等の遺物が出土している　京都府宇治市　撮影：筆者

浄妙寺跡付近から出土した青磁水注◆京都国立博物館蔵　出典：ColBase　https://colbase.nich.go.jp/collection_items/kyohaku/G%E7%94%B2161?locale=ja

山日録《ざんにちろく》』一〇月二三日条）。この段階では、もはや摂関家には再建する力も残っておらず、浄妙寺はこのまま廃絶したと考えられている。

浄妙寺の跡は現在、宇治市立木幡《こわた》小学校となっており、一九六六年、同小学校の開校に際しての発掘調査で法華三昧堂の跡が確認された。この遺跡については、一九九〇年・二〇〇三年にも調査が行われて、多宝塔の跡も確認されている。また、同小学校東の茶畑では中国製の青磁水注《せいじすいちゅう》が出土しており、道長の骨壺《こつつぼ》であった可能性が指摘されている。

（樋口）

【参考文献】
西山恵子「藤原氏と浄妙寺」（『京都市歴史資料館紀要』一〇号、一九九二年）
杉本宏『宇治遺跡群—藤原氏が残した平安王朝遺跡—』（同成社、二〇〇六年）

7 勧学院《かんがくいん》――氏社・氏寺も管理した大学寄宿舎

平安時代初期、嵯峨《さが》天皇の時代には唐風化《とうふうか》が進展し、出身の一族にかかわらず、文筆能力に優れた有能な文《ぶん》人《じん》官僚が積極的に登用された。藤原氏も子弟を文人官僚として養成し、新たな体制に対応する必要に迫られた。こうしたなか、弘仁《こうにん》一二年（八二一）、嵯峨の側近だった右大臣《うだいじん》藤原冬嗣《ふゆつぐ》（良房《よしふさ》の父）が創設したのが勧学院《かんがくいん》である。

律令制では、官吏《かんり》養成のための教育機関として、中央に大学寮《だいがくりょう》が置かれた。勧学院は大学寮で学生として勉学する藤原氏子弟のためにつくられた寄宿舎で、大学寮の南（左京三条一坊五町《さきょうさんじょういちぼうごちょう》）にあったため、大《だい》学南曹《がくなんそう》と呼ばれた。冬嗣は勧学院に自分の大臣食封《じきふ》と荘園を寄付し、藤原氏一族の勉学を積極的に支援したのである。冬嗣以後、藤原氏で大臣に昇った者は、食封一〇〇戸《こ》を寄付するのが慣例となり、勧学院に寄宿した学生のうち、優秀な者は学頭《がくとう》に任じられて学問料を支給された。

藤原氏は奈良時代、四家に分裂して以降、各々が発展を遂げる一方で、氏全体としての同族意識は希薄になっていた。だが、勧学院には、冬嗣の北家《ほっけ》だけでなく、藤原氏全体から多くの子弟が集まり、寄宿生活を行った。勧学院創設の目的は、文人官僚の養成とともに、藤原氏の統合もあったと考えられている。

そして、勧学院は冬嗣以後、一族中の最高官位者が任じられる藤氏長者《とうしちょうじゃ》によって管理された。氏族を代表する族長《ぞくちょう》としては、これ以前、氏上《うじのかみ》という役職があったが、藤原氏では、勧学院の創設を通して、氏全体を統合する藤氏長者という地位が新たに成立したと考えられている。

勧学院には独立した事務組織として政所《まんどころ》が設置されたが、勧学院が藤氏長者の執務機関としての性格も併せもっていたために、政所は教育関係の事務以外に、藤原氏の氏社《うじしゃ》・氏寺《うじでら》関係の事務全般を取り扱った。政所は上級の事務員である別当《べっとう》と、下級の事務員である

勧学院政所下文案◆寛元２年（1244）、勧学院領播磨国高嶋庄（兵庫県西脇市）の公文職を任じたもの。『経光卿維摩会参向記』紙背文書　国立歴史民俗博物館蔵

「前賢故実」に描かれた藤原冬嗣◆「前賢故実」は江戸時代末から明治時代にかけて刊行された伝記集　国立国会図書館蔵

知院事《ちいんじ》・案主《あんじゅ》などによって構成され、とくに別当のうち太政官《だいじょうかん》の弁官《べんかん》を兼任した弁別当《べんべっとう》（南曹弁《なんそうべん》）は、藤氏長者の命令を奉じて藤氏長者宣《とうしちょうじゃせん》を発給した。

平安時代後期以降、藤原氏の氏社である春日社《かすがしゃ》や、氏寺である興福寺《こうふくじ》をめぐって事件などが多発したが、勧学院は藤氏長者と氏社・氏寺を媒介する役割を持ち、氏社・氏寺を原告・被告とする訴訟は勧学院に持ち込まれて裁定が行われた。一方で、鎌倉時代後期に勧学院の建物が倒壊すると、裁判機関としての性格は失われ、弁別当が個人的に藤氏長者と氏社・氏寺との仲介機能を果たすようになっていった。（樋口）

【参考文献】
海野よし美・大津透「勧学院小考」（『山梨大学教育学部研究報告』四二号、一九九二年）
虎尾達哉『藤原冬嗣』（吉川弘文館、二〇二〇年）
高山京子「中世の「勧学院」」（『中世の興福寺門跡』勉誠出版、二〇一〇年）
桃裕行『上代学制の研究（修訂版）（桃裕行著作集１）』（思文閣出版、一九九四年）

COLUMN 2

藤氏長者と摂政・関白

律令制《りつりょうせい》創始期の朝廷は、旧来の氏族を八色《やくさ》の姓《かばね》により再編するとともに、氏族の族長を氏上《うじのかみ》に任じて国政に参画させ、氏《うじ》を単位に官人たちを統制した。しかし、世代を経るにつれて氏のまとまりは弱体化し、平安時代になると、天皇に任命されるのではない新たな族長の地位として氏長者《うじのちょうじゃ》が登場する。氏上が一族の祭祀を司ったのに対して、氏長者は氏寺《うじでら》・氏社《うじしゃ》の管理のほか、教育機関である大学別曹《だいがくべっそう》の管理によって一族を統合して統率し、一族のなかから一人を推挙して五位に叙《じょ》す氏爵《うじしゃく》の推挙権をもった。

藤原氏の場合、氏長者は藤氏長者《とうしちょうじゃ》と称し、一族のなかの官位第一の者が任じられることになっていた。室町時代に作成された系図集である『尊卑分脈《そんぴぶんみゃく》』をみると、藤氏長者は基本的に摂関家《せっかんけ》の直系先祖のみに代々世襲されてきたように記されているが、実際には一〇世紀後半頃までは、式家《しきけ》の緒嗣《おつぐ》や、北家《ほっけ》の傍流である魚名流《うおなりゅう》の在衡《ありひら》など、摂関家直系以外の人物も、官位第一となることで、藤氏長者になっていた。

しかし、寛和《かんな》二年（九八六）、摂政《せっしょう》となった藤原兼《かね》家《いえ》が、本官《ほんかん》である右大臣《うだいじん》を辞任するとともに三公《さんこう》（太《だい》政大臣《じょうだいじん》・左大臣《さだいじん》・右大臣）の上に列すべしという宣旨《せんじ》を下され、摂関が本官から分離した最高官職という位置づけを獲得すると、藤氏長者は摂関と一体化した地位になっていく。藤氏長者の継承に当たっては、長《ちょう》者印《じゃいん》や、大饗《だいきょう》を行うための朱器台盤《しゅきだいばん》、氏の儀式で用いる馬を飼うための蒭斤《まぐさのはかり》、氏の儀式の財源となる殿下渡領《でんかわたりりょう》の文書が受け渡されたが、院政期以降、これらの器物も、摂関家の正邸である東三条殿《ひがしさんじょうどの》の倉に保管された。

（樋口）

【参考文献】
宇根俊範「氏爵と氏長者」（坂本賞三編『王朝国家国政史の研究』吉川弘文館、一九八七年）
海野よし美・大津透「勧学院小考」（『山梨大学教育学部研究報告』四二号、一九九二年）
竹内理三「氏長者」（『竹内理三著作集第五巻・貴族政治の展開』角川書店、一九九九年）
橋本義彦「藤氏長者と渡領」（『平安貴族社会の研究』吉川弘文館、一九七六年）

第四章　分流発展する藤原氏

藤原道長と伊周◆道隆邸での弓矢の遊興に道長が飛び入り参加したという『大鏡』の有名な一場面。道長が「私の家から帝・后が出るようなら、この矢当たれ」「私が摂政・関白になるなら、この矢当たれ」と言いながら矢を放ったところ、矢は的の中心に当たった。ところが、伊周の放った矢は見当はずれのところに飛んでいき、父の道隆に弓射を止められたという　「大かゞみ絵詞」　国立歴史民俗博物館蔵

1 南家《なんけ》――仲麻呂の乱で衰退の途を辿った嫡流家

藤原南家《なんけ》は、藤原不比等《ふひと》の長男武智麻呂《むちまろ》を始祖とする藤原氏嫡流である。武智麻呂嫡子の豊成《とよなり》は、父をはじめ叔父房前《ふささき》・宇合《うまかい》・麻呂《まろ》が疫病で急死して藤原氏政権が瓦解、藤原氏が危難にあったときに次代を担《にな》う者として期待され、三四歳という若さで参議《さんぎ》に登用されている。

その後、順調に昇進を重ねて右大臣《うだいじん》として政権を領導していたが、天平宝字《てんぴょうほうじ》元年（七五七）の橘奈良麻呂《たちばなのならまろ》の変を事前に知りながら対応しなかったという理由で、実弟の仲麻呂《なかまろ》から糾弾されて大宰員外帥《だざいいんがいのそち》に左遷された。同八年、仲麻呂が「藤原仲麻呂（恵美押勝《えみのおしかつ》）の内乱」で敗死すると、ただちに右大臣に復帰するが、翌天平神護《てんぴょうじんご》元年（七六五）に没した。嫡子の縄麻呂《なわまろ》（母は房前の娘）は四男で、南家嫡流として中納言《ちゅうなごん》に昇ったが、早く五一歳で没したことから子孫は繁栄しなかった。

兄豊成を追放して、叔母光明皇后《こうみょうこうごう》から藤原氏復権を期待された仲麻呂は大師（太政大臣《だいじょうだいじん》）となって権勢をふるったものの、天平宝字八年には孝謙太上天皇《こうけんだいじょうてんのう》との権力闘争の結果、近江国高島《おうみのくにたかしま》で敗死したことは「第一章4　仲麻呂」ですでに述べた。よって、仲麻呂の九男のうち、若死した長子真従《まより》、一時仏門にあったことから内乱時に刑死を免れた六男刷雄《よしお》を除く、二男真先《まさき》（改名前は執弓《とりゆみ》）、三男久須麻呂《くすまろ》（浄弁《じょうべん》）、四男朝狩《あさかり》、五男小湯麻呂《おゆまろ》、七男薩雄《ひろお》、八男辛加知《からかち》、九男執棹《とりさお》らは父と死をともにした。三人の娘の児従《こより》・東子《あずまこ》・額《ひたい》は命を全うしたと伝えられる。

男子でただ一人生き残った刷雄は、宝亀《ほうき》三年（七七二）に配流地の隠岐国《おきのくに》から戻り藤原姓に復され、その後は但馬《たじま》・上総《かずさ》・越前守《えちぜんのかみ》や大学頭《だいがくのかみ》・陰陽頭《おんようのかみ》を歴任する五位官人として一生を終えた。けれども刷雄は、遣唐《けんとう》留学生《るがくしょう》として入唐《にっとう》の経験があり、その帰国は鑑真《がんじん》と一緒だったことから鑑真の唐招提寺《とうしょうだいじ》建立にあたっては父仲麻呂の食堂《じきどう》施入など支援の仲立ちをしている。

宝亀一〇年成立の淡海三船《おうみのみふね》の著述になる鑑真の伝記『唐大和上東征伝《とうだいわじょうとうせいでん》』には、ともに来日した弟子僧思《し》託《たく》、法進《ほっしん》ら四人とともに鑑真没後に刷雄が悼んで詠んだ漢詩が収められているから、鑑真とは随分と親しい関係にあったことが確かめられる。

豊成・仲麻呂の弟に巨勢麻呂《こせまろ》がいる。仲麻呂政権が成立した天平宝字二年に参議、その後に武部卿《ぶぶきょう》（兵《ひょう》部卿《ぶきょう》）となって仲麻呂政権を支えていたが、仲麻呂とともに斬られた。南北朝時代に成立した『尊卑分《そんぴぶん》脈《みゃく》』は、今川・伊勢人・真作《まつくり》・弓主、滝麻呂・黒麻呂・長川・広河・川合・河主・貞嗣らの男子をあげるが、正史で存在が確認できるのは前者四人のみである。

武智麻呂の四男の乙麻呂《おとまろ》は、天平《てんぴょう》一八年（七四六）に兵部大輔《ひょうぶだいふ》となり、同二〇年には造宮省輔《ぞうぐうしょうふ》に遷った。この頃には宅写経所を設けて東大寺写経所に一切経《いっさいきょう》目録の貸出を要請している。天平勝宝《てんぴょうしょうほう》二年（七五〇）に大宰少弐《だざいのしょうに》に転出したが、宇佐八幡《うさはちまん》神の神託によって正五位上《しょうごいのじょう》から一挙に五階昇って従三位《じゅさんみ》となり大《だ》宰帥《ざいのそち》に昇任した。宇佐八幡神の神託ということでは、

藤原豊成自筆「藤原豊成状（年欠９月26日）」◆別名「難波大臣」「横佩大臣」とも呼ばれる。聖武朝末期の天平感宝元年（749）に右大臣に補されると、左大臣の橘諸兄とともに朝廷を主導した。諸兄の引退後は首班となったが、橘奈良麻呂の変で失脚した　正倉院蔵

藤原武智麻呂画像◆威勢を誇った長屋王を弟の宇合・麻呂とともに失脚させたことで知られる（長屋王の変）。天平９年（737）に死去、墓所は菩提寺榮山寺の裏山に設けられた　東京大学史料編纂所蔵模写

道鏡《どうきょう》の皇位を望む事件に先立つ神職たちの政治的な動きといってよい。ただ、これによって仲麻呂との関係に疎隔が生じて美作守《みまさかのかみ》に左降されたが、天平宝字三年には修復されたようで武部卿となって中央に復帰したものの、翌四年に没した。

この乙麻呂の息子に黒麻呂がいる。のちに是公《これきみ》と改名する。是公は、仲麻呂内乱後の称徳《しょうとく》女帝（孝謙太上天皇の重祚《ちょうそ》）時代の天平神護元年には左衛士督《さえじのかみ》に、神護景雲《じんごけいうん》二年（七六八）には内豎大輔《ないじゅだいふ》・侍従《じじゅう》に任じられて近臣として仕えた。さらに是公が出世する機縁となったのは、宝亀四年に立太子した山部皇太子《やまべこうたいし》（桓《かん》武《む》天皇）の側近春宮大夫《とうぐうだいぶ》に任じられて信任されるようになったことである。

天応《てんおう》元年（七八一）、桓武天皇の即位と同時に正三《しょうさん》位《み》に昇叙して、参議に加えて式部卿《しきぶきょう》・中衛大将《ちゅうえのたいしょう》として行政・軍事職の要職に就き、中納言に昇った。延《えん》暦《りゃく》元年（七八二）に大納言《だいなごん》、同二年になって右大臣に任じられた。桓武は皇権を存分にふるうために太《だい》政大臣《じょうだいじん》・左大臣《さだいじん》（魚名《うおな》を除く）を置くことがなかったので、右大臣の是公が股肱《ここう》の臣であった。『類聚三《るいじゅ(う)さん》代格《だいきゃく》』にみえる延暦二年〜同八年の間に出された太《だい》政官符《じょうかんぷ》一一通はすべて是公が宣者であって、太政官を領導していたことが明確である。その証拠に同三年に桓武は是公邸の田村第に行幸して三男弟友《おとども》に従五《じゅご》位下《いのげ》を授けているが、このような例は天平一二年に聖武《しょうむ》天皇が橘諸兄《たちばなのもろえ》宅に行幸して蔭位《おんい》での出身年齢二一歳以前の一子奈良麻呂《ならまろ》に従五位下を与えたことがあるくらいで例外的な厚遇であった。

この桓武と是公との信頼関係には、是公が娘吉子を桓武のもとに夫人《ぶにん》として入れて、その間に伊予親王《いよしんのう》をもうけていたというわけもあった。是公没後も伊予親王は桓武から寵愛されていたが、桓武が没して異母兄の平城《へいぜい》天皇が即位すると、大同《だいどう》二年（八〇七）に謀反《むほん》の疑いをかけられ、飛鳥の川原寺《かわらでら》に幽閉されて母子ともに服毒死した。長子雄友《おとも》は大納言に昇っていたが、この事件に坐して伊予国《いよのくに》に流罪となったから、この後の南家の官人はふるわずに衰退してしまった。（木本）

【参考文献】

阿部猛「大同二年の伊予親王事件」（『平安前期政治史の研究（新訂版）』高科書店、一九九〇年）
木本好信『藤原仲麻呂』（ミネルヴァ書房、二〇一一年）
倉本一宏『藤原氏の研究』（雄山閣出版、二〇一七年）
木本好信『藤原南家・北家官人の考察』（岩田書院、二〇一九年）

大宰府政庁跡空撮◆古代から中世初頭にかけて九州の行政機関として重要な位置を占めた。政庁の建物は失われているが、現在跡地は史跡公園として整備され、地元の人や観光客に親しまれている　福岡県太宰府市　画像提供：九州歴史資料館

川原寺跡◆天智天皇の時代に創建されたとされるが、諸説ある。飛鳥寺・薬師寺・大官大寺とともに飛鳥の四大寺とされ繁栄した。なお、一塔二金堂式という伽藍配置は珍しく、「川原寺式伽藍配置」と呼ばれる。中世末期に廃絶したと考えられ、跡地には江戸時代に弘福寺が建立された　奈良県明日香村

2 北家《ほっけ》——藤原氏の本流、発展への道

藤原北家《ほっけ》、藤原不比等《ふひと》の次男房前《ふささき》を始祖とするが、南家《なんけ》没落ののちには藤原氏本流となって、平安時代には摂関職を独占して王朝国家の栄華を構築することになる。

房前の政治的な立場については諸説があるが、筆者は藤原氏中心の政治をめざした兄武智麻呂《むちまろ》とは異なり、元明太上天皇《げんめいだいじょうてんのう》・元正《げんしょう》天皇にも、そして長屋王《ながやおう》とも近く皇親政治のなかでの藤原氏の発展を考えていたのではないかと推察している。そのような政治理念の相違が武智麻呂・宇合《うまかい》・麻呂《まろ》ら兄弟と乖離し、関係が疎隔になって、長屋王打倒にも積極的に加わらずに、その後に成立した武智麻呂政権でも枢要《すうよう》職に就けなかった理由と考えている。

房前には、鳥養《とりかい》・永手《ながて》・八束《やつか》（のち真楯《またて》に改名）・清河《きよかわ》・魚名《うおな》・千尋《ちひろ》（のち御楯《みたて》に改名）・楓麻呂《かえでまろ》らの男子がいる。鳥養が長子だが、母の出自が良くないこともあり、また早世したらしい。それに対して次兄永手は、母牟漏女王《むろのおおきみ》が光明皇后《こうみょうこうごう》の異父姉で、かつ左大臣《さだいじん》橘《たちばなの》諸兄《もろえ》の実妹ということもあって北家の嫡子であった。よって昇進も順調で、天平神護《てんぴょうじんご》二年（七六六）正月には右大臣《うだいじん》に、それから間もない同年十月には左大臣に補任《ぶにん》された。

この早い昇進には政治的な背景があった。じつはこの頃、称徳《しょうとく》女帝は寵愛する道鏡《どうきょう》を天皇と同等の待遇である「法王《ほうおう》」に任じている。この僧侶への破格の待遇には当然のように公卿官人らの反発があり、その懐柔的措置でもあったと思われる。

宝亀《ほうき》元年（七七〇）八月、称徳は皇嗣《こうし》を決めずに没したために危機的な状況になったが、永手は式家《しきけ》の良継《よしつぐ》・百川《ももかわ》兄弟らと謀って、聖武《しょうむ》天皇の娘井上内親《いのえ(いかみ)ないしん》王《のう》の息子他戸王《おさべおう》の将来への皇位継承を目的に、ひとまず井上の夫である白壁王《しらかべおう》（光仁《こうにん》天皇）の擁立を主導して政治不安を終息した。『続日本紀《しょくにほんぎ》』宝亀二年二月己酉《つちのととり》条には、称徳の柩《ひつぎ》を載せた車が出発してから、

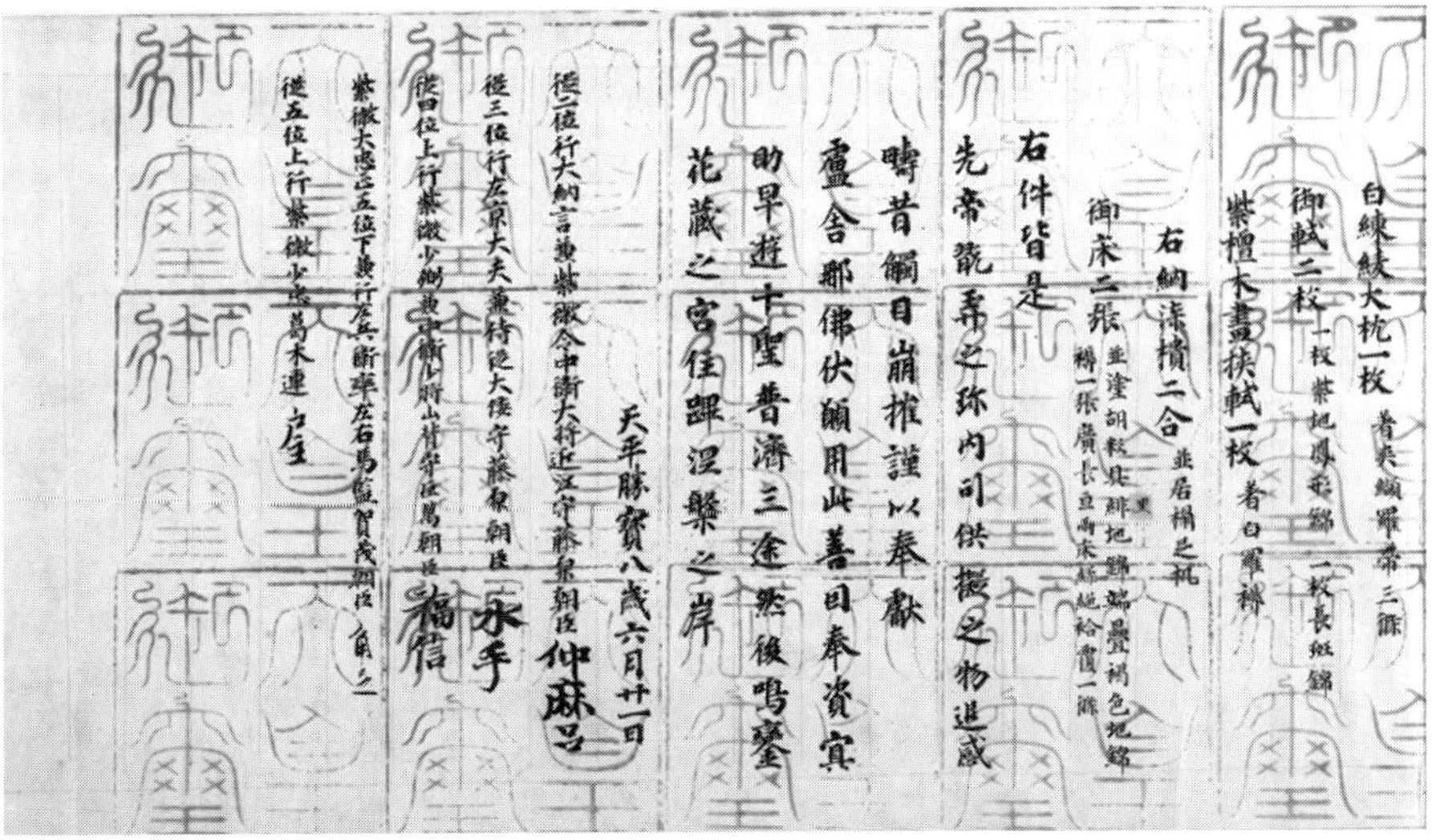
白練綾大枕一枚　着兵纈羅帯三條
御軾二枚　一枚紫地鳳形錦　一枚長斑錦
紫檀木畫挾軾一枚　着白羅褥
右納漆櫃二合　並居桐足机
御床二張
右件皆是
先帝翫弄之珍内司供擬之物追感
疇昔觸目崩摧謹以奉獻
盧舍那佛伏願用此善因奉資冥
助早遊十聖普濟三途然後鳴鑾
花蔵之宮住蹕涅槃之岸
天平勝寶八歳六月廿一日
從二位行大納言兼紫微令中衛大將近江守藤原朝臣仲麻呂
從三位行左京大夫兼侍従大倭守藤原朝臣永手
從四位上行紫微少弼兼中衛少將山背守巨萬朝臣福信
紫微大忠正五位下兼行左兵衛率左右馬監賀茂朝臣角足
從五位上行紫微少忠葛木連戸主

藤原永手自署「国家珍宝帳」（署名部分）◆天平勝宝八歳（756）、光明皇太后が聖武太上天皇の四九日に東大寺大仏に奉献した遺愛の品々の目録　正倉院蔵

道鏡を退け、光仁を即位させるという方策を定めて、国家を安定させるという大きな働きを果たしたとある。それだけに永手が翌二年に亡くなると、光仁は「悔しく、惜しく、痛ましく思い、声をあげて泣いている」との弔いの詔《みことのり》を発している。しかし、長子家依《いえより》は参議《さんぎ》どまりで、雄依《おより》も延暦《えんりゃく》四年（七八五）に藤原種《たね》継《つぐ》暗殺事件に坐して隠岐国《おきのくに》に流罪となって永手の系統はふるわなかった。

五子魚名は、宝亀二年に大納言《だいなごん》に昇り、同八年には従二位《じゅにい》となり、宮中の宿所であろう曹司《ぞうし》に光仁の行幸があり、三男末茂《すえしげ》に特に従五位下《じゅごいのげ》を賜っている。翌九年には内臣《ないしん》に近衛大将《このえのたいしょう》を兼ね、内臣を改めた忠臣《ちゅうしん》、同一〇年には内大臣《ないだいじん》に昇って藤原氏の統領になるとともに太政官《だいじょうかん》を主導した。その後、天応《てんおう》元年（七八一）に桓武《かんむ》天皇が即位すると、右大臣を越えて一挙に左大臣に任じられたが、これは新帝の治政を危惧した光仁太上天皇が補佐役を期待したものであろう。魚名は光仁に重用されていたのである。

しかし、光仁が没して延暦元年になると、「事に坐《つみ》せられて」（『続日本紀』延暦元年六月乙丑《きのとうし》条）左大臣を免じられ、大宰帥《だざいのそち》として九州への下向を命じられた。この「事に坐せられ」た具体的なことについてはわからないが、いずれにしても即位したばかりで皇権の確立をめざす桓武と、新帝を抑えようとする公卿勢力代表の魚名の権力闘争が背景にあった。魚名は翌二年に没死、息子鷹取《たかとり》や末茂も地方国守に左遷されて魚名流も繁栄しなかった。

四子清河は天平勝宝《てんぴょうしょうほう》二年（七五〇）に遣唐大使《けんとうたいし》に任じられ、同五年元旦に玄宗《げんそう》皇帝に拝朝した。また密かに鑑真《がんじん》の渡日を要請するなどしたが、遭難して帰国が叶わずに唐で没し、子は宝亀九年に来日した中国人女性との間に生まれた喜娘《きじょう》だけであった。六男御楯は藤原仲麻呂《なかまろ》の長女である児従《こより》を妻に迎えていたが四〇歳前後で、楓麻呂も四〇代半ばで早く亡くなっているから北家の嫡流とはならなかった。

結局、平安時代の王朝国家の繁栄をもたらしたのは、三男真楯の子孫たちであった。真楯は、『続日本紀』天平神護二年三月丁卯《ひのとう》条の「真楯伝」によると、「年五十二」で没したとあるから、霊亀《れいき》元年（七一五）に生まれたことがわかり、度量が弘く深く、宰相として天皇を補佐する才能を備え、公平で私情に流されることがなかったから、聖武は寵臣として厚く遇したという。これを藤原仲麻呂が妬んだことから、仲麻呂を避けて仮病で出仕せず読書にふけったともいわれる。

けれども、天平宝字《てんぴょうほうじ》二年（七五八）に仲麻呂が擁立した淳仁《じゅんにん》天皇の即位を契機に、藩屏《はんぺい》となる意思を示すこともあって弟千尋が御楯に、仲麻呂の息子浄弁《じょうべん》が久須麻呂《くすまろ》、執弓《とりゆみ》が真先《まさき》に改名しているが、真楯もこのときに八束から改名していることからしても仲麻呂派だったといえる。真楯没後に、遺族が式部省《しきぶしょう》に作成提出を義務付けられている伝記の「功臣家伝《こうしんかでん》」に逆賊仲麻呂派と思われる事実を記すことが憚れたから、疎遠な間柄と捏造したのである。『続日本紀』の「真楯伝」はその「功臣家伝」をそのまま引用していることから、すべてを信用することはできない。

真楯を継いだのは、天平勝宝八歳生まれの三男内麻呂《うちまろ》である。桓武朝に頭角をあらわして中納言《ちゅうなごん》に近衛大将を兼任して、平城《へいぜい》天皇即位とともに大納言に昇り、嵯峨《さが》天皇の弘仁《こうにん》三年（八一二）に従二位《じゅにい》右大臣で亡くなっている。この内麻呂を継いで北家隆盛の摂関時代の礎を築いたのが、宝亀六年に渡来系の百済永継《くだらのながつぐ》を母として生まれた次男冬嗣《ふゆつぐ》であった。ちなみに永継はのちに内麻呂と離別して桓武の子安世皇子《やすよおうじ》（良岑安世《よしみねやすよ》）

興福寺南円堂◆弘仁４年（813）、前年に死去した父内麻呂の菩提を弔うために藤原冬嗣によって建立された。現在の建物は江戸時代に建て直されたもの。堂内にはいずれも国宝の木造不空羂索観音菩薩坐像、法相六祖坐像、四天王像が安置されている　奈良市

を生んでいる。

その冬嗣が極位極官《ごくいごっかん》の正二位《しょうにい》左大臣左近衛大将まで栄達できたのは、嵯峨との信頼関係にあると思う。それは大同《だいどう》元年（八〇六）に嵯峨（神野親王《かみぬしんのう》）の立太子直後に春宮大進《とうぐうのだいじょう》となり、翌二年に春宮亮《すけ》に昇任して側近に侍ったことによるのであるが、これも父内麻呂が冬嗣の将来を配慮したものであろう。そして、中《なか》務大輔《つかさだいふ》兼左衛士督《さえじのかみ》を兼任して文武に実力を発揮した。その後、嵯峨が即位し、平城太上天皇との抗争が表面化すると、嵯峨は冬嗣を蔵人頭《くろうどのとう》に登用して平城との対決に備えた。平城との抗争に勝利した嵯峨は、ますます冬嗣を重用し、淳和《じゅんな》天皇朝においても左大臣となって政治力を行使し、最初の摂政《せっしょう》となる息子良房《よしふさ》に嵯峨皇女　源　潔姫《みなもとのきよひめ》を妻に迎えて次代への権勢確立のレールを敷いて、天長《てんちょう》三年（八二六）七月に深草の別業で死去した。

（木本）

【参考文献】

木本好信『藤原北家・京家官人の考察』（岩田書院、二〇一五年）
倉本一宏『藤原氏の研究』（雄山閣出版、二〇一七年）
虎尾達哉『藤原冬嗣』（吉川弘文館、二〇二〇年）

3 式家《しきけ》——大学者を輩出した百川・種継一族

始祖宇合《うまかい》が式部卿《しきぶきょう》に長く在任したことにちなんで称せられた「式家《しきけ》」。長子広嗣《ひろつぐ》が天平《てんぴょう》一二年（七四〇）に北九州で反乱を起こして斬殺されたことから低迷していたが、天平宝字《てんぴょうほうじ》八年（七六四）の藤原仲麻呂《なかまろ》（恵《え》美押勝《みのおしかつ》）の内乱で、次兄良継《よしつぐ》（もと宿奈麻呂《すくなまろ》）や末子九男の蔵下麻呂《くらじまろ》らが活躍したことから復権を果たした。その後、宝亀《ほうき》元年（七七〇）の称徳《しょうとく》女帝死後の皇嗣《こうし》をめぐって、良継と八男百川《ももかわ》（もと雄田麻呂《おだまろ》）らが中心となって光仁《こうにん》天皇を擁立し、また井上《いのえ（いかみ）》皇后《こうごう》と他戸《おさべ》皇太子《こうたいし》を廃して山部王《やまべおう》（のち桓武《かんむ》天皇）を皇太子に立てたことによって、光仁朝は五子田麻呂《たまろ》を加えた四人兄弟による「藤原式家主導体制」が政治を動かした。

けれども、この式家兄弟の子孫は総じて若輩で、兄弟生存中に擢用することができずにのちの式家衰退の要因となった。ただ三子清成《きよなり》の長子種継《たねつぐ》が桓武の信頼をえて、長岡京《ながおかきょう》への遷都を首唱したが、桓武実弟の早良《さわら》皇太子の廃太子と縁続きの安殿親王《あてしんのう》（のち平城《へいぜい》天皇）の擁立を企んだことから、早良側近の家持《やかもち》（事件前に没）や継人《つぐひと》ら大伴《おおとも》氏らによって暗殺された。

その後、大同《だいどう》元年（八〇六）に平城が即位すると種継遺児の仲成《なかなり》・薬子《くすこ》兄妹が重用された。しかし、同四年に平城が実弟嵯峨《さが》天皇に譲位したものの、翌年の弘《こう》仁《にん》元年（八一〇）に重祚《ちょうそ》と平安京《へいあんきょう》から平城京《へいじょうきょう》に還都することを仲成・薬子らと謀ったことによって、太《だい》上天皇《じょうてんのう》と天皇の皇権をめぐる闘争が勃発した（平城太上天皇の変、薬子の変とも）。この事件は、蔵人頭《くろうどのとう》藤原冬嗣《ふゆつぐ》らの活躍で嵯峨が勝利したことから仲成は誅殺され、薬子は自死して式家は衰退していく。

ただ百川遺児の緒嗣《おつぐ》（緒継）は、父百川が桓武擁立に尽力したことから、桓武によって「緒嗣の父がいなければ即位はできなかったのであり、その功績は忘れたことはない」（『続日本後紀《しょくにほんこうき》』承和《じょうわ》一〇年（八四三）七月庚戌《かのえいぬ》条）として、若くして参議《さんぎ》に抜擢された。

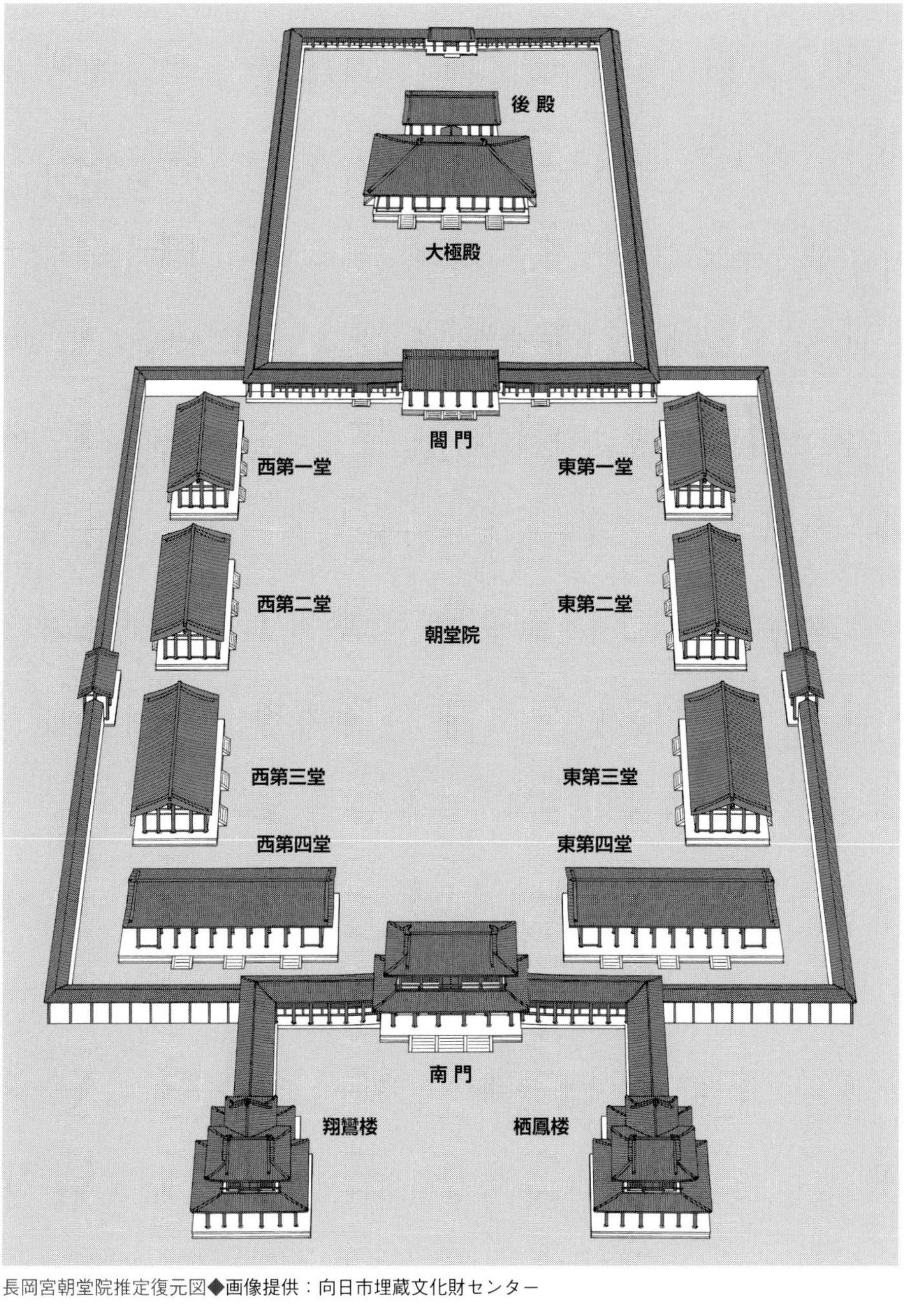

長岡宮朝堂院推定復元図◆画像提供：向日市埋蔵文化財センター

緒嗣の有名なエピソードとして、桓武の二大施策である平安京造営と蝦夷《えみし》征討継続の可否を桓武の御前で菅野真道《すがののまみち》と論じた「徳政相論《とくせいそうろん》」がある。緒嗣は、「天下の国民が苦しんでいるのは軍事（蝦夷征討）と造作（平安京造営）であるので、両者を停止《ちょうじ》すれば国民は安楽になる」と提言した。結局は真道の反対意見を排して、桓武は緒嗣の意見をいれて軍事と造作を停止する。この桓武の判断に公卿官人たちは感嘆したという。

しかし、これをそのままに信じることはできない。これは二大政策とはいえ、三か月後に死を迎える桓武が息子安殿皇太子に負担を残さないために、緒嗣と真道二人と図った演出であった可能性がある。いずれにしても、この「徳政相論」によって、緒嗣は桓武からの信頼が絶大であったことがわかる。

その後、緒嗣は平城・嵯峨朝を経て、甥の淳和《じゅんな》天皇（姉旅子《たびこ》の子）が即位すると、天長《てんちょう》二年（八二五）右大臣《うだいじん》に昇任したが、左大臣《さだいじん》の北家《ほっけ》藤原冬嗣の後塵を拝した。冬嗣没後の同九年左大臣に昇り太政官《だいじょうかん》首班となったが、仁明《にんみょう》天皇朝では冬嗣二男でのちに人臣最初の摂政《せっしょう》となる良房《よしふさ》の台頭が顕著となってきていた。

緒嗣亡き後、緒嗣の世嗣やその同世代の式家はふるわなかったが、ただ宇合末子で仲麻呂内乱に活躍、近衛大将《このえのたいしょう》・兵部卿《ひょうぶきょう》を歴任し武人としての名声の高かった蔵下麻呂の系統に、明衡《あきひら》と息子の敦基《あつもと》・敦光《あつみつ》兄弟という平安朝でも名だたる文人が輩出しているのに興味をひかれる。

明衡は、平安時代の双璧をなす学儒である菅原道真《すがわらのみちざね》と大江匡房《おおえのまさふさ》にならぶ著名な存在として知られる。父敦信《あつのぶ》は蔵下麻呂七世孫で山城《やましろ》・肥後守《ひごのかみ》を歴任したらしいが、とくに栄達することもなかったから、明衡も寛《かん》弘《こう》元年（一〇〇四）に一六歳で文章院《もんじょういん》に入学して研鑽をつんだものの、文章博士《もんじょうはかせ》に就いたのは遅く七四歳であった。

そのような明衡の学儒としての評価を高めたのは『本朝文粋《ほんちょうもんずい》』を編んだことであった。『本朝文粋』は、弘仁《こうにん》年間（八一〇〜八二三）から長元《ちょうげん》年間（一〇二八〜一〇三六）までの朝綱《あさつな》・匡衡《まさひら》・挙周《たかちか》らの大江氏、文《ふみ》時《とき》・淳茂《あつしげ》・是善《これよし》ら菅原氏の学儒らを中心に六九人の詩文四二七編を収載して、後世の文章作成の手本となった。

敦基は、永承《えいしょう》元年（一〇四六）生まれ、文章得業《とくごう》生《しょう》となり、延久《えんきゅう》二年（一〇七〇）に蔵人《くろうど》に任官、寛《かん》治《じ》二年（一〇八八）には四三歳で文章博士となっている。『本朝無題詩《ほんちょうむだいし》』には一〇首以上の詩作が残る。また、今は散逸したものの撰述の『国史後抄《こくしこうしょう》』一六巻は、六国史《りっこくし》をついで簡略ではあるが光孝朝より堀河《ほりかわ》朝（八八四～一一〇七）までの国史で、これを覧じた鳥羽《とば》上皇は「尤《もっと》も神妙なり」と評したということが藤原頼長《よりなが》の日記『台《たい》記《き》』にみえる。それ以外に詔勅《しょうちょく》や宣命《せんみょう》を集成した『柱下類林《ちゅうかるいりん》』（三六〇巻）も撰している。藤原宗《むね》忠《ただ》の日記『中右《ちゅうゆう》記《き》』には「属文《しょくぶん》（文章を作る）の人で弟子で無い人はいない」と記されているくらい、学者文人への影響は多大であった。

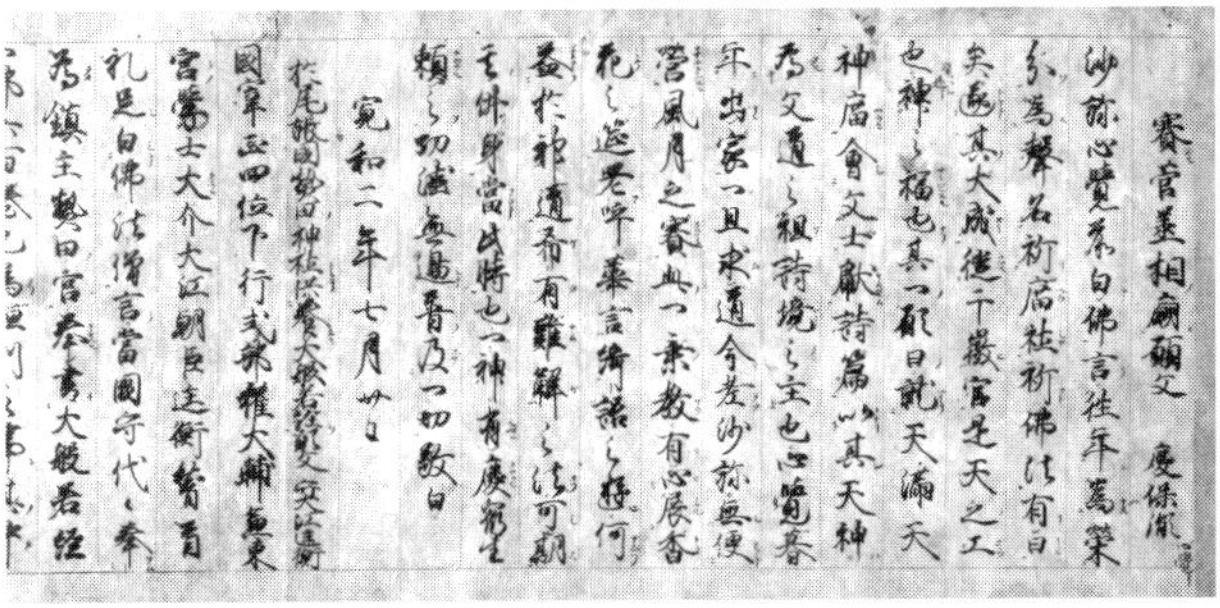

「本朝文粋」巻第十三残巻◆正安元年（1299）に書写されたもの　東京国立博物館蔵　出典：ColBase　https://colbase.nich.go.jp/collection_items/tnm/B-3107?locale=ja

敦光は、敦基の一八歳年下の弟で、嘉保《かほう》元年（一〇九四）に長兄敦基の養子となっている。敦基の没した翌年嘉承《かじょう》二年（一一〇七）に四五歳で文章博士となった。のち大学頭《だいがくのかみ》・式部大輔《しきぶだいふ》など文人官僚としての三大要職を歴任して、天養《てんよう》元年（一一四四）に八〇歳で没している。編著の『本朝帝紀《ほんちょうていき》』は、少なくとも承和一四年から大治《だいじ》五年（一一三〇）まで二八〇年以上の大部な国史であったようだが、散失していまは逸文がわずかに残るのみである。また日記『敦光記《とんこうき》』（『大学頭藤原敦光朝臣記』『敦記』）もあったが、これもいまは幾条かの逸文が残るのみである。　（木本）

【参考文献】
柿村重松『本朝文粋註釈』上・下（冨山房、一九二二年）
中川收『奈良朝政治史の研究』（高科書店、一九九一年）
木本好信『新装復刊　藤原式家官人の考察』（岩田書院、二〇一九年）
西本昌弘「光仁天皇と藤原百川」（『人物で学ぶ日本古代史』奈良時代編、吉川弘文館、二〇二二年）
東京大学史料編纂所『大日本史料』第三編之八（東京大学出版会、一九八〇年覆刻）七五七～七七五頁。
木本好信「『本朝帝紀』と藤原敦光」（『平安朝日記と逸文の研究』桜楓社、一九八七年）

4 京家《きょうけ》——麻呂と浜成父子、早々に没落した一族

京家《きょうけ》の始祖麻呂《まろ》は、藤原不比等《ふひと》の異母妹である五百重娘《いおえのいらつめ》を母に、持統《じとう》天皇九年（六九五）に末子四男として生まれた。五百重娘は、天武《てんむ》天皇との間に新田部親王《にいたべしんのう》をもうけて、天武と死別後に兄不比等との間に麻呂をもうけたのである。このように父母が兄妹であることから『尊卑分脈《そんぴぶんみゃく》』麿卿孫には、「不比等密通す。麻呂卿を生ましむ」と記され、『懐風藻《かいふうそう》』にみえる麻呂自身の詩作にも「僕は聖代の狂生なり」と自らを蔑むような表現がみえる。

麻呂は『続日本紀《しょくにほんぎ》』にも記述が少なく、末弟ということもあって政治的な働きについてはよくわからない。しかし、丹念に『続日本紀』を検討していくと、不比等や長兄武智麻呂《むちまろ》を中心とする政権の確立に大きな役割を果たしていることがみえてくる。

例えば、和銅《わどう》元年（七〇八）、不比等は右大臣《うだいじん》に昇任して政権を主導する「和銅元年体制」を成立させるが、この政治体制は徐々に衰退して、太政官《だいじょうかん》は養老《ようろう》元年（七一七）には不比等と阿倍宿奈麻呂《あべのすくなまろ》の二人となり瓦解寸前にまでなる。このような危機的な政情にあったとき、皇権の乏しい元正《げんしょう》天皇のカリスマ性を高め、不比等中心の太政官を再構築して政権を確立させる契機となったのは、美濃国当耆郡多度山《みののくにたぎぐんたどやま》から美泉が湧出したという大瑞《たいずい》の出現であった。

大瑞（上・中・下瑞もある）などの祥瑞《しょうずい》（吉兆）が現出することは、施政・政権の正当性を明示し、その徳政《とくせい》が天に感応したことだとする天人相関説《てんじんそうかんせつ》が信じられていたから、これを利用して不比等は批判勢力を黙らせて、娘婿長屋王《ながやおう》を大納言《だいなごん》に登用するなど新たな太政官を構成して政権を確立させたのである。この美泉湧出を画策したのは、このために事前に美濃介《みののすけ》に在任して地元の国郡司や豪族と図っていた麻呂であった。

また、武智麻呂政権の成立にとって避けては通れなかった長屋王打倒の事件、端緒となった長屋王の謀反を密告したのは、左京住人の漆部君足《ぬりべのきみたり》・中臣宮処東《なかとみのみやこのあずま》

人《ひと》らであった。長屋王は無実であったから、君足らの告発は嘘の誣告《ぶこく》であった。密告は真偽審査の結果、誣告と判明すれば「養老獄令《ようろうごくりょう》」の規定にあるように死刑となる。この告発を受けたのは左京の出来事を管掌する左京大夫《さきょうのだいぶ》でもあった麻呂であったから、君足らは麻呂の絶対的な保証のもとに密告したのである。長屋王謀反の密告の首謀者は麻呂であったに違いなく、武智麻呂政権成立に大きな役割を果たしたのである。

　その麻呂の後継者となったのは浜成《はまなり》（浜足《はまたり》とも）であった。浜成は、神亀《じんき》元年（七二四）、麻呂三〇歳時の生まれで、母は因幡国八上郡《いなばのくにやかみぐん》郡司《ぐんじ》の娘という卑姓の出自だったこともあって叙爵《じょしゃく》（従五位下《じゅごいげ》）にあずかったのは二八歳で、南家《なんけ》嫡子豊成《とよなり》の二一歳、北家《ほっけ》永手《ながて》の二四歳、式家《しきけ》広嗣《ひろつぐ》の二四歳頃に比べると遅い。このことが京家衰退の一因であった。

桓武天皇画像◆東京大学史料編纂所蔵模写

　それでも光仁《こうにん》朝の宝亀《ほうき》三年（七七二）に参議《さんぎ》に昇ったが、桓武《かんむ》天皇が即位すると浜成の官人生活は一変する。天応《てんおう》元年（七八一）、浜成は大宰帥《だざいのそち》をも兼任していたが、「善政聞ゆること無し」（『続日本紀』同年六月癸卯《みずのとう》条）として員外帥《いんがいのそち》に貶《おと》され職務に携わることを禁じられた。

　そして絶対的な京家没落の理由となったのが、氷《ひ》上川継《がみのかわつぐ》事件であった。この事件は、川継が延暦《えんりゃく》元年（七八二）に桓武の暗殺を謀ったことが露呈して伊豆《いず》の国三島《くにみしま》に遠流《おんる》となったものであるが、川継の妻法壱《ほういち》は浜成の娘であり、また息子継彦《つぐひこ》が関わっていたという理由から、浜成もこれに縁坐《えんざ》して参議も解任されたのである。

　川継は新田部親王の孫、父は皇嗣《こうし》として有力であった塩焼王《しおやきおう》、母は聖武《しょうむ》天皇末娘の不破内親王《ふわないしんのう》で、浜成

桓武天皇をめぐる関係系図

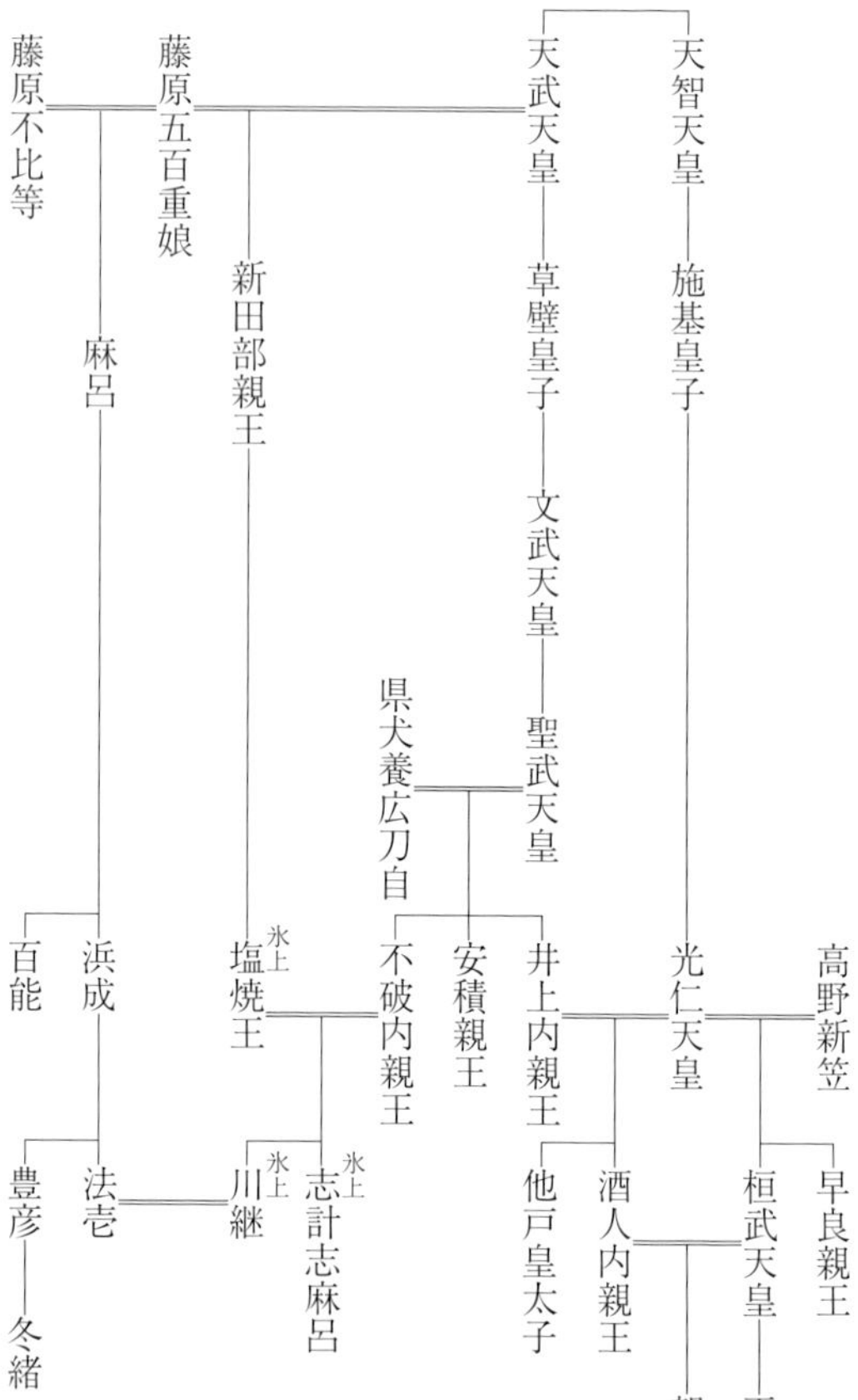

にとっては従兄弟の息子で、かつ娘婿にあたる。浜成は、歴代天皇の天武皇統ではなく、渡来人《とらいじん》で卑姓出自の高野新笠《たかののにいがさ》を母にもつ桓武をどうしても天皇として認めることができなかったのであろうし、聖武の孫で娘婿川継のほうがより天皇としてふさわしいと思っていたに違いない。

しかし、浜成は大宰府にいたので事件に直接関わっていたわけではない。浜成失脚の理由は、かならずしも娘婿に縁坐したわけではないとの説もある。一二世紀末の成立であるから史料として吟味する必要があるが『水鏡《みずかがみ》』には、宝亀二年に他戸皇太子《おさべこうたいし》が廃太子されたのちの新皇太子選出にあたって、藤原百川《ももかわ》が山部《やまべ》親王《しんのう》（桓武）の擁立を提言したところ、浜成が母の出自が卑しいことを理由にあげて反対したことがあったが、百川が必死に光仁を説き伏せて山部の立太子が決まったということがみえている。桓武の浜成への処遇は、このときの宿怨《しゅくえん》だったというのである。たしかに当の継彦が許されて復帰した後も、浜成は亡くなる延暦九年まで宥免《ゆうめん》にはならなかった。この川継事件は、皇統として劣性である桓武が、反対派勢力の核となりうる貴種の川継を除き、また批判的な浜成を斥《しりぞ》け、大伴家持《おおとものやかもち》らも解任して公卿勢力に天皇としての権能・権威を認めさせるためのものであった。

麻呂には浜成以外に、『尊卑分脈』には兄綱執《つなとり》、弟勝彦《かつひこ》という息子がみえるが両人とも不詳で存在が知られず、継彦も川継事件に関わったこともあって大成することもなく、その息子たちもふるわなかった。

そのなかで、浜成には養老四年生まれの姉の百能《ももの》がいたことが知られる。百能は、『続日本紀』延暦元年四月己巳《つちのとみ》条の「薨伝《こうでん》」には、後宮《ごくう》で尚侍《ないしのかみ》を勤め、南家嫡子で右大臣に昇任する豊成の妻となって、夫の没後についても「志を守ること年久しく、内職《ないしき》に供《つかえ》奉《まつ》りて貞固を称《たた》へらる。薨《こう》しぬる時、年六十三」とみえている。しかし、豊成にはすでに継縄《つぐただ》・乙縄《おとなわ》の母である路虫麻呂《みちのむしまろ》の娘、縄麻呂《なわまろ》の母で従姉妹の藤原房前《ふささき》の娘などが妻としていた。

百能が豊成のもとに入ったのは、天平一〇年（七三八）頃で一九歳、まさに適齢期であった。一方、豊成は三五歳、参議となって国政に直接参加するようになった頃で、南家嫡子として大臣位に昇るためには後宮からの後援も必要視されていた。奈良時代に大臣となった者には、必ず後宮での実力者の妻の助力があった。豊成は、同志として妻として、藤原氏内での結束をも考慮して従兄妹でもある麻呂の娘百能を新たに妻に迎えたのである。けれども百能には子どもがなく、京家没落の一因となった。

ただその後、京家官人では浜成の孫の冬緒《ふゆお》が地方官を歴任して有能な官僚として評価され、元慶《がんぎょう》六年（八八二）には大納言にまで昇り一時の光彩をはなったのみであった。

（木本）

【参考文献】

佐藤信「藤原浜成とその時代」（『歌経標式』桜楓社、一九九三年）
林陸朗「藤原四子体制と藤原麻呂」（『日本歴史』五六三号、一九九五年）
木本好信『藤原北家・京家官人の考察』（岩田書院、二〇一五年）
木本好信『奈良時代』（中央公論新社、二〇二二年）

5 小野宮流《おののみやりゅう》と九条流《くじょうりゅう》——摂関の地位を競合した一族

一〇世紀、摂政《せっしょう》・関白《かんぱく》として朝廷政治を主導した藤原忠平《ただひら》のあと、後継者の地位をめぐって長男実頼《さねより》と二男師輔《もろすけ》がしのぎを削った。二人は八歳違いの異母兄弟で、天慶《てんぎょう》八年（九四五）、叔父の左大臣仲平《さだいじんなかひら》が没すると、実頼が左大臣、師輔が右大臣《うだいじん》となり、天徳《てんとく》四年（九六〇）まで一五年の長きにわたり兄弟で太政官《だいじょうかん》の最高位を占めたのである。

実頼が文徳《もんとく》天皇の皇子惟喬親王《これたかしんのう》の邸宅であった小野《おのの》宮第《みやてい》を収得して住居としたため、実頼の一族は小野宮流と称された。一方、師輔が九条殿《くじょうどの》を住居としたため、師輔の一族は九条流と称された。実頼はこの頃、整備されつつあった朝廷儀式の作法を大成して『小野宮年中行事』という儀式書を作成したが、師輔もこれに対抗して『九条年中行事』を作成したので、小野宮流・九条流の一族はそれぞれの独自の家説《かせつ》を受け継いで対抗しあった。

忠平は京都洛東《らくとう》に法性寺《ほっしょうじ》という寺院を建立し、忠平の子孫は、この寺の仏事を共同で執り行った。だが、小野宮流は境内に宝石院《ほうしゃくいん》という子院《しいん》を建立し、次第にそこで独自に仏事を行うようになっていった。

こうしたなか、小野宮流の実頼は朱雀《すざく》・村上《むらかみ》天皇に娘を入内《じゅだい》させたが、いずれも皇子を生まなかった。これに対して、九条流の師輔は娘安子《あんし》を村上天皇に入内させたところ、村上の寵愛を得て、天暦《てんりゃく》四年（九五〇）、皇子憲平《のりひら》を出産した。しかし、天徳四年、師輔は実頼より先に死去したため、憲平の即位を見ることができなかった。そのため、康保《こうほう》四年（九六七）、村上天皇が死去し、憲平が即位して冷泉《れいぜい》天皇となると、実頼が関白となり、病弱な天皇を補佐して安和《あんな》二年（九六九）には摂政に任じられた。

だが、実頼は冷泉の外戚《がいせき》ではなかったので、天皇との関係は強固なものでなく、外戚として師輔の息子たちが台頭し、小野宮流と九条流は激しく対立することになる。安和二年三月には左大臣源高明《みなもとのたかあきら》が大宰《だざい》

小野宮流・九条流藤原氏略系図

※丸数字は摂関の就任順

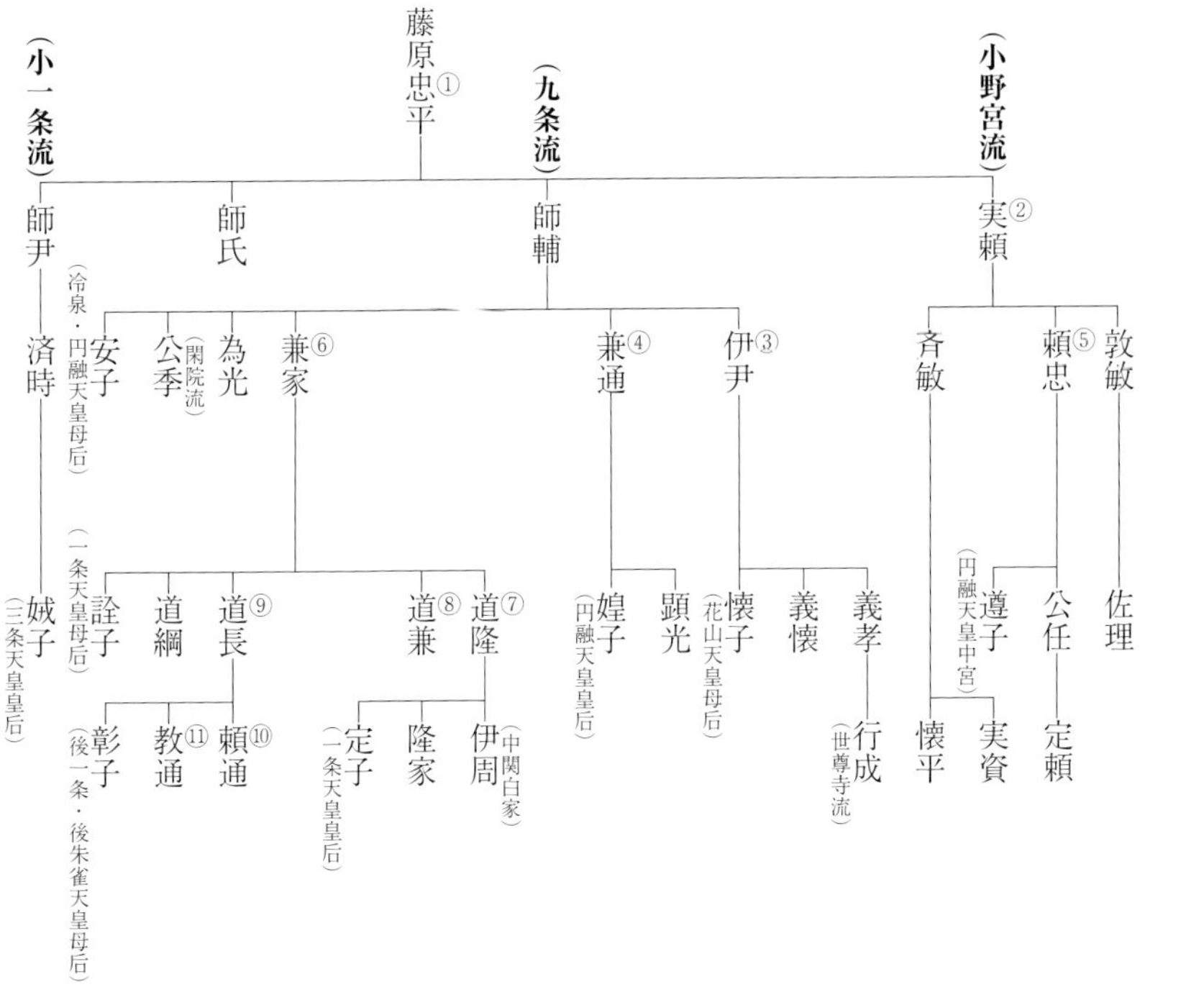

権帥《ごんのそち》に任じられて左遷される事件（安和の変）が起こったが、実は高明は師輔の娘婿で九条流に近かったため、実頼や弟の師《もろ》尹《まさ》が事件の首謀者だったとの説が出されている。この直後、冷泉天皇は弟の円融《えんゆう》天皇に譲位して、実頼は再び摂政に任じられた。

天禄《てんろく》元年（九七〇）五月、実頼が七一歳で没すると、次の関白には九条流の伊尹《これまさ》が任じられ、政治の主導権は小野宮流から九条流へ奪取された。しかし、天禄三年、伊尹が没すると、九条流では伊尹の弟である兼通《かねみち》と兼家《かねいえ》が激しく対立した。冷泉天皇の時代には、弟の兼家が側近として登用されたが、円融が即位すると、円融は兄の兼通を登用したので、兼通と兼家の立場が逆転し、兼通は天延《てんえん》二年（九七四）、関白に任じられたのである。

こうしたなかで、円融天皇の時代には、実頼の長男頼忠《よりただ》も官奏《かんそう》（太政官が天皇に諸問題を上申する政務）への伺候《しこう》を許され、娘遵子《じゅんし》を入内させるなど、小野宮流も重

小野宮流藤原氏略系図（11・12世紀）

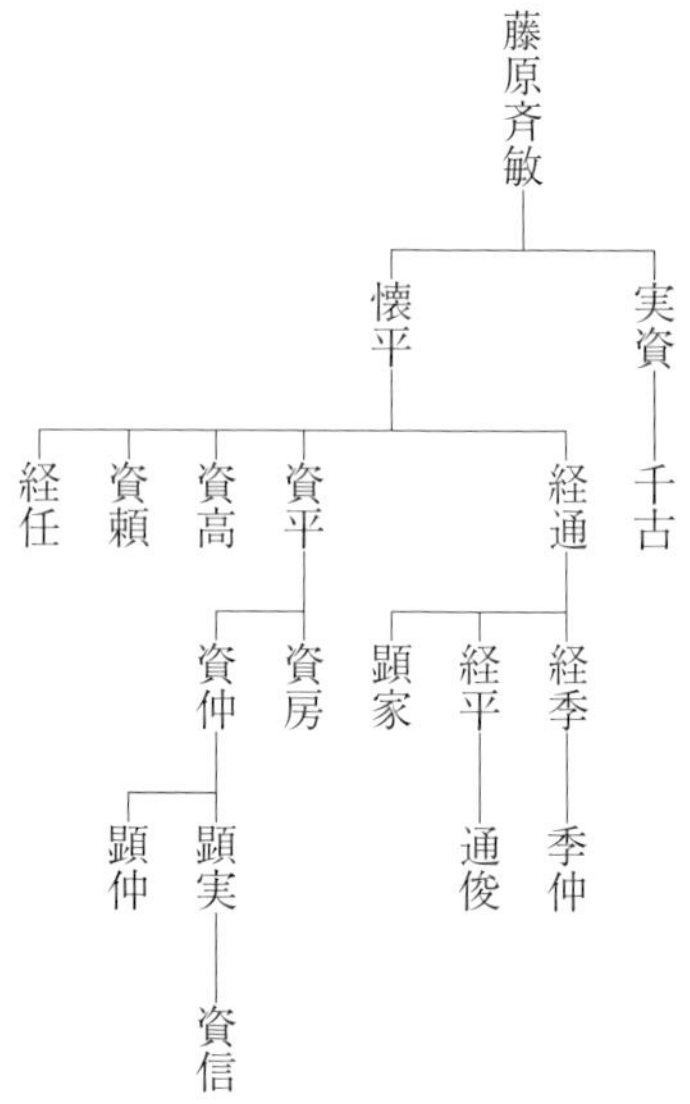

視された。そして、貞元《じょうげん》二年（九七七）、関白兼通が没すると、頼忠はその後任の関白に任じられた。

頼忠は円融の次の花山《かざん》天皇（冷泉の皇子）の時代にも引き継いで関白となり、九年にわたって政権を担った。円融の外戚は兼家であったが、円融は兼家と対立し、兼家を関白としなかった。兼家の娘である詮子《せんし》は円融の皇子懐仁《かねひと》を生んだが、円融は詮子ではなく、頼忠の娘遵子を皇后に立てて頼忠を尊重した。また、花山の外戚は伊尹の子義懐《よしかね》であったが、花山の即位時、義懐はまだ公卿《くぎょう》に昇っていなかったため、頼忠が関白を続けたのである。

しかし、寛和《かんな》二年（九八六）、兼家の策謀により花山が出家・退位し、兼家の外孫懐仁が即位して一条《いちじょう》天皇となると、兼家は摂政となり、ついに政権を掌握した。頼忠は関白辞任後も太政大臣《だいじょうだいじん》として政権首班の座に留まったが、兼家は摂政になると右大臣を辞任し、三公《さんこう》（太政大臣・左大臣・右大臣）の上に列すべしという宣旨《せんじ》を下されたため、頼忠は兼家の下位に位置づけられた。ここに九条流は小野宮流より優位な立場を確定させたのである。

とはいえ、その後も小野宮流は独自の有職故実《ゆうそくこじつ》を継承し、存在感は大きかった。頼忠の子公任《きんとう》は、官位は権大納言止まりで出家したが、儀式作法にくわしく、祖父実頼の日記をもとに儀式書『北山抄《ほくざんしょう》』を完成させ、源俊賢《としかた》・藤原行成《ゆきなり》・藤原斉信《ただのぶ》と並んで「四納言《しなごん》」と称された。藤原道長《みちなが》も公任には一目置き、公任の娘を二男教通《のりみち》の妻に迎えている。

また、頼忠の弟斉敏《なりとし》の子である実資《さねすけ》は父が早世したため、祖父実頼の養子となり、小野宮第などの財産を伝領した。道長が後一条《ごいちじょう》天皇の外祖父として摂政に

藤原実頼邸（小野宮）出土土師器皿◆画像提供：株式会社アルケス

なると、天皇の後宮《こうきゅう》は道長の娘や孫によって固められたため、小野宮流からは天皇の后妃になる娘は出なかったが、実資は円融・花山・一条の三代に蔵人《くろうどの》頭《とう》として仕えて天皇の信任を得た。彼は日記『小右《しょうゆう》記《き》』では道長を批判し、道長に迎合しなかった。だが、道長は公任とともに実資も重視しており、寛仁《かんにん》元年（一〇一七）、摂政を長男頼通《よりみち》に譲ると、実資に頼通を補佐させ、三年後の治安《ちあん》元年（一〇二一）には実資を右大臣に任じている。頼通の時代には、実資のほか、甥の経通《つねみち》・資平《すけひら》・経任《つねとう》、公任の子定頼《さだより》も公卿に列し、小野宮流の公卿はこれまでで最多となった。

しかし、院政期に入ると、摂関家《せっかんけ》や上皇とのつながりをもたなかった小野宮流は急速に衰えていった。鳥《と》羽《ば》院政期には、資平の孫である顕実《あきざね》とその子資信《すけのぶ》が公卿に列したが、その後、子孫からは公卿に列する者はあらわれなかった。顕実の弟顕仲《あきなか》は所持していた『小右記』を材木との交換によって藤原宗忠《むねただ》に譲り渡し、資信は自分の没後、相伝の文書を譲り渡すと藤原頼長《よりなが》に約束している。こうして小野宮流に蓄積された記録や文書は諸家に流れていったのである。

（樋口）

【参考文献】
山本信吉「冷泉朝における小野宮家・九条家をめぐって―安和の変の周辺―」（『摂関政治史論考』吉川弘文館、二〇〇三年）
沢田和久「冷泉朝・円融朝初期政治史の一考察」（『北大史学』五五号、二〇一五年）
松薗斉「小野宮家記事件をめぐって―院政期の小野宮流」（『王朝日記論』法政大学出版局、二〇〇六年）

6 中関白家《なかのかんぱくけ》——摂関家になり損ねた道長兄の一族

正暦《しょうりゃく》元年（九九〇）五月、藤原兼家《かねいえ》は関白《かんぱく》の職を長男道隆《みちたか》に譲った。中関白家《なかのかんぱくけ》とは道隆の一族で、道隆は兼家と道長《みちなが》の中間に関白になったために中関白といわれたようである。道隆は山城守《やましろのかみ》守仁王《もりひとおう》の娘との間に長男道頼《みちより》をもうけたが、その後、高階業忠《たかしなのなりただ》の娘との間に二男伊周《これちか》・三男隆家《たかいえ》らをもうけ、伊周を跡継ぎとした。道頼は祖父兼家《かねいえ》の養子となって朝廷に出仕したが、道隆が関白になると、伊周は道頼の官位を超越《ちょうおつ》し、正暦五年、弱冠二一歳で内大臣《ないだいじん》に任じられて次期摂関《せっかん》の有力候補となった。

また、道隆は関白となると、一条《いちじょう》天皇の母である妹詮子《せんし》の助力も得て、正暦元年、長女定子《ていし》を天皇の中宮《ちゅうぐう》に立てた。そして、長徳《ちょうとく》元年（九九五）正月には、皇太子《こうたいし》居貞親王《おきさだしんのう》（のちの三条《さんじょう》天皇）にも二女原子《げんし》を入侍《にゅうじ》させた。当時、天皇家は冷泉《れいぜい》天皇の皇統（冷泉―居貞）と円融《えんゆう》天皇の皇統（円融―一条）に分かれており、道隆はその双方と関係を結んだのである。このうち定子は一条の寵愛を受け、道隆は近く天皇外祖《がいそ》父《ふ》の地位を獲得するかに思われた。

ところが、その矢先の長徳元年、道隆は糖尿病に倒れてしまう。彼は伊周への関白継承を図り、一条天皇に許可を得ようとしたが、伊周は一条から見れば従兄《いとこ》にすぎず、拒否された（通例、摂関に就任可能な外戚は外祖父・外舅《がいきゅう》のみであった）。天皇は妥協して道隆の病の間、伊周の内覧《ないらん》代行を認めたが、四月、道隆が没すると、その弟である外舅の道兼《みちかね》が新関白に任じられた。しかも、道隆は関白就任一〇日ほどで疫病《えきびょう》のために没したのだが、その後も外舅の道長《みちなが》が内覧とされて、伊周は政権から排除されたのである。

気性の激しい伊周はこれに強く反発したが、長徳《ちょうとく》二年正月、伊周は藤原為光女《ためみつむすめ》のもとへ通おうとしたところ、花山法皇《かざんほうおう》の一行に鉢合《はちあ》わせし、あろうことか従者の一人が法皇に矢を射かけてしまう。このあと伊周は弟隆家とともに妹定子の御所に籠城したり、西山《にしやま》

中関白家（道隆流）略系図

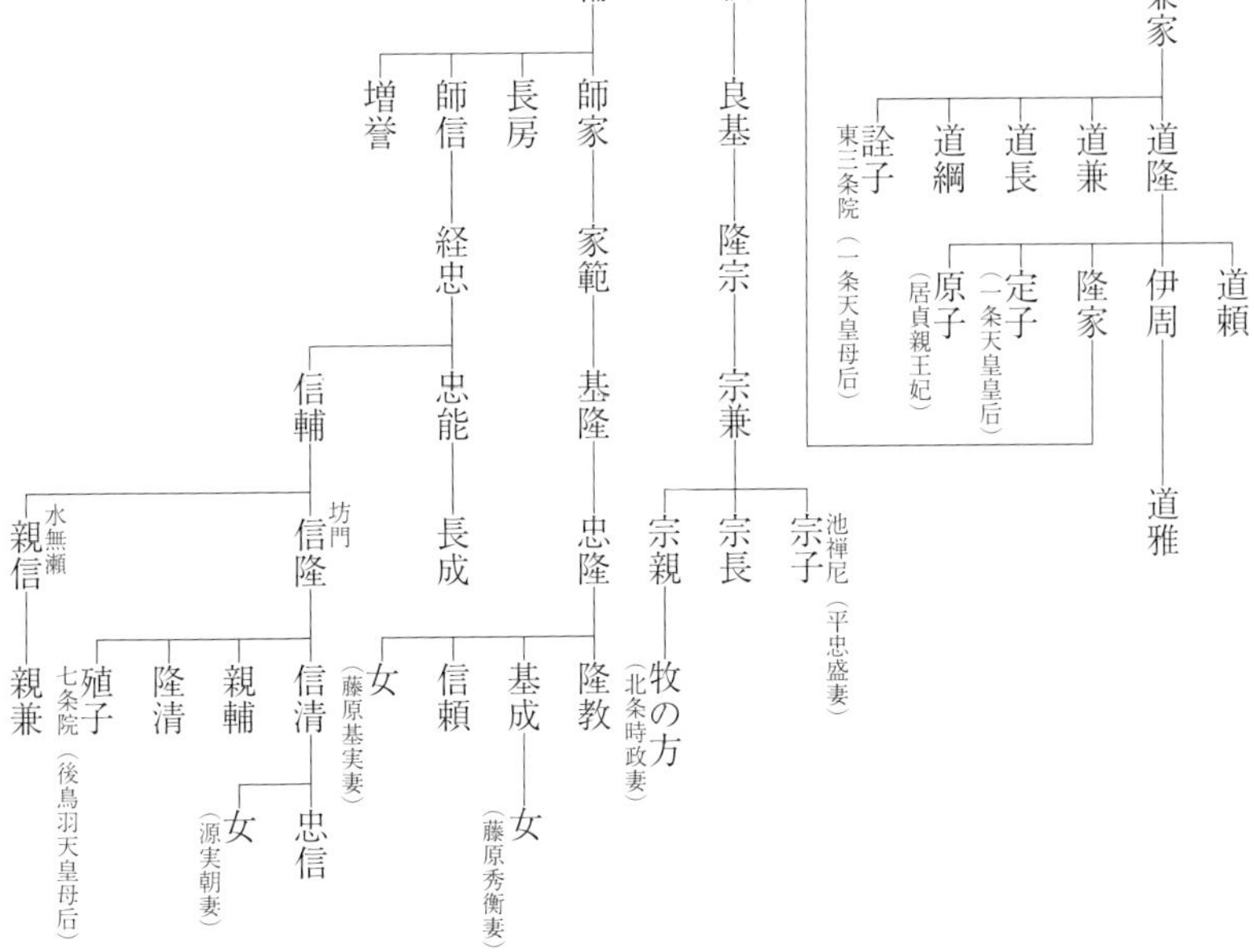

に逃亡したりして抵抗したが、結局捕まって伊周は大《だ》宰権帥《ざいごんのそち》、隆家も出雲《いずも》権守《ごんのかみ》として左遷されたのである（長徳の変）。

伊周は翌年赦免されたが、大納言《だいなごん》より上、大臣より下の地位しか認められず、寛弘《かんこう》七年（一〇一〇）、三七歳で没した。一方、弟の隆家も伊周と同時に赦免されたが、彼は長和《ちょうわ》三年（一〇一四）、大宰権帥に任じられると、病気治療のためもあって九州に赴任した。そこで寛仁《かんにん》三年（一〇一九）、北九州に刀伊《とい》と呼ばれた女真族《じょしんぞく》が来襲すると（刀伊の来寇《らいこう》）、大宰府の兵を率いて撃退したことで知られる。

院政期に入ると、隆家の子孫は院近臣《いんのきんしん》の一族として発展し、二男経輔《つねすけ》の系統からは平治《へいじ》の乱の首謀者となった信頼《のぶより》が出た。後鳥羽天皇の母殖子《しょくし》（七条院《しちじょういん》）も経輔系統の出身で、系図からは公武の有力者と姻戚関係を結んで、閨閥を築いたことがうかがえる。

（樋口）

【参考文献】
倉本一宏『一条天皇』（吉川弘文館、二〇〇三年）
倉本一宏『藤原伊周・隆家―禍福は糾へる纏のごとし―』（ミネルヴァ書房、二〇一七年）

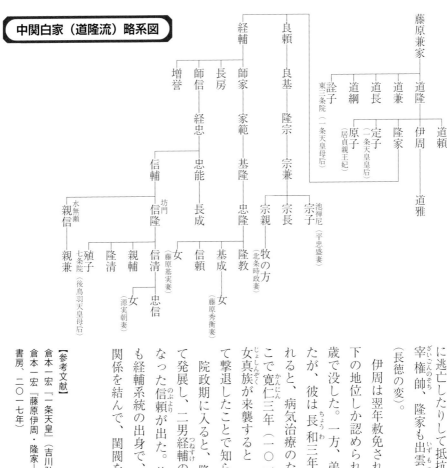

7 勧修寺流《かじゅうじりゅう》——天皇外戚から実務官僚の一族へ

京都市山科区小野にある勧修寺《かじゅうじ》は現在、蓮の名所として知られている。この寺を一族の中核寺院として結集した勧修寺流は、北家《ほっけ》の傍流で内大臣高藤《ないだいじんたかふじ》にはじまる。高藤の父良門《よしかど》は良房の弟であったが、正六位《しょうろくいの》上内舎人《じょううどねり》の官位《かんい》までしか昇進しておらず、高藤も北家といっても、栄達からはほど遠い存在だったようである。ところが、彼の人生は娘胤子《いんし》の結婚で一変する。

婿となった定省王《さだみおう》は当初、皇位には縁のない皇族だった。しかし、元慶《がんぎょう》八年（八八四）、陽成《ようぜい》天皇の不祥事にともない、定省の父時康《ときやす》が即位して光孝《こうこう》天皇になると、彼は皇太子《こうたいし》とされ、仁和《にんな》三年（八八七）、即位して宇多《うだ》天皇となった。寛平《かんぴょう》九年（八九七）、胤子の生んだ敦仁親王《あつぎみしんのう》が即位して醍醐《だいご》天皇となると、高藤は外祖父《がいそふ》となり、最晩年の昌泰《しょうたい》三年（九〇〇）には内大臣に任じられた。まさに平安時代のシンデレラストーリーである。

藤原冬嗣——良房
　　　　└良門——高藤

その後、高藤の子息たちも天皇外戚《がいせき》として高位高官を歴任した。なかでも二男定方《さだかた》は醍醐天皇の側近として、父高藤をしのぐ右大臣《うだいじん》まで昇進した。勧修寺は胤子が外祖父である宮道弥益《みやじのいやます》の邸宅跡に建立したのが最初であるが、定方は母列子《れっし》のために西堂《にしどう》を建てて一族の寺院とした。そして、承平《じょうへい》二年（九三二）、定方が没すると、その忌日である八月四日を結願日《けちがんび》として、定方の子孫によって法華八講《ほっけはっこう》が執り行われるようになった。こうしてこの一族は「勧修寺一流」などと称されるようになっていった。

ただ、定方の後、勧修寺流は天皇との外戚関係を維持できず、定方の曽孫の代には公卿《くぎょう》の身分も失った。しかし、彼らは実務官僚としての知識を蓄積して、代々朝廷運営の実務を担い、天皇や上皇、摂関《せっかん》などの権力

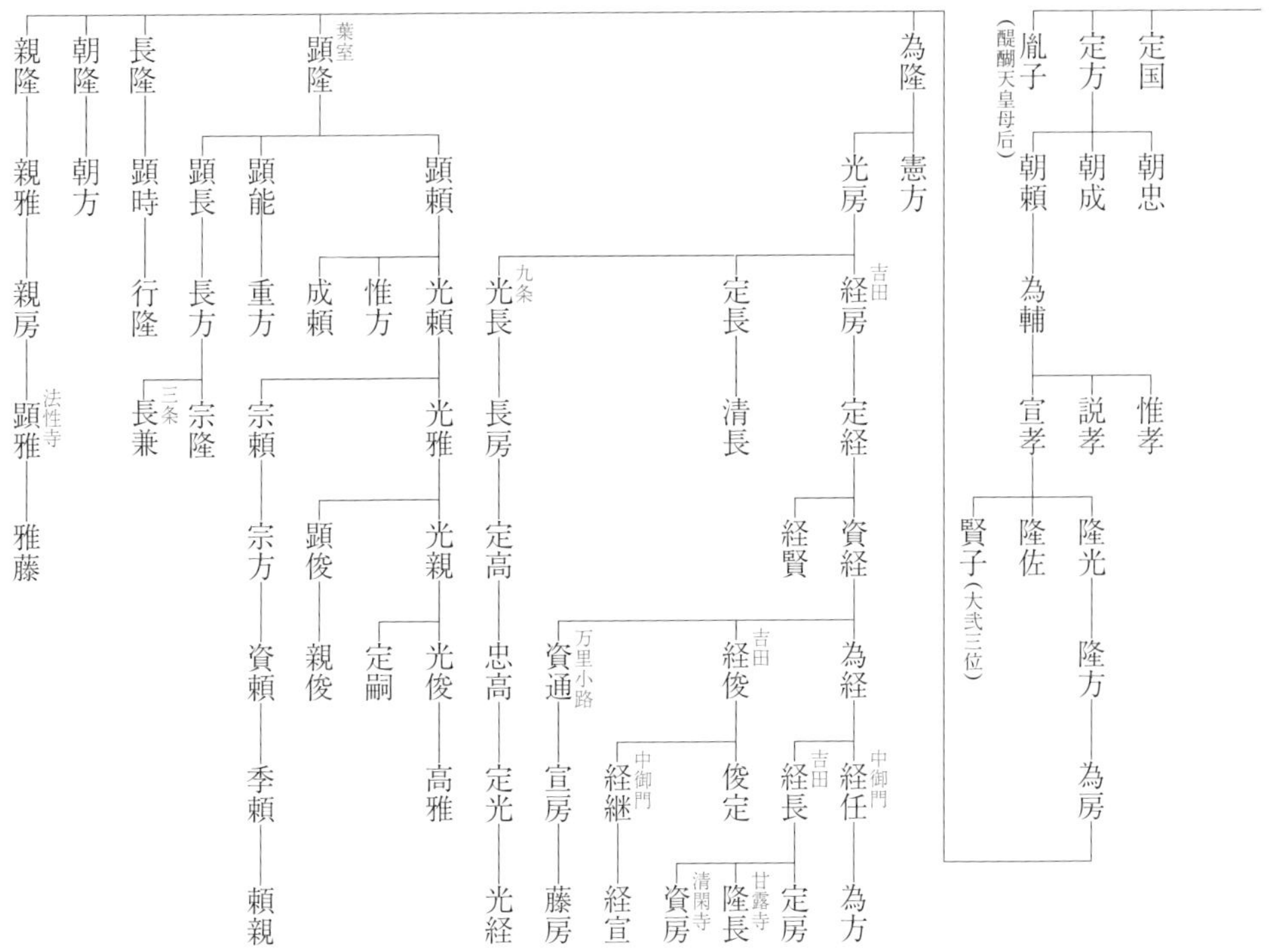

勧修寺流藤原氏略系図

勧修寺◆昌泰３年（900）、醍醐天皇が母藤原胤子の菩提を弔うために創建。寺号は胤子の父高藤の諡号に由来する。応仁の乱時に焼失し衰退したが、江戸時代になって復興された　京都市山科区

万里小路藤房画像◆東京大学史料編纂所蔵模写

者に重用されることで再浮上していった。摂関政治の時代には、惟憲《これのり》が藤原道長《みちなが》・頼通《よりみち》父子の片腕として政務を支えるとともに、近江《おうみ》・播磨《はりま》など税収の多い熟《じゅく》国《こく》の受領《ずりょう》を歴任し、道長・頼通の威光を借りて莫大な富を築いた。また、惟憲の叔父宣孝《のぶたか》は紫式部《むらさきしきぶ》の夫として知られる。

院政期になると、宣孝の曽孫に当たる為房《ためふさ》が白河《しらかわ》上皇《じょうこう》に重用され、一族の繁栄をもたらした。為房は実務処理能力に長《た》けて太政官《だいじょうかん》の事務官である弁官《べんかん》や、天皇の側近である蔵人頭《くろうどのとう》、院の事務職員である院司《いんし》などを歴任した。また、遠江《とおとうみ》・加賀《かが》・尾張《おわり》の国守に任じられ、天永《てんえい》二年（一一一一）、参議《さんぎ》に任官して公卿となった。

その子息も為隆《ためたか》・顕隆《あきたか》・朝隆《あさたか》・親隆《ちかたか》の四人が公卿に列し、なかでも顕隆は「夜の関白」と称されて白河上皇の政務に影響を与えた。のち顕隆の子孫は葉室《はむろ》家と称され、為隆の子孫は吉田《よしだ》・勧修寺・坊城《ぼうじょう》・甘露《かんろ》寺《じ》・万里小路《までのこうじ》などの諸家に分かれたが、いずれも弁官や蔵人の地位を世襲し、名家《めいか》の家格を確立した。後醍《ごだい》醐《ご》天皇側近の万里小路宣房《のぶふさ》・吉田定房《さだふさ》もこの一族の出身である。

（樋口）

【参考文献】
橋本義彦「勧修寺流藤原氏の形成とその性格」（『平安貴族社会の研究』吉川弘文館、一九七六年）
樋口健太郎「家司の発生と展開―古代から院政期まで―」（中脇聖編『家司と呼ばれた人々』ミネルヴァ書房、二〇二一年）

8 善勝寺流《ぜんしょうじりゅう》——平氏を見出した院近臣の一族

院政期には、上皇・天皇の乳母《うば》やその一族が近臣として重用された。その代表格が、白河天皇《しらかわてんのう》の乳母・藤原親子《しんし》の一族である。親子の夫である藤原師隆《もろたか》は、藤原氏北家《ほっけ》の祖房前《ふささき》の三男魚名《うおな》の子孫であるが、この系統は北家とはいっても主流から遠く離れた傍流で、師隆は生涯で何の官職にも就けなかった。ところが、親子が乳母をつとめた白河が即位するや、その子である顕季《あきすえ》は近臣の筆頭として、公卿《くぎょう》にまで昇進したのである。顕季の子孫は、のち白河の善勝寺《ぜんしょうじ》を氏寺《うじでら》としており、この一門を善勝寺流と呼ぶ。

院政期、善勝寺流の一族は、大国受領《たいこくずりょう》を歴任して、上皇に経済的な奉仕を行うとともに、受領となった国の国内ではその権限をもって多くの土地を集積した。彼らはそれを上皇に寄進することで、所役を免除された大規模な荘園へと変え、受領の任期後もそこからの年貢を確保できるようにしたのである。とくに顕季の二男家保《いえやす》の子である家成《いえなり》は、鳥羽《とば》上皇の第一の近臣として各地で土地の集積を進め、莫大な院領荘園を形成していった。いわば平安時代におけるやり手のデベロッパーであった。

一方、顕季の長男長実《ながざね》の系統は鳥羽院政期に没落したが、長実の娘得子《とくし》は鳥羽上皇の寵愛を得、彼女が生んだ体仁親王《なりひとしんのう》は即位して近衛《このえ》天皇となった。得子は天皇生母として皇太后《こうたいごう》となり、女院号宣下《にょいんごうせんげ》されて、美福《びふく》門院《もんいん》と称した。近衛天皇が病弱だったため、彼女は皇位継承候補となる皇子を手もとで養育し、この時期の皇位継承に大きな発言力を有した。

また、この一族は平氏一門とも縁が深い。『平家物語《へいけものがたり》』によれば、平清盛《たいらのきよもり》の祖父である正盛《まさもり》は、顕季が播磨守《はりまのかみ》であったとき、厩別当《うまやべっとう》をつとめたといい、この関係から白河上皇に接近したらしい。いわば平氏は顕季によって見いだされたのである。

清盛も若い頃、鳥羽上皇の近臣筆頭であった家成の邸に出入りしていたといい、清盛の長男重盛《しげもり》の妻は家成の娘、重盛の長男維盛《これもり》の妻は家成の孫娘というように、その後も善勝寺流と平氏一門は二重三重に関係を結んでいた。

　家成の三男である成親《なりちか》は、後白河《ごしらかわ》上皇の寵愛を得る一方、清盛とは対立して鹿ヶ谷《ししがたに》事件で処刑されたが、その兄隆季《たかすえ》は清盛の娘婿となるなど平氏に近く、子孫は平氏一門の滅亡後も院近臣家として生き残り続けた。隆季の子孫はその後、四条《しじょう》・鷲尾《わしお》・西大路《にしおおじ》・油《あぶら》小路《のこうじ》などの諸家に分かれて発展した。

　善勝寺流は文化的にも多彩な一族であった。顕季の子顕輔《あきすけ》は和歌の名手で、子孫である六条《ろくじょう》家は冷泉《れいぜい》家と並ぶ和歌の家となった。隆季直系の四条家は包丁《ほうちょう》道《どう》を家業として現在に至る。隆季・成親の弟実教《さねのり》は、後白河法皇《ほうおう》の愛妾である丹後局《たんごのつぼね》の実子教成《のりなり》を養子に迎えたが、教成の子孫である山科《やましな》家は、衣紋道《えもんどう》を家業とし、蹴鞠《けまり》の家としても知られている。（樋口）

【参考文献】
上横手雅敬『平家物語の虚構と真実（上・下）』（塙新書、一九八五年）
元木泰雄「藤原成親と平氏」（『立命館文学』六〇五号、二〇〇八年）

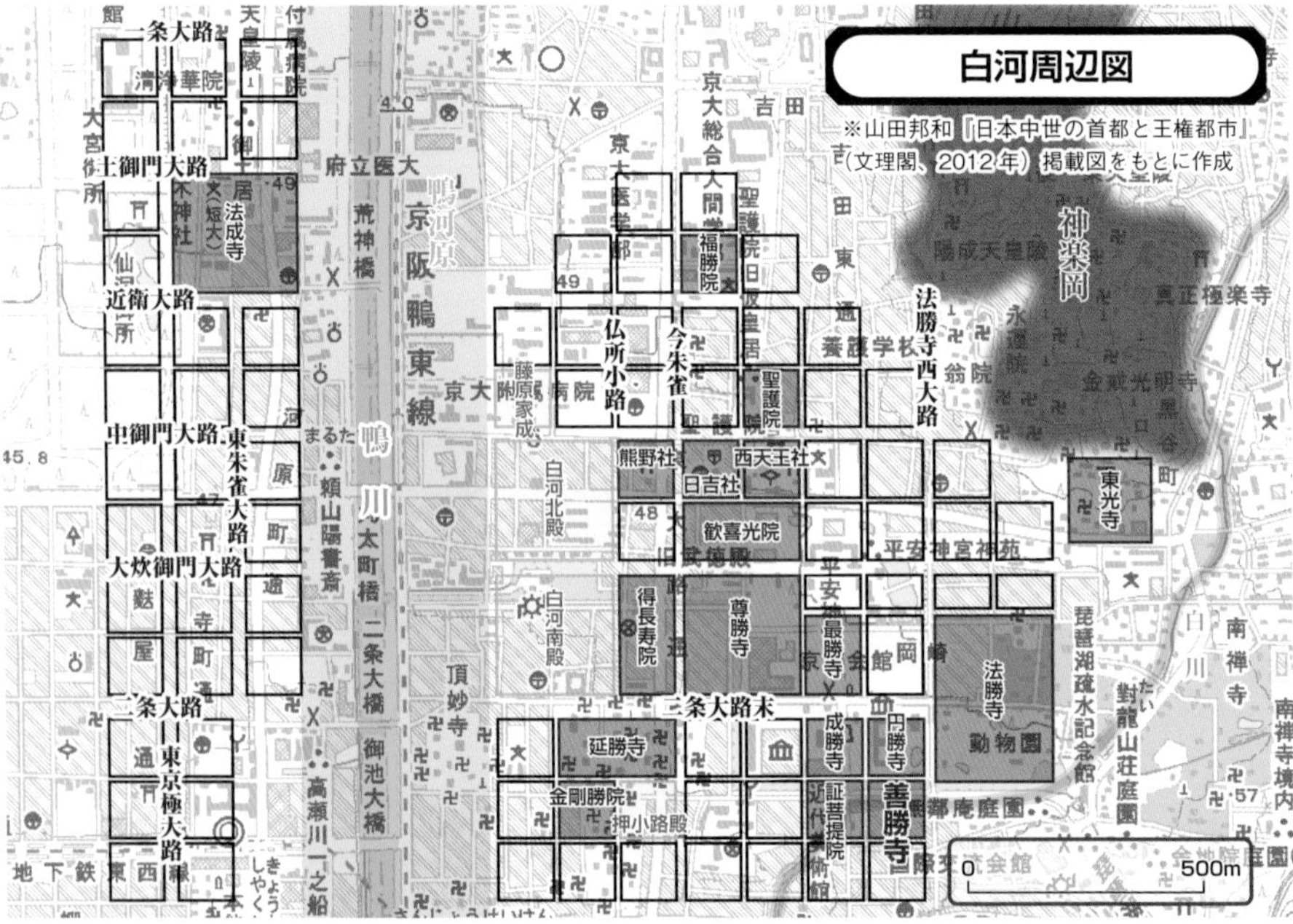

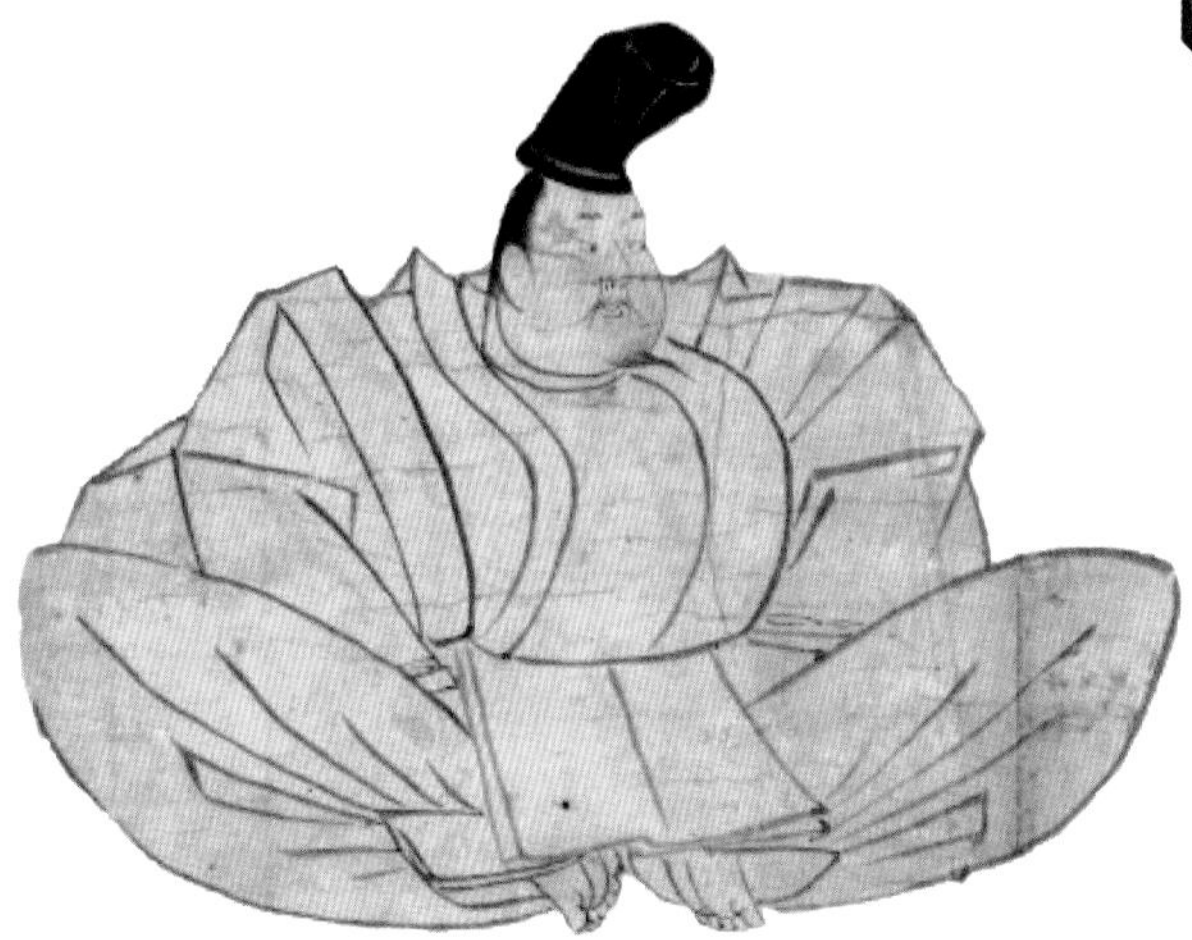

藤原顕季◆丹波・尾張・伊予・播磨等の国司を歴任。邸宅の六条殿が白河院の院庁となるなど、白河に重用された　「為家本時代不同歌合絵巻」　東京国立博物館蔵　出典：ColBase　https://colbase.nich.go.jp/collection_items/tnm/ A-19?locale=ja

善勝寺流藤原氏略系図

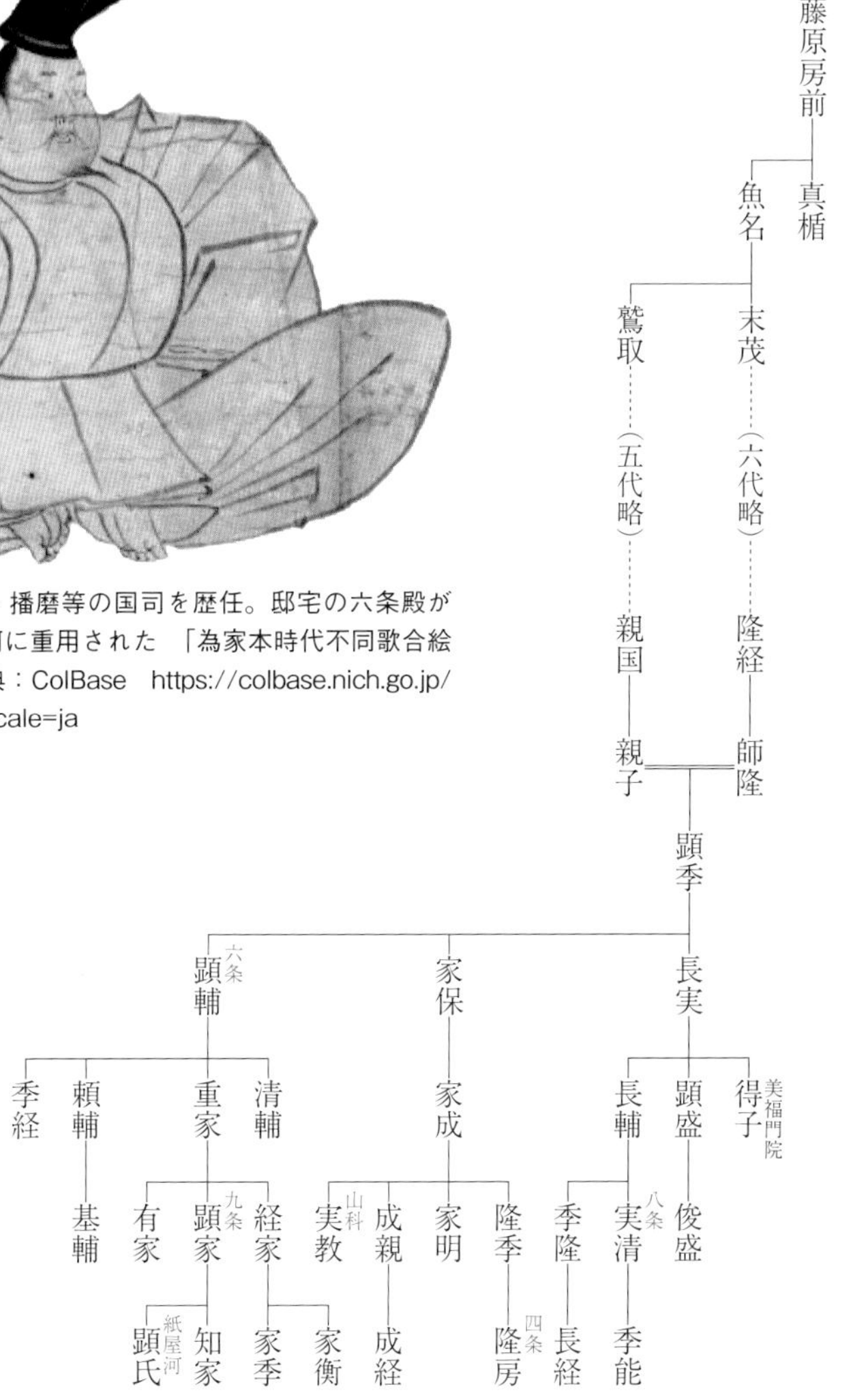

COLUMN 3

貴族の家格

平安時代、天皇に仕える官人《かんじん》は位階《いかい》によって序列化され、従五位下《じゅごいのげ》以上を貴族（貴《き》・通貴《つうき》）、六位以下を侍《さむらい》といった。そして、貴族のうち、従三位《じゅさんみ》以上（または官職が参議《さんぎ》以上）を公卿《くぎょう》、四位・五位を諸大夫《しょだいぶ》といった。一〇世紀頃になると、こうした身分はしだいに一族ごとに固定化し、一族自体が序列化されるようになった。これを家格《かかく》と呼んでいる。

一〇世紀、天皇家との結びつきによって特別な家格を確立したのが、藤原氏北家《ほっけ》のうち忠平《ただひら》の子孫と、嵯《さ》峨《が》・宇多《うだ》・醍醐《だいご》・村上《むらかみ》などの天皇の皇子から臣籍降下《しんせきこうか》した源氏たちであった。彼らは近衛府《このえふ》の将官《しょうかん》を経て公卿となり、大臣まで昇進する昇進ルートを確立し、公達《きんだち》と称された。そして、このうち、忠平子孫の嫡流は、一二世紀には摂関《せっかん》職を世襲するようになり、摂関家として家格の最高位に位置付けられた。その他の公達も同様の昇進を続け、一二世紀には、近衛大将を経て大臣まで昇進できる清華家《せいがけ》（摂関家庶流・閑院《かんいん》流・村上源氏）と、中少将を経て権大納言《ごんのだいなごん》まで昇進できる羽林家《うりん》（摂関家庶流など）に分かれた。

一方、勧修寺《かじゅうじ》流や日野《ひの》流といった北家の傍流や、高棟《たかむね》流平氏などは、四位・五位相当の受領《ずりょう》や弁官《べんかん》・蔵人《くろうど》などを歴任するとともに、摂関家や上皇・女院《にょいん》などに仕えて奉仕を行い、諸大夫の一族と認識された。だが、一二世紀以降、公卿に昇進することが多くなり、弁官・蔵人を経て権大納言まで昇進する名家《めいか》の家格を確立した。

鎌倉時代になると、摂関家は五家に分立して勢力を減退させた。その一方、清華家の西園寺《さいおんじ》家や名家の日野家などは上皇や幕府と結んで朝廷の実権を掌握するようになった。しかしながら、一二世紀に確立した家格の秩序は強固で、大枠は変化しなかった。摂関家・清華家・羽林家・名家という序列は明治維新まで維持されたのである。

（樋口）

【参考文献】

橋本義彦「貴族政権の政治構造」（『平安貴族』平凡社、一九八六年）
百瀬今朝雄『弘安書札礼の研究—中世公家社会における家格の桎梏—』（東京大学出版会、二〇〇八年）

第五章　摂関家の形成と展開

「紫式部日記絵巻断簡」◆敦成親王（後一条天皇）誕生 50 日の祝宴の一コマで、画面下部に見える藤原道長が餅を供する場面　東京国立博物館蔵　出典：ColBase　https://colbase.nich.go.jp/collection_items/tnm/A-12091?locale=ja

1 兼家《かねいえ》――天皇外戚争いを制した策謀家

一〇世紀前半、藤原氏北家《ほっけ》主流では、忠平《ただひら》は天皇との外戚《がいせき》関係を構築できなかったが、その二男である師《もろ》輔《すけ》は、娘安子《あんし》を村上《むらかみ》天皇の皇后として、皇子憲平《のりひら》・守《もり》平《ひら》を誕生させた。天徳《てんとく》四年（九六〇）、師輔が外孫の皇子即位を見ることなく没すると、兄の実頼《さねより》が実権を握って関白《かんぱく》・摂政《せっしょう》となったが、康保《こうほう》四年（九六七）、憲平が即位して冷泉《れいぜい》天皇となると、師輔の子息たちも天皇外戚として勢力を拡大させていった。

　そのなかでも冷泉即位後、蔵人頭《くろうどのとう》となり頭角をあらわしたのが三男の兼家《かねいえ》である。それまでの蔵人頭は公卿《くぎょう》に昇進すると、その職を辞任するのが例であった。だが、兼家は安和《あんな》元年（九六八）、公卿に昇進しても蔵人頭を辞さず、翌年には参議《さんぎ》を飛ばして中納《ちゅうな》言《ごん》に任じられたのである。このことは、兼家が外戚として天皇に深く信頼されたことを物語る。

　また、安和元年、兼家は娘超子《ちょうし》を天皇の女御《にょうご》として入内《じゅだい》させたが、これは彼が公卿になる以前のことで、公卿未満の貴族の娘が女御になったのも、初めてのことであった。

　だが、こうした兼家の台頭を苦々しく思っていたのが、兄の兼通《かねみち》であった。彼は兼家の四歳年上であったが、官位はつねに弟の後塵《こうじん》を拝していた。ところが、安和二年、冷泉が退位して、弟の円融《えんゆう》天皇（守平）に代わると、風向きが一気に変わる。

　天禄《てんろく》三年（九七二）、二人の長兄である摂政伊尹《これまさ》が病に倒れると、その代行を命じられたのは兼通であった。そして伊尹が死去すると、兼通は兼家を飛び越して内大臣《ないだいじん》となり、天延《てんえん》二年（九七四）には関白に任じられたのである。しかも、兼通は貞元《じょうげん》二年（九七七）、死の床に臥すと、病をおして参内《さんだい》し、円融の母安子の遺言によると称して、関白の地位を従弟《いとこ》の頼忠《よりただ》（実頼の子）に渡してしまう。こうして兼家は摂関の地位から遠ざけられた。

　ただ、兼通没後、外戚の最有力者となった兼家の存

藤原兼家◆『蜻蛉日記』の作者である藤原倫寧女のもとに通う場面　「大かゞみ絵詞」　国立歴史民俗博物館蔵

在感は高まり、彼は貞元三年、娘詮子《せんし》を女御として入内させる。詮子は天元《てんげん》三年（九八〇）、皇子懐仁《かねひと》を出産したが、永観《えいかん》二年（九八四）、円融天皇が退位すると、冷泉の皇子である花山《かざん》天皇が即位し、懐仁は皇太子になったのである。

しかし、このときすでに兼家は五八歳であり、父や兄たちの没年を考えると、彼に残された時間は長くはなかった。そこで、寛和《かんな》二年（九八六）、兼家は息子たちと図り、以前から出家願望があった花山天皇をそ

一条天皇画像◆京都市左京区・真正極楽寺蔵

藤原兼家関係図

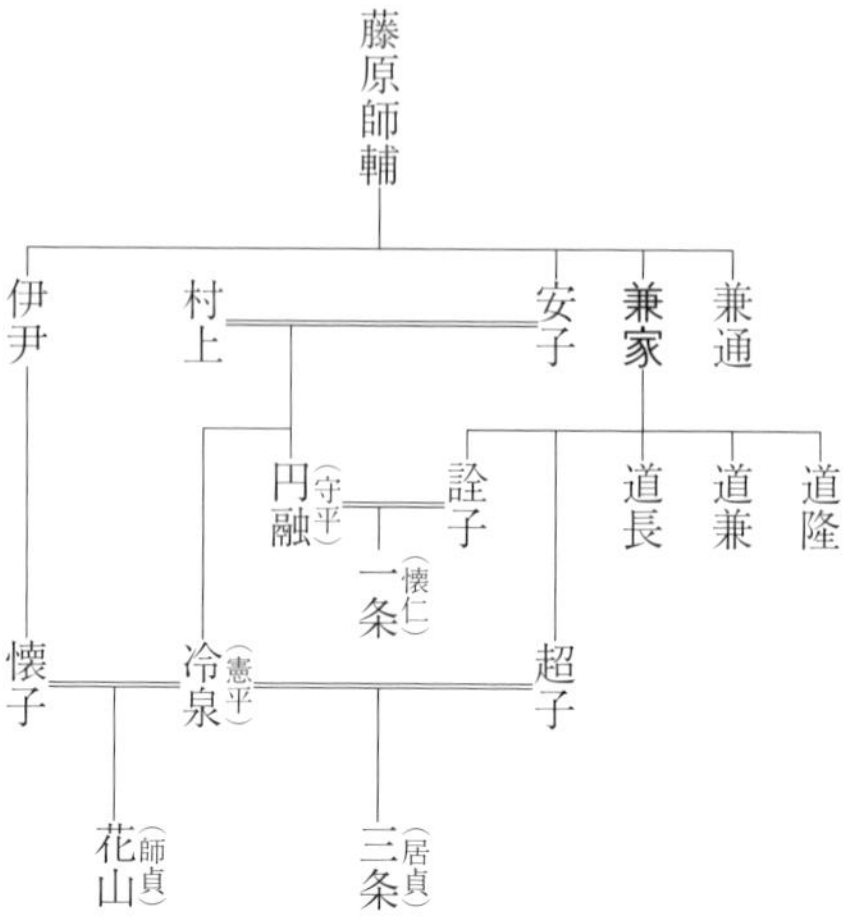

そのかして出家に追い込み、懐仁を即位させて一条《いちじょう》天皇とした。これによって兼家は生前のうちに天皇外《がい》祖父《そふ》となり、摂政に任じられたのである。また、彼はここで冷泉と娘超子との間に生まれた居貞親王《おきさだしんのう》（のちの三条《さんじょう》天皇）を皇太子としたので、次の天皇も彼の外孫ということになり、その権力は確固たるものとなった。そうした強力な立場を確立したうえで、兼家は摂政に任じられると、その地位の強化に努めた。

実は彼が摂政に任じられたとき、その本官は右大臣《うだいじん》で、上位には太政大臣《だいじょうだいじん》頼忠（前関白）・左大臣《さだいじん》源《みなもとの》雅信《まさのぶ》がいた。ところが、兼家はこの直後、摂政に在任したまま右大臣を辞任し、そのうえで太政大臣・左大臣・右大臣の上に列することを天皇から許された。これによって以降、摂関は本官である大臣の地位にかかわらず、全官職の最上位に位置づけられるようになったのである。そして、兼家は永祚《えいそ》二年（九九〇）に没したが、その直前に長男道隆《みちたか》に摂政職を譲った。死の直前とはいえ、生前に摂関を子に譲ったのは兼家が最初で、このことは彼の権力の大きさを示している。これによって彼は、摂関の世襲へ道を開いたのである。

（樋口）

【参考文献】
山本信吉「冷泉朝における小野宮家・九条家をめぐって―安和の変の周辺―」（『摂関政治史論考』吉川弘文館、二〇〇三年）
沢田和久「円融朝政治史の一試論」（『日本歴史』六四八号、二〇〇二年）
沢田和久「冷泉朝・円融朝初期政治史の一考察」（『北大史学』五五号、二〇一五年）

元慶寺◆花山天皇が兼家の策謀によって出家した寺。花山寺とも呼ばれる　京都市山科区　撮影：筆者

紫宸殿（京都御所）◆天皇の住まいである内裏の中心となる建物で、冷泉天皇以降は即位式も行われた。現在の建物は安政2年（1855）に再興されたもの　撮影：筆者

藤原氏塋域◆現在、兼家の墓所は定かではないが、子息の道長は父母や先祖の菩提を弔うため、木幡に浄妙寺を建立した。写真は木幡の宇治陵西側にある石碑で、「塋域」とは墓地を指す。裏面によれば、この石自体、浄妙寺から出土した礎石を利用しているという　京都府宇治市　撮影：筆者

2 道長《みちなが》——栄華を極めた摂関政治の覇者

藤原兼家《かねいえ》は藤原時姫《ときひめ》（摂津守中正《せっつのかみなかまさ》の娘）との間に道《みち》隆《たか》・道兼《みちかね》・道長《みちなが》、藤原倫寧女《ともやすむすめ》との間に道綱《みちつな》をもうけた。彼らは寛和《かんな》二年（九八六）、兼家の外孫《がいそん》である一条《いちじょう》天皇が即位すると、天皇の外戚《がいせき》として急スピードで昇進し、朝廷の高位高官に列するようになった。

なかでもこのことが有利に働いたのが、末子の道長である。長男道隆は一条即位以前の永観《えいかん》二年（九八四）、三二歳でようやく従三位《じゅさんみ》に叙《じょ》されて公卿《くぎょう》に列したのだが、一三歳年下の四男道長は永延《えいえん》元年（九八七）、わずか二二歳で従三位に叙されたのである。

しかし、正暦《しょうりゃく》元年（九九〇）五月、兼家が病のため関白を道隆に譲り、七月二日に没すると、道隆は跡継ぎとした二男伊周《これちか》への地位継承をはかり、伊周の官位を急激に昇進させていった。翌正暦二年、伊周はわずか一八歳で従三位に叙されると、官職も参議《さんぎ》任官直後に権中納言《ごんのちゅうなごん》に昇進し、正暦五年には二一歳で内大《ないだい》臣《じん》に任じられた。道長は伊周より八歳年上であったにもかかわらず、こうして伊周に簡単に追い抜かれた。

ところが、道隆・伊周父子の栄華は長くは続かなかった。道隆は娘定子《ていし》を一条天皇の皇后としたが、定子が皇子を産む前の長徳《ちょうとく》元年（九九五）、道隆は病に倒れたのである。それでも、なお彼は病床で伊周への地位継承を実現させようとし、自分が病気の間、伊周を関白に任じるよう、一条天皇に願い出たが、天皇は許さなかった。結局、同年三月、天皇は妥協して伊周を内《ない》覧《らん》に任じたが、四月、道隆が没すると、伊周は内覧を解任された。そして新たな関白には、道隆と道長の間の兄弟である道兼が任じられたのである。

しかし、この年、猛威をふるった疫病《えきびょう》が道長に道を開く。疫病のために公卿にも死者が続出したが、ついには新関白道兼も疫病にかかり、就任から一〇日ほどで没したのである。すると、伊周が息を吹き返し、次の関白をねらって動きはじめたが、政権を射止めたのは道長だった。五月一一日、天皇は太政官《だいじょうかん》の雑事について、天皇への奏上《そうじょう》の前にまず道長に触れ奉行《ぶぎょう》せよという宣旨《せんじ》を下し、道長を内覧に任じたのである。

このあと、道長と伊周は激しく対立し、長徳元年七月には陣座《じんのざ》にて乱闘し、八月には伊周が陰陽師《おんみょうじ》法師《ほうし》に命じて道長の呪詛《じゅそ》を行わせたという。だが、翌年正月、伊周は藤原為光《ためみつ》の娘をめぐって花山法皇《かざんほうおう》とトラブルになり、その際彼の従者が法皇を射たため、弟隆家《たかいえ》とともに配流《はいる》に処された（長徳の変）。こうして道長の最大のライバルは自滅し、道長は同年七月、左大臣《さだいじん》に任じられて、太政官の首班《しゅはん》に立った。

藤原道長◆「石山寺縁起絵巻」　大津市・石山寺蔵

ところで、関白道兼の没後、道長が関白ではなく内覧に任じられたのは、官職が権大納言《ごんのだいなごん》だったためと思われる。これまで関白は大臣以上の者しか任じられなかったのである。だが、道長は長徳元年六月に右大《うだい》臣《じん》、翌年七月に左大臣に任じられて以降も、内覧の地位に留まり、関白に任じられなかった。この理由については、摂関が天皇を補佐・代行する存在のため、陣定《じんのさだめ》をはじめとする公卿議定《くぎょうぎじょう》に参加できなかったのに対して、内覧はそれへの参加が可能だったからとする説が有力である。道長は内覧として天皇を補佐するとともに、太政官の首班としてこれを統括し、陣定に参加して公卿たちを統制したのである。

一方、伊周が自滅すると、以降、天皇の外戚といえる存在は道長のみとなっていた。一条の皇太子には従弟《いとこ》の居貞親王《おきさだしんのう》（冷泉《れいぜい》天皇皇子）が立てられていたが、その母超子《ちょうし》も兼家の娘であったから、道長にとっては甥だった。こうした天皇家との関係を前提とした権力の絶対的安定を背景として、道長は天皇家と新たな関係を構築していった。長保《ちょうほう》元年（九九九）、娘彰《しょう》子《し》を一条天皇に入内《じゅだい》させ、彼女は寛弘《かんこう》五年（一〇〇八）、皇子敦成《あつひら》を出産したのである。このとき、道長は四二歳であった。外孫誕生を見ず四三歳で没した兄道隆のことを考えると、若いうちからの早い昇進が道長に成功をもたらしたといえるだろう。

寛弘八年、一条天皇が退位すると、皇太子居貞親王が即位して三条《さんじょう》天皇となった。道長は皇太子となった敦成を早く即位させようとし、三条に退位を迫ったが、三条はこれに抵抗して対立した。しかし、このあと三条は眼病のために政務がとれなくなり、長和《ちょうわ》五年（一〇一六）、退位を余儀なくされた。こうして敦成が即位して後一条《ごいちじょう》天皇となると、道長は念願の天皇外祖父として摂政の地位を手に入れた。

後一条が即位すると、三条の皇子で道長とは外戚関係のない敦明《あつあきら》親王が皇太子に立てられたが、寛仁《かんにん》元年（一〇一七）、三条が没すると、敦明は皇太子を辞退した。代わりに皇太子となった敦良《あつなが》は、敦成の同母弟であったため、道長は天皇・皇太子の外祖父としてその地位をさらに盤石なものとした。そして、後一条の中宮《ちゅうぐう》には威子《いし》、敦良の皇太子妃にも嬉子《きし》という娘を入内させて、道長は天皇家との関係を独占し続けた。

長和六年、道長は摂政の地位をわずか一年余りで退任し、長男頼通《よりみち》に譲った。しかし、退任以後も、道長は大殿《おおとの》と称して儀式や政務の場に出席し、政治を主導し続けた。こうしたあり方については、近年、院政の先駆けとして評価されている。また、頼通への摂政譲与については、頼通が直前に内大臣《ないだいじん》になったばかりで、政務の経験もほとんどなかったことから、明らかに摂関の世襲化《せしゅうか》を意識したものであったと考えられる。

道長	伊周
15歳（天元3年／980）	12歳（寛和元年／985）
–	–
21歳（寛和2年／986）	14歳（永延元年／987）
21歳（寛和2年／986）	15歳（永延2年／988）
22歳（永延元年／987）	16歳（永延3年／989）
–	17歳（正暦元年／990）
22歳（永延元年／987）	18歳（正暦2年／991）
–	19歳（正暦3年／992）
27歳（正暦3年／992）	30歳（長保5年／1003）
31歳（長徳2年／996）	31歳（寛弘元年／1004）
52歳（寛仁元年／1017）	–
–	18歳（正暦2年／991）
23歳（永延2年／988）	18歳（正暦2年／991）
26歳（正暦2年／991）	19歳（正暦3年／992）
–	–
–	21歳（正暦5年／994）
30歳（長徳元年／995）	–
31歳（長徳2年／996）	–
51歳（長和5年／1016）	–
52歳（寛仁元年／1017）	–

		道隆	道綱	道兼
位階	従五位下	15歳（康保4年／967）	16歳（天禄元年／970）	15歳（天延3年／975）
	従五位上	21歳（天延元年／973）	27歳（天元4年／981）	24歳（永観2年／984）
	正五位下	23歳（天延3年／975）	31歳（寛和元年／985）	24歳（永観2年／984）
	従四位下	25歳（貞元2年／977）	32歳（寛和2年／986）	26歳（寛和2年／986）
	従四位上	29歳（天元4年／981）	33歳（永延元年／987）	－
	正四位下	30歳（天元5年／982）	33歳（永延元年／987）	－
	従三位	32歳（永観2年／984）	33歳（永延元年／987）	26歳（寛和2年／986）
	正三位	34歳（寛和2年／986）	36歳（正暦元年／990）	26歳（寛和2年／986）
	従二位	34歳（寛和2年／986）	46歳（長保2年／1000）	27歳（永延元年／987）
	正二位	34歳（寛和2年／986）	47歳（長保3年／1001）	25歳（永祚元年／989）
	従一位	36歳（永延2年／988）	－	－
官職	参議	－	37歳（正暦2年／991）	26歳（寛和2年／986）
	権中納言	34歳（寛和2年／986）	42歳（長徳2年／996）	26歳（寛和2年／986）
	権大納言	34歳（寛和2年／986）	－	25歳（永祚元年／989）
	大納言	－	43歳（長徳3年／997）	－
	内大臣	37歳（永祚元年／989）	－	31歳（正暦2年／991）
	右大臣	－	－	34歳（正暦5年／994）
	左大臣	－	－	－
	摂政・関白	38歳（正暦元年／990）	－	35歳（長徳元年／995）
	太政大臣	－	－	－

道長兄弟と伊周の昇進時期一覧

道長は二二歳で公卿となったが、頼通はわずか一五歳で公卿に列していた。道長は天皇家との関係を独占するとともに、我が子をスピード昇進させ、ほかの貴族たちとは異なる貴種として位置づけていった。こうして彼の子孫は摂関家という特別な家格を確立していくのである。

（樋口）

【参考文献】
山本信吉「平安中期の内覧について」（『摂関政治史論考』吉川弘文館、二〇〇三年）
倉本一宏『一条天皇』（吉川弘文館、二〇〇三年）
山中裕『藤原道長』（吉川弘文館、二〇〇八年）
上島享「藤原道長と院政―宗教と政治―」（『日本中世社会の形成と王権』名古屋大学出版会、二〇一〇年）

道長が建立した法成寺址◆京都市上京区

3 頼通《よりみち》――摂関政治の黄昏

藤原道長《みちなが》には、源雅信《みなもとのまさのぶ》（宇多《うだ》源氏）の娘倫子《りんし》と源高明《たかあきら》（醍醐《だいご》源氏）の娘明子《めいし》の二人の妻がいたが、倫子所生《しょせい》の子は明子所生の子より昇進が早く、倫子のほうが正妻格であったと考えられている。その倫子所生の子のなかで、最年長の男子が頼通《よりみち》である。

頼通は元服とともに正五位下《しょうごいのげ》の位階《いかい》を授けられるなど（通例は従五位上《じゅごいのじょう》）、道長の後継者として破格の昇進を遂げ、寛仁《かんにん》元年（一〇一七）三月一六日には、二六歳の若さで道長から摂政の地位を譲られた。とはいえ、道長は引退したわけではなく、これは自分の子孫に摂関を世襲させていくという意図のもとになされたものだったようである。頼通は摂政になったとはいっても、直前に内大臣《ないだいじん》になったばかりで大臣としての経験もなかった。したがって、道長が後見として頼通を支え、以後も実権を持ちつづけたのである。

万寿《まんじゅ》四年（一〇二七）、道長が没すると、頼通はようやく政治の実権を継承する。しかし、子だくさんだった道長と異なり、頼通と正妻である隆姫女王《たかひめじょおう》（具《とも》平親王《ひらしんのう》の娘）の間にはなかなか子が生まれず、天皇に嫁がせるべき娘もいなかった。そこで、彼は敦康《あつやす》親王（一条《いちじょう》天皇の皇子）の娘嫄子《げんし》を養女として入内《じゅだい》させ、後朱雀《ごすざく》天皇の中宮《ちゅうぐう》に立てたが、彼女は長暦《ちょうりゃく》三年（一〇三九）、皇子誕生を見ないまま死去してしまう。

しかも、こうしたなかで、同母弟の教通《のりみち》が台頭する。教通には複数の子女がおり、嫄子が没すると、娘を入内させようとしたのである。しかしながら、頼通はこれに強く反発し、兄弟は激しく対立した。後朱雀に皇子が生まれず、その後、弟の後冷泉《ごれいぜい》天皇が即位すると、教通が三女歓子《かんし》を入内させたが、頼通も藤原種成《たねなり》の娘祇子《ぎし》との間に誕生した長女寛子《かんし》を入内させたので、兄弟は引き続き天皇外戚《がいせき》の地位を激しく争った。

しかし結局、歓子・寛子ともに後冷泉の皇子を生むことはできず、頼通・教通が天皇外戚の地位を維持することはできなかった。頼通は約五〇年にわたり、関

藤原頼通の高陽院第◆「駒競行幸絵巻」 東京国立博物館蔵　出典：ColBase　https://colbase.nich.go.jp/collection_items/tnm/A-6914?locale=ja

藤原頼通関係系図

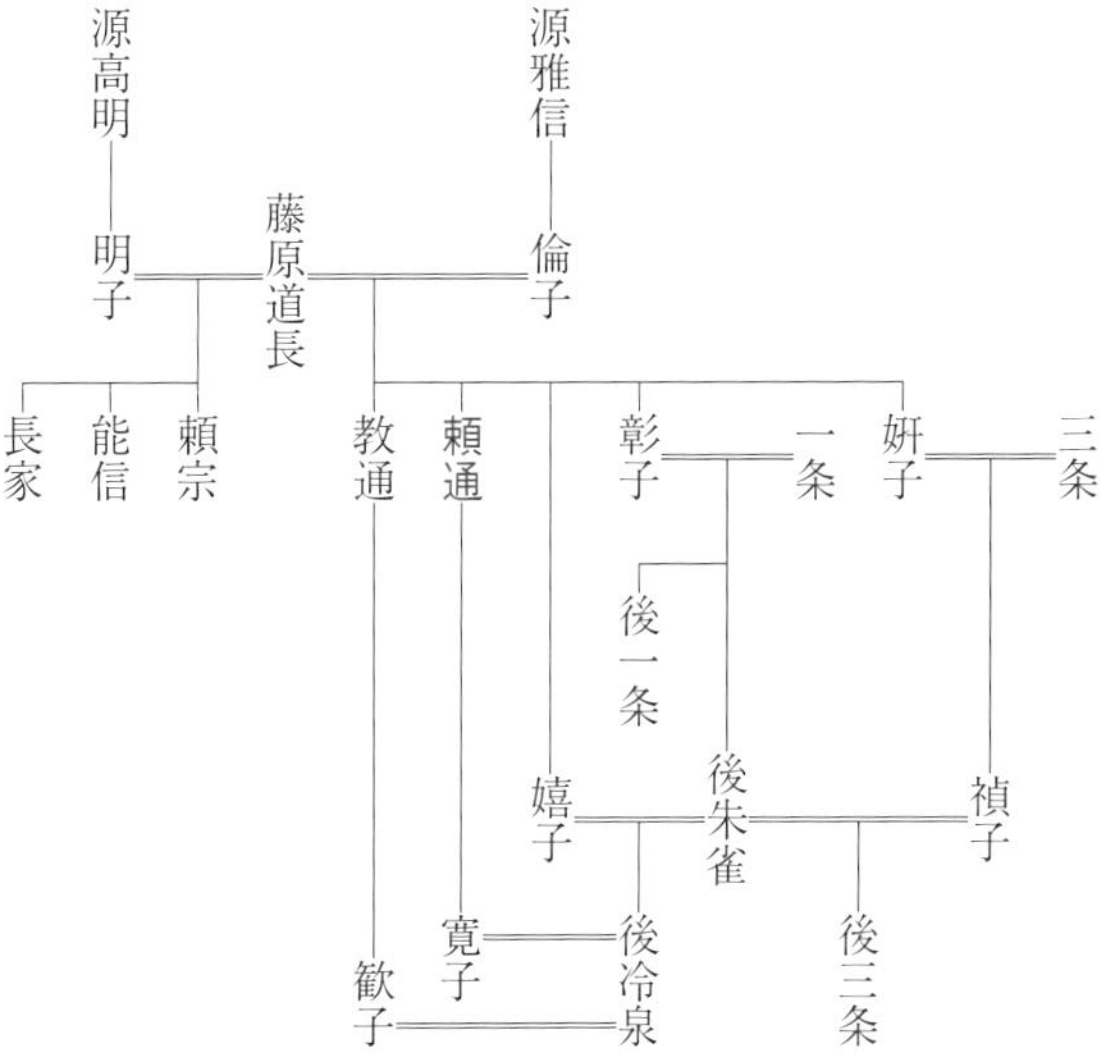

白の地位にあったが、これはそもそも摂関の地位が天皇外戚と密接な関係にあり、頼通の子は天皇外戚ではなかったから、関白の地位を譲れなかったためであった。その後、七〇歳を過ぎても関白に在任し続けた頼通は、宇治《うじ》に隠棲するようになり、ついに治暦《じりゃく》四年（一〇六八）、教通に関白を譲った。教通は天皇外《がい》舅《きゅう》（伯父）であり、頼通は教通にしか関白を譲れな

かったのである。

また同年、後冷泉天皇が死去すると、即位したのは頼通・教通兄弟を外戚としない後三条《ごさんじょう》天皇であった。

頼宗	能信	長家
–	–	–
12歳（寛弘元年／1004）	12歳（寛弘3年／1006）	13歳（寛仁元年／1017）
14歳（寛弘3年／1006）	16歳（寛弘7年／1010）	14歳（寛仁2年／1018）
15歳（寛弘4年／1007）	17歳（寛弘8年／1011）	14歳（寛仁2年／1018）
17歳（寛弘6年／1009）	19歳（長和2年／1013）	14歳（寛仁2年／1018）
18歳（寛弘7年／1010）	–	15歳（寛仁3年／1019）
19歳（寛弘8年／1011）	20歳（長和3年／1014）	18歳（治安2年／1022）
20歳（長和元年／1012）	21歳（長和4年／1015）	19歳（治安3年／1023）
21歳（長和2年／1013）	22歳（長和5年／1016）	20歳（万寿元年／1024）
26歳（寛仁2年／1018）	24歳（寛仁2年／1018）	20歳（万寿元年／1024）
66歳（康平元年／1058）	–	
22歳（長和3年／1014）	23歳（寛仁元年／1017）	19歳（治安3年／1023）
29歳（治安元年／1021）	27歳（治安元年／1021）	24歳（長元元年／1028）
–	–	–
55歳（永承2年／1047）	–	–
68歳（康平3年／1060）	–	–
–	–	–
–	–	–
–	–	–

後三条は側近を登用して自身の権力の強化に努め、しだいに政治における摂関の主導権は失われていった。

ただ、後三条の母は三条天皇の皇女である禎子内親王《ていしないしんのう》であり、頼通・教通兄弟とは別に新たな外戚勢力が登場したわけではなかった。また、後三条は頼通と敵対したわけでもなく、むしろ貴族たちの支持を得るために摂関家とも結ぶようになっていった。延久《えんきゅう》三年（一〇七一）、後三条は頼通と交渉し、皇太子貞仁親王《さだひとしんのう》の妃として、頼通の後継者である師実《もろざね》の養女賢子《けんし》を迎えている。延久六年、頼通は八三歳で没したが、五年後の承暦《しょうりゃく》三年（一〇七九）、賢子は即位して白河《しらかわ》天皇となった貞仁との間に皇子善仁《たるひと》を出産する。この善仁が即位して堀河《ほりかわ》天皇となることで、御堂流《みどうりゅう》（道長一族）はやがて復活していくことになる。（樋口）

【参考文献】
元木泰雄「藤原頼通―欠け行く望月―」（『王朝の変容と武者（古代の人物第6巻）』清文堂出版、二〇〇五年）
今正秀「藤原頼通執政初期の権力構造」（和田律子・久下裕利編『平安後期頼通文化世界を考える―成熟の行方―』武蔵野書院、二〇一六年）
樋口健太郎「藤原道長の権力継承構想とその展開」（『龍谷大学論集』四九六号、二〇二〇年）

		道長	頼通	教通
位階	従五位下	15 歳（天元 3 年／ 980）	–	–
	従五位上	–	–	–
	正五位下	21 歳（寛和 2 年／ 986）	12 歳（長保 5 年／ 1003）	11 歳（寛弘 3 年／ 1006）
	従四位下	21 歳（寛和 2 年／ 986）	13 歳（寛弘元年／ 1004）	13 歳（寛弘 5 年／ 1008）
	従四位上	22 歳（永延元年／ 987）	14 歳（寛弘 2 年／ 1005）	13 歳（寛弘 5 年／ 1008）
	正四位下	–	–	–
	従三位	22 歳（永延元年／ 987）	15 歳（寛弘 3 年／ 1006）	15 歳（寛弘 7 年／ 1010）
	正三位	–	15 歳（寛弘 3 年／ 1006）	16 歳（寛弘 8 年／ 1011）
	従二位	27 歳（正暦 3 年／ 992）	17 歳（寛弘 5 年／ 1008）	18 歳（長和 2 年／ 1013）
	正二位	31 歳（長徳 2 年／ 996）	20 歳（寛弘 8 年／ 1011）	20 歳（長和 4 年／ 1015）
	従一位	52 歳（寛仁元年／ 1017）	30 歳（治安元年／ 1021）	63 歳（康平元年／ 1058）
官職	権中納言	23 歳（永延 2 年／ 988）	18 歳（寛弘 6 年／ 1009）	18 歳（長和 2 年／ 1013）
	権大納言	26 歳（正暦 2 年／ 991）	22 歳（長和 2 年／ 1013）	24 歳（寛仁 3 年／ 1019）
	大納言	–	–	–
	内大臣	–	26 歳（寛仁元年／ 1017）	26 歳（治安元年／ 1021）
	右大臣	30 歳（長徳元年／ 995）	–	52 歳（永承 2 年／ 1047）
	左大臣	31 歳（長徳 2 年／ 996）	30 歳（治安元年／ 1021）	65 歳（康平 3 年／ 1060）
	摂政・関白	51 歳（長和 5 年／ 1016）	26 歳（寛仁元年／ 1017）	73 歳（治暦 4 年／ 1068）
	太政大臣	52 歳（寛仁元年／ 1017）	70 歳（康平 5 年／ 1062）	75 歳（延久 2 年／ 1070）

道長と子息の昇進時期一覧

平等院鳳凰堂◆平等院は藤原頼通が父道長の別荘宇治殿を没後、寺院として改めたもの。国宝の鳳凰堂および庭園には浄土思想が色濃く表れている　京都府宇治市

4　師実《もろざね》――白河上皇と結び院政開始を準備した摂関

藤原頼通《よりみち》は具平親王《ともひらしんのう》の娘隆姫女王《たかひめじょおう》を正妻に迎えたが、彼女との間に子は生まれず、三四歳だった万寿《まんじゅ》二年（一〇二五）、隆姫の従姉妹《いとこ》である源憲定女《みなもとののりさだむすめ》との間にようやく長男通房《みちふさ》が、五一歳だった長久《ちょうきゅう》三年（一〇四二）、藤原種成《たねなり》の娘祇子《ぎし》との間に二男師実《もろざね》が誕生した。このうち長男通房は、待望の後継者として祖父道長《みちなが》に引き取られ、大切に育てられたが、寛徳《かんとく》元年（一〇四四）、二〇歳の若さで急死した。そのため弟の師実は期せずして頼通の後継者となり、一九歳で内大臣《ないだいじん》に任じられるなど、スピード昇進で出世した。

一方、頼通は師実に関白《かんぱく》を譲与しようとしたが、姉の彰子《しょうし》によって制止され、治暦《じりゃく》四年（一〇六八）、弟教通《のりみち》が関白になった。そもそも頼通は天皇との外戚《がいせき》関係の構築に失敗し、師実は時の後冷泉《ごれいぜい》天皇にとって従弟《いとこ》にすぎなかった。摂関《せっかん》は天皇の外祖父《がいそふ》か外舅《がいきゅう》（オジ）が任じられるのが通例であったから、従弟にすぎない師実が関白になれないのは当然だった。

しかも、教通が関白になった直後、後冷泉が没したが、かわって即位した後三条《ごさんじょう》天皇は、師実にとって従兄弟ですらなく、ここに師実は危機的状況を迎えた。

しかし、有力な後ろ盾をもたなかった後三条はその後、頼通の後継者として実力者であった師実に歩み寄ってきた。後三条は即位にあたり、閑院《かんいん》流の藤原公成《きんしげ》を母とする皇子貞仁《さだひと》親王を皇太子《こうたいし》に立てたが、延久《えんきゅう》三年（一〇七一）、寵愛する源基子《きし》に皇子実仁《さねひと》が誕生した。すると、かれは実仁への皇位継承を画策し、実仁誕生直後、師実の養女賢子《けんし》を皇太子貞仁の妃に迎えることで、師実と結んだのである。延久四年、後三条は貞仁（白河《しらかわ》天皇）に譲位《じょうい》して実仁を皇太子に立てたが、これにともない賢子は皇后になった。

しかも、師実にとって幸運だったのは、このあと間もなく後三条上皇が死去したことである。承暦《じょうりゃく》三年（一〇七九）、賢子に待望の皇子善仁《たるひと》が誕生すると、師実は白河天皇と結び、善仁の即位に向けて動きはじめ

白河上皇◆中央が白河上皇。右側手前は春日社に奉る願書を書く大江匡房。左に座るのは、上皇の加持をおこなった権僧都隆明と考えられる　「春日権現験記絵」　宮内庁三の丸尚蔵館蔵

る。そして、応徳《おうとく》二年（一〇八五）、皇太子実仁が急死すると、同母弟に輔仁《すけひと》がいたにもかかわらず、師実・白河は半ば強引に善仁を皇太子に立て、その日のうちに皇位を譲って堀河《ほりかわ》天皇とした。ここに師実は天皇の外祖父となり、摂政として政務を主導した。

一方、賢子は応徳元年に死去していたため、師実は自身を権威付ける存在として白河上皇の存在を重視した。彼は積極的に上皇への奉仕を行い、率先して上皇の権威を高めていったのである。白河は退位後、鳥羽《とば》の離宮《りきゅう》に移り、京都の内裏《だいり》で行われる政務には基本的に参与することはなかった。だが、康和《こうわ》三年（一一〇一）、師実が没すると、後継者である孫の忠実《ただざね》はまだ若く、ここに白河が政務にも直接介入するようになって院政が開始された。　（樋口）

【参考文献】
坂本賞三『藤原頼通の時代―摂関政治から院政へ―』（平凡社、一九九一年）
樋口健太郎「院政の成立と摂関家―上東門院・白河院の連続性に着目して」（『中世摂関家の家と権力』校倉書房、二〇一一年）
樋口健太郎「藤原道長の権力継承構想とその展開」（『龍谷大学論集』四九六号、二〇二〇年）

5 忠実《ただざね》——中世摂関家の確立

応徳《おうとく》三年（一〇八六）、堀河《ほりかわ》天皇の即位にともない、祖父道長《みちなが》以来の天皇外祖父《がいそふ》として摂政《せっしょう》となった藤原師実《もろざね》は、嘉保《かほう》元年（一〇九四）、嫡男師通《もろみち》に関白《かんぱく》職を譲った。この師通の長男が忠実《ただざね》である。忠実の母藤原全子《ぜんし》は、頼通《よりみち》の異母兄頼宗《よりむね》の孫であったが、忠実が生まれてからしばらくして師通と離婚したため、忠実は祖父師実に養子として引き取られた。

康和《こうわ》元年（一〇九九）、忠実は突如として政治の表舞台に立たされる。この年、父師通が三八歳の若さで急死し、忠実はその後継者として藤氏長者《とうしちょうじゃ》の地位を継承し、内覧宣下《ないらんせんげ》を下されたのである。しかし、このとき彼は二二歳で、官職も権大納言《ごんのだいなごん》にすぎず、内覧の地位はきわめて重荷だった。しかも、二年後の康和三年には、祖父の師実も死去したので、忠実は後見人まで失ってしまった。

こうしたなか、堀河天皇は未熟な忠実ではなく、父の白河《しらかわ》上皇を頼るようになり、上皇と相談して政務を執り行うようになっていった。忠実は長治《ちょうじ》二年（一一〇五）、ようやく関白に任じられたが、この頃にはもっぱら天皇と上皇の間を結ぶメッセンジャーの役割をつとめるにすぎず、重要事項の決定からは排除された。

しかも、嘉承《かしょう》二年（一一〇七）、堀河天皇が没すると、皇子の鳥羽《とば》天皇が即位したが、鳥羽の母は閑院《かんいん》流・藤原実季《さねすえ》の娘苡子《いし》であり、忠実は天皇との外戚関係を失ってしまう。鳥羽が即位すると、苡子の兄である権大納言公実《きんざね》が外舅《がいきゅう》（伯父）として摂政に任命されるよう白河上皇に訴えたので、忠実は摂関職を他の一族に奪われる危機を迎えた。

白河にとっても実母茂子《もし》が実季の妹であるため、閑院流には親近感があり、公実の訴えに白河は思い悩んだが、側近の源俊明《みなもとのとしあきら》（醍醐《だいご》源氏）は、公実の一族はこれまで摂関を輩出せず、「凡夫《ぼんぷ》」（凡人）のようだったとし、摂政はそのような一族の任じられるべき

宇治上神社本殿◆もと離宮八幡宮といい、明治時代に宇治上神社と宇治神社に分離した。離宮八幡宮では毎年５月に民衆主体の離宮祭が行われたが、忠実はこれに幣帛や神馬を奉納している。現在の本殿は年輪年代測定から 11 世紀後半に建てられたとみられ、忠実の時代には同じものがすでにあったと考えられる　京都府宇治市　撮影：筆者

職ではないとして、公実の訴えを退けるよう進言した（『愚管抄《ぐかんしょう》』）。白河はこれを受け容れて公実を退け、忠実を鳥羽天皇の摂政に任じたので、これによって以後、摂関と天皇外戚との関係は切り離されることになった。道長の一族である御堂《みどう》流の嫡流は天皇との外戚関係ではなく、代々摂関を継承してきた実績によって、外戚関係の有無にかかわらず摂関の地位を世襲できるようになった。ここに中世へと続く摂関家が確立したのである。

藤原忠実関係系図

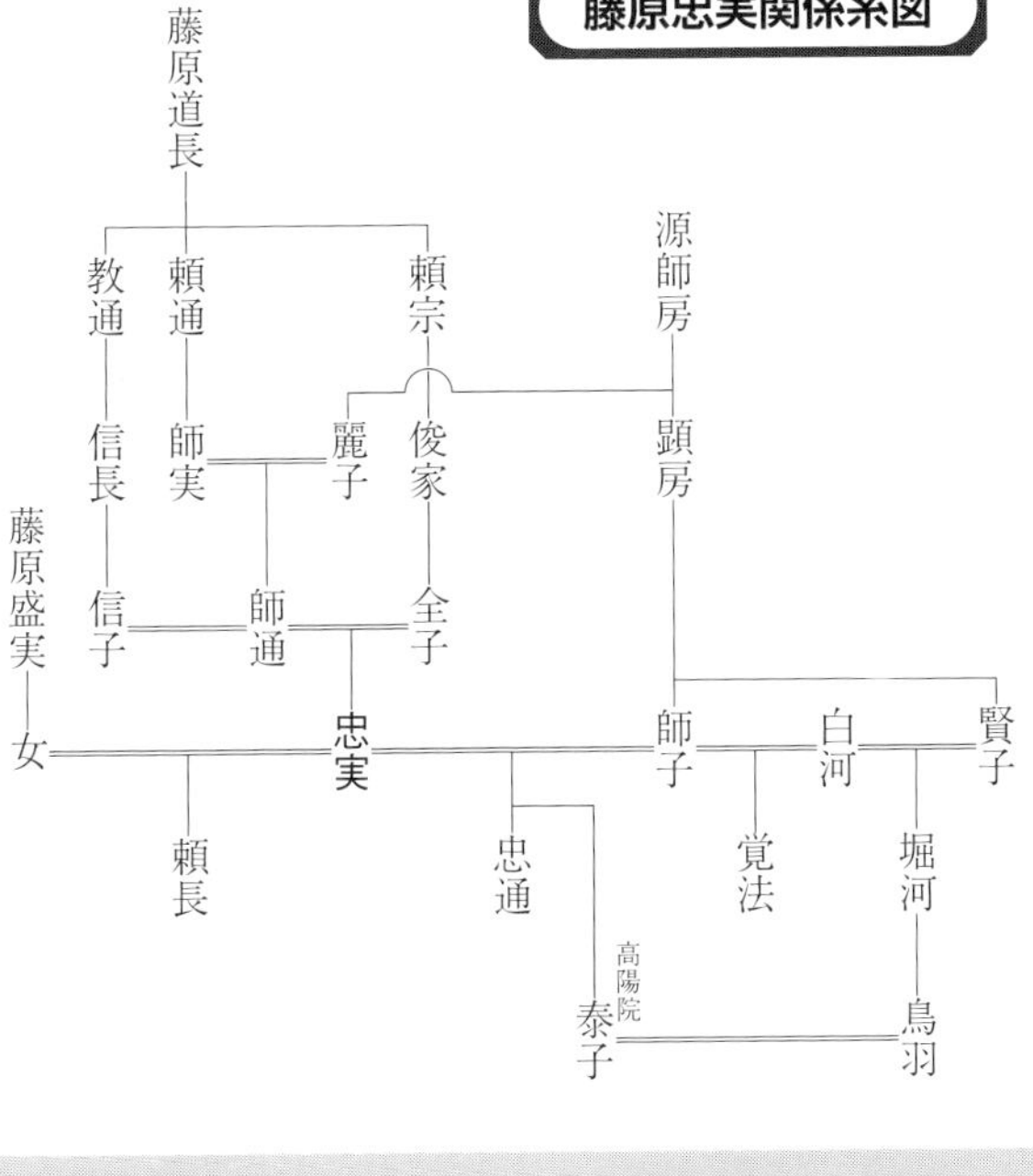

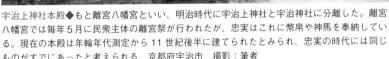

　また、鳥羽天皇が即位すると、摂関の役割は重要になった。というのも、鳥羽は即位時わずか五歳という史上最年少の天皇であり、身近に後見人が必要だったからである。しかも、この当時、鳥羽には皇位を脅かす存在として、白河の異母弟である三宮輔仁親王《さんのみやすけひとしんのう》がいた。白河上皇は、鳥羽の天皇としての正統性を明示するため、朝儀《ちょうぎ》を先例通り正確に行おうとしたが、この当時、天皇は退位すると住まいである内裏《だいり》を退出し、上皇と天皇は同居できないことになっていたから、白河は常に鳥羽のそばにいて直接後見することができなかった。そのため、彼は忠実を自分の代理人として内裏に置き、忠実を介して天皇を後見しようとした。こうして、摂関は天皇の血縁者として後見する存在から、上皇の代わりに天皇の後見を請け負う存在へと、その性格を変化させていった。

　こうしたなか、白河は摂関家との関係強化を進め、忠実の娘を鳥羽天皇の后妃《こうひ》とし、藤原公実の没後、自身が養女とした公実の娘璋子《しょうし》を忠実の嫡男忠通《ただみち》と結婚させようとした。ところが、璋子と忠通の結婚が破談になると、これをきっかけとして、白河と忠実の関係には綻《ほころ》びが生じはじめる。傷心の璋子を白河が天皇に入内させたため、忠実の娘の入内までが白紙になってしまったのである。

　一方で、その後も忠実は娘の入内を諦めず、天皇も忠実に同情的であった。そこで、天皇は内密に忠実と彼の娘の入内を進めたが、白河にとっては自分の溺愛する璋子を蔑ろにすることになるので、これは認められなかった。保安《ほうあん》元年（一一二〇）、白河の熊野御幸《くまのごこう》の最中、天皇がまた忠実と娘の入内について相談していたと知らされた白河は激怒し、京都に帰ると、忠実の内覧を停止して失脚に追い込んだ。忠実は翌年、関白職を忠通に譲り、朝廷への出仕を停止して籠居《ろうきょ》した。

　しかし大治《だいじ》四年（一一二九）、白河法皇が死去すると、彼の運命は再び開きはじめる。鳥羽上皇は天承《てんしょう》元年（一一三一）、忠実を院御所に招くと、翌年には院宣《いんぜん》によって内覧宣下を下して彼を政治的に復権させたのである。長承《ちょうしょう》二年（一一三三）には、鳥羽は忠実の娘勲子《くんし》を妻として迎え、彼女は翌年、泰子《たいし》と改名して皇后に立てられた。

　忠実は保延《ほうえん》六年（一一四〇）、平等院《びょうどういん》で出家し、拠点を京都から宇治《うじ》に移したが、その後も、二男で忠通の養子となった頼長《よりなが》を後見し、摂関家内部に影響力を

藤原忠実◆「春日権現験記絵」　宮内庁三の丸尚蔵館蔵

持ち続けた。一方で忠実は忠通と興福寺《こうふくじ》の支配をめぐって衝突し、両者の関係はしだいに悪化した。忠実は頼長への関白継承を図り、忠通に頼長への関白譲与を命じたが、忠通はこれを拒否したので、久安《きゅうあん》六年（一一五〇）、忠実は忠通を義絶《ぎぜつ》して藤氏長者職を没収し、頼長に与えた。

だが、鳥羽法皇《ほうおう》は、忠通の関白職は辞めさせなかったので、忠通は関白の地位を利用して抵抗し、しだいに忠実・頼長を追い詰めていった。久寿《きゅうじゅ》二年（一一五五）、近衛《このえ》天皇が死去すると、忠通は近衛の異母兄である後白河《ごしらかわ》天皇を擁立し、頼長を失脚させた。保元《ほうげん》元年（一一五六）、鳥羽が死去すると、頼長が挙兵したが、忠通は官兵《かんぺい》を送って反乱を鎮圧させた。頼長は戦闘に巻き込まれて落命し、忠実も洛北《らくほく》知足院《ちそくいん》に幽閉された。こうしてさしもの彼も二度と表舞台に戻ることなく、応保《おうほう》二年（一一六二）、八五年の生涯を閉じた。

（樋口）

【参考文献】
元木泰雄『藤原忠実』（吉川弘文館、二〇〇〇年）
樋口健太郎「中世前期の摂関家と天皇」（『中世王権の形成と摂関家』吉川弘文館、二〇一八年）

6 頼長《よりなが》——保元の乱を起こした学者執政

保安《ほうあん》元年（一一二〇）、関白《かんぱく》藤原忠実《ただざね》は、白河法皇《しらかわほうおう》によって内覧《ないらん》を停止され、失脚したが、その直前、忠実には家司《けいし》である藤原盛実《もりざね》の娘との間に二男が誕生していた。五月生まれの彼は菖蒲若《あやわか》と名付けられた。これがのちの頼長《よりなが》である。しばらくして生母が亡くなると、彼は忠実のもとに引き取られ育てられた。

忠実失脚後、関白の地位は長男である忠通《ただみち》に譲り渡されたが、忠通には正妻である藤原宗子《そうし》（宗通《むねみち》娘）との間に男子が生まれず、後継者が決まっていなかった。そのため、忠実は頼長を忠通の養子とし、忠通の次の後継者とした。こうして頼長は元服すると、摂関家の家嫡《かちゃく》としてスピード昇進を遂げ、保延《ほうえん》二年（一一三六）にはわずか一七歳で内大臣《ないだいじん》に任官した。そして、久《きゅう》安《あん》三年（一一四七）には、太政官《だいじょうかん》の首班である一上《いちのかみ》となり、久安五年には左大臣《さだいじん》に任じられた。

頼長は若い頃から学問に熱心で、当時一流の大学者であった藤原通憲《みちのり》（信西《しんぜい》）をして、彼の才能は「我が

国に過ぐ」といわしめたほどであった（『台記《たいき》』久安元年六月七日条）。それだけに彼は内大臣や一上になると、太政官を中心に旧儀《きゅうぎ》を再興し、これによって朝廷を刷新《さっしん》しようとした。この当時、国内では災害が次々と起こり、社会が安定しなかった。頼長はあるべき秩序を再構築することで、世の乱れを正そうとしたのである。

だが、鳥羽院政《とばいんせい》のもと、復権した父忠実と兄忠通の関係が悪化すると、頼長も父に引きずられて兄との関係を悪化させていく。忠実は頼長への関白継承を進め、忠通に関白の引き渡しを命じるが、忠通には康治《こうじ》二年（一一四三）、実子基実《もとざね》が誕生したこともあり、彼はこれに応じようとしなかった。忠通の態度に激怒した忠実は久安六年、忠通を義絶《ぎぜつ》し、藤氏長者《とうしちょうじゃ》の地位を忠通から奪って頼長に授けた。すると翌年には、頼長は鳥羽法皇によって内覧に任じられ、忠通とともに執政《しっせい》の一角を占めることになった。

しかし、久寿《きゅうじゅ》二年（一一五五）、近衛《このえ》天皇が死去すると、忠通は頼長が近衛を呪詛《じゅそ》していたという噂を流布したため、頼長は院に避けられて内覧に再任されなかった。これに不満をもった頼長は宇治《うじ》に引き籠《こ》もったが、翌年には頼みの綱だった鳥羽法皇も死去し、ま

保元平治合戦図屏風◆メトロポリタン美術館蔵

保元の乱対立構図

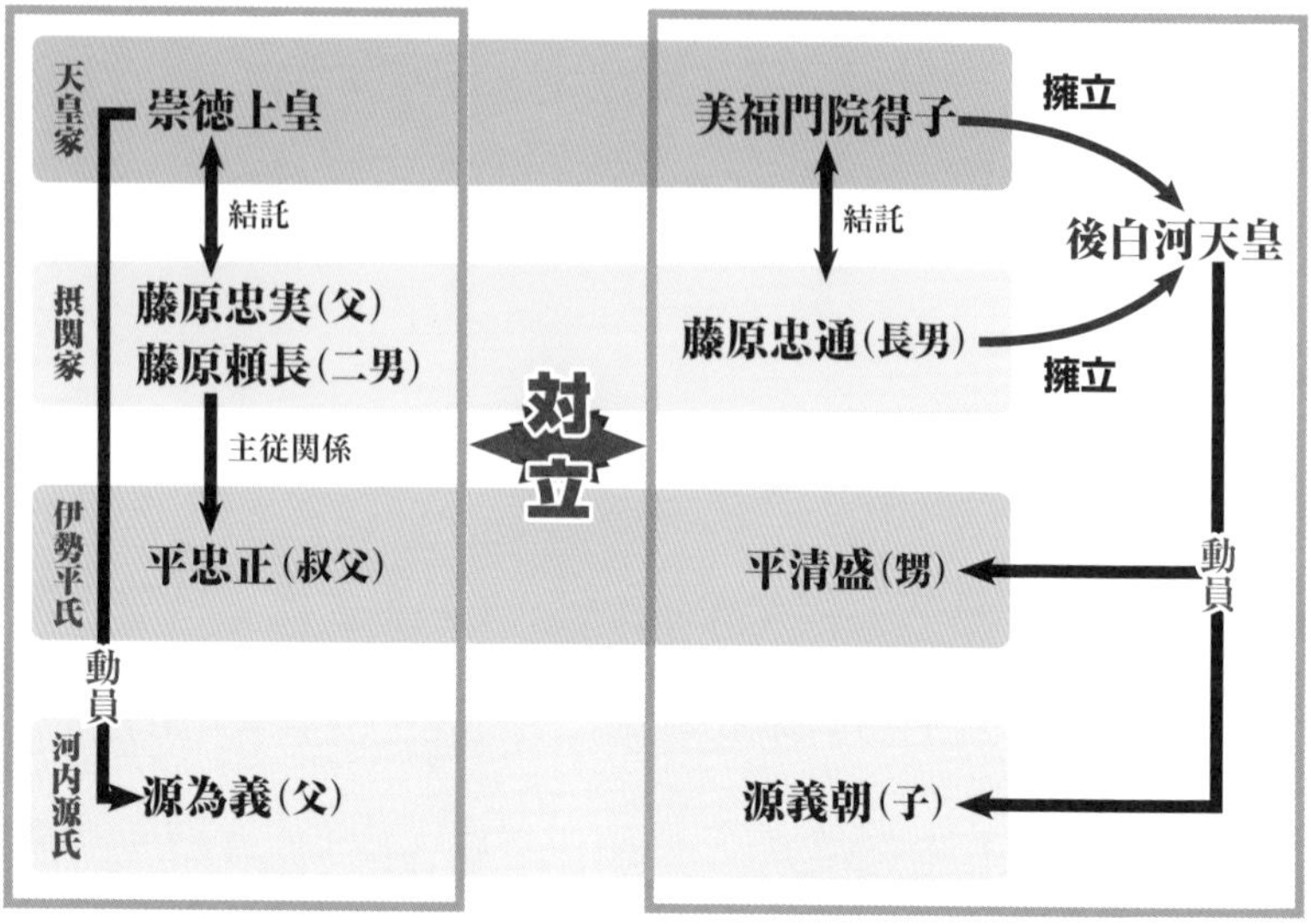

すます追い詰められることになる。後白河《ごしらかわ》天皇を擁立して実権を掌握した忠通は、頼長に謀反の疑いをかけ、邸宅東三条殿《ひがしさんじょうどの》を接収した。これに対して頼長は、崇《す》徳《とく》上皇と結び、白河北殿《しらかわきたどの》に籠もって武士たちを集め挙兵した。しかし、忠通は平　清盛《たいらのきよもり》・源　義朝《みなもとのよしとも》らの軍勢を送ってこれを撃破した。このとき頼長は戦場から逃亡したが、深手を負って瀕死の状態であった。父忠実には面会を断られ、奈良の僧房《そうぼう》で亡くなったのである。

（樋口）

藤原頼長◆「悪左府」の異名で知られる。日記『台記』は院政期を知る上で重要な史料となっている　「天子摂関御影」　宮内庁三の丸尚蔵館蔵

【参考文献】
橋本義彦『藤原頼長』（吉川弘文館、一九六四年）
樋口健太郎「中世前期の摂関家と天皇」（『中世王権の形成と摂関家』吉川弘文館、二〇一八年）

第六章　藤原氏出身の后妃たち

待賢門院画像◆璋子。藤原公実の娘で、鳥羽天皇の中宮となり寵愛を受けた。崇徳天皇の母で、白河と鳥羽を結ぶ役割も果たした　京都市右京区・法金剛院蔵

1 穏子《おんし》——藤原北家を復活させた皇太后

藤原氏北家《ほっけ》の良房《よしふさ》・基経《もとつね》は、文徳《もんとく》天皇以降、その直系との外戚《がいせき》関係を構築することで、摂政《せっしょう》・関白《かんぱく》に任じられて天皇の権力を補完し、他の貴族とは隔絶《かくぜつ》した位置づけを獲得した。しかし、宇多《うだ》天皇の時代になると、天皇の母が皇族出身であったことから、基経ら北家主流と天皇との関係は疎遠となり、宇多は菅原道《すがわらのみち》真《ざね》らの側近を取り立てた。

　こうしたなか、昌泰《しょうたい》元年（八九八）、宇多が皇太子敦仁親王《あつぎみしんのう》（醍醐《だいご》天皇）に譲位すると、基経の跡を継いだ時平《ときひら》は、延喜《えんぎ》元年（九〇一）、同母妹を天皇の女御《にょうご》にした。これが穏子《おんし》である。当初、宇多太上天皇《だいじょうてんのう》やその母班子女王《はんしじょおう》は彼女を疎み、内裏《だいり》への参入さえ認めなかった（『九暦《きゅうれき》』天暦《てんりゃく》四年〈九五〇〉六月一五日条）。しかし、時平は策謀を巡らして穏子を参入させ、彼女と醍醐天皇の間には延喜三年、保明《やすあきら》親王が誕生して皇太子に立てられた。

　だが、穏子とその一族には、この後も逆風が続いた。延喜九年には時平が急死し、延喜二三年には、皇太子保明親王が二一歳の若さで病死したのである。しかし、穏子は同じ年、三九歳で寛明《ひろあきら》親王を出産して皇后となった。そして延長《えんちょう》八年（九三〇）、寛明が父醍醐の譲位を受けて朱雀《すざく》天皇となると、穏子は天皇の母として皇太后《こうたいごう》になった。ここに北家主流は再び天皇外戚としての復活を果たしたのである。

　醍醐が延長《えんちょう》八年（九三〇）、宇多が承平《じょうへい》元年（九三一）に没すると、穏子は彼らに代わって天皇家の家長の役割を担い、その存在感を高めていった。また、彼女は保明が死去した後、授かった朱雀天皇（寛明）を自分の手元から離さず、内裏で養育したので、朱雀は即位してからも内裏後宮で穏子と同居し、彼女は行幸などにも付き添った。こうしたなかで、彼女は政治的決定にも関わるようになり、弟で摂政となった忠平《ただひら》は彼女の命を仰ぎながら政務を行った。

　そして、彼女は皇位継承にまで関与した。天慶《てんぎょう》九年（九四六）、朱雀天皇は二四歳の若さで突然退位し、皇太弟成明《しげあきら》（村上《むらかみ》天皇）が即位したが、その背景には、成明が天皇になった姿を見たいと言った母穏子の一言があったとされる（『大鏡《おおかがみ》』）。

また、天暦《てんりゃく》四年（九五〇）には、村上と忠平の孫娘である安子《あんし》との間に皇子憲平《のりひら》（のちの冷泉《れいぜい》天皇）が誕生した。このとき、村上は安子の父である右大臣《うだいじん》師輔《もろすけ》（忠平の二男）に対し、早期の立太子《りったいし》を命じたが、ここで穏子は師輔に対し、決定前に朱雀太上天皇にも了解を取り付けるように命じていた（『九暦』六月二七日条）。穏子は決定した後で朱雀に知らせれば、朱雀が気を悪くするとして、朱雀・村上の兄弟融和《ゆうわ》に努めたのであり、天皇家の家長として皇位継承の安定に気を配っていたことがうかがえよう。

天暦八年、穏子は七〇歳で没したが、彼女はその後も「大后《たいこう》」と称された。彼女が苦難を乗り越えながらも天皇の母となったことで、藤原氏北家主流はその地位をつなぐことができた。彼女は別格の后妃として、後世においても崇敬の対象とされたのである。（樋口）

【参考文献】
角田文衛『平安人物志（下）』（法藏館、二〇二〇年）
藤木邦彦「藤原穏子とその時代」（『平安王朝の政治と制度』吉川弘文館、一九九一年）
東海林亜矢子「母后の内裏居住と王権―平安時代前期・中期を中心に―」（『平安時代の后と王権』吉川弘文館、二〇一八年、初出二〇〇四年）

藤原穏子関係系図

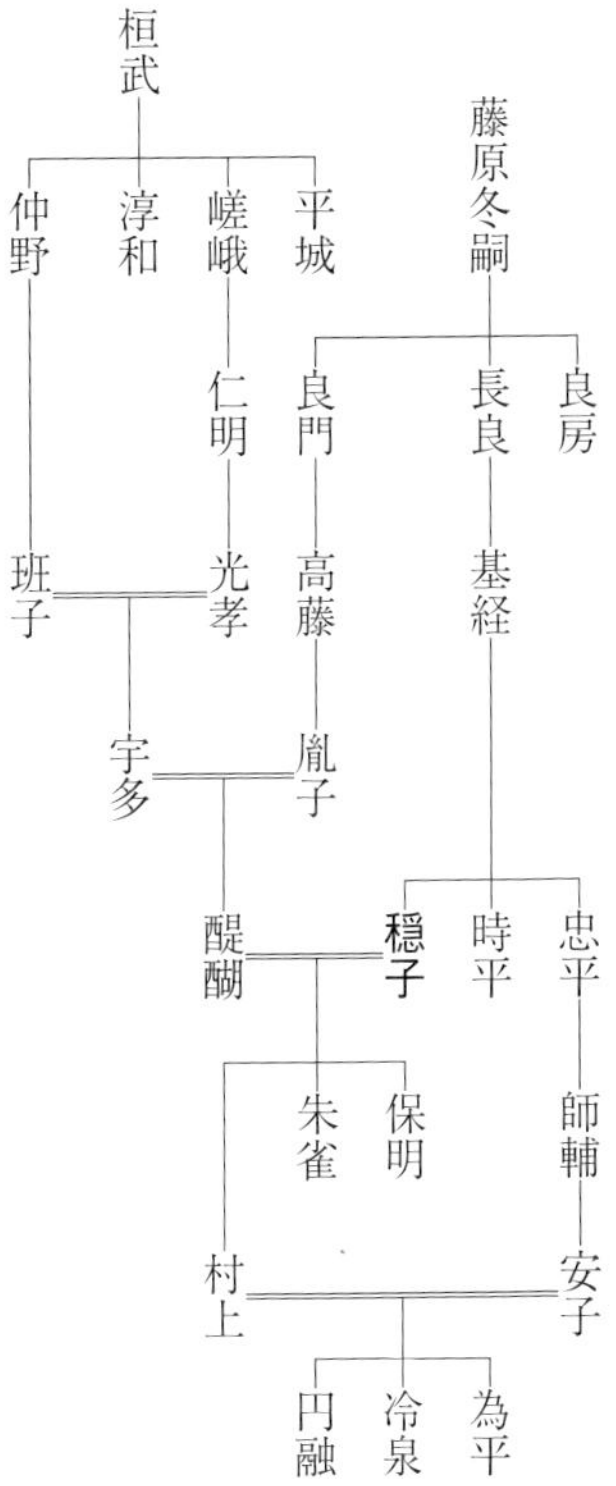

穏子（左奥）◆息子の皇太子保明を偲び、皇太子の乳母の娘である大輔の君（穏子と対面している女性）と歌を詠み交わしている様子　「大かゞみ絵詞」　国立歴史民俗博物館蔵

醍醐寺五重塔◆天暦５年（951）、穏子の命によって建立された。総高 38m、創建当時の姿をとどめる貴重な建築物である　京都市伏見区

2 詮子《せんし》——道長政権を生んだ最初の女院

前近代の天皇家では、天皇が退位して院となったように、天皇の后妃《こうひ》もその地位を退いて女院《にょいん》となった。その先駆けとなったのが、東三条院詮子《ひがしさんじょういんせんし》である。

詮子は藤原兼家《かねいえ》の娘で、母は藤原中正《なかまさ》の娘時姫《ときひめ》。同母兄弟には道隆《みちたか》・道兼《みちかね》・道長《みちなが》がおり、詮子は兼家の「きさきがね」（天皇の后妃候補者）として大切に育てられた。だが、安和《あんな》二年（九六九）、円融《えんゆう》天皇が即位すると、兼家と対立する兄の兼通《かねみち》が台頭した。そのため兼家は一時逼塞《ひっそく》し、詮子もなかなか入内できなかった。しかし、貞元《じょうげん》二年（九七七）、兼通が死去したことで、兼家も復活し、翌年、詮子は一六歳で入内、女御《にょうご》となった。そして天元《てんげん》三年（九八〇）、彼女は天皇の皇子懐《かね》仁《ひと》を出産した。

ただ、詮子は円融の寵愛を受けていたかというと、実はそうではなかった。父兼家がもともと円融の兄冷《れい》泉《ぜい》天皇の側近であったこともあり、円融は詮子が皇子の母であるにもかかわらず、円融は彼女を皇后にしなかった。彼はむしろ皇子女を生んでいない藤原遵子《じゅんし》（小野宮《おののみや》流・藤原頼忠《よりただ》の娘）を寵愛して皇后に立てたのである。これに傷ついた詮子は、懐仁とともに里第《りてい》（実家）である東三条殿に戻り、ほとんど参内《さんだい》しないようになってしまった。

しかし、円融には懐仁以外の皇子が生まれなかったため、永観《えいかん》二年（九八四）、円融が退位し、冷泉の皇子である花山《かざん》天皇が即位すると、懐仁は皇太子に立てられた。これによって詮子は次代の母后《ぼこう》の座を射程に収めることになる。そして、寛和《かんな》二年（九八六）、懐仁は即位して一条《いちじょう》天皇となり、詮子は母后として皇《こう》太后《たいごう》となったのである。

しかも、永祚《えいそ》二年（九九〇）に兼家が没し、翌年には円融法皇《ほうおう》も没したことで、詮子は天皇家のなかでも、実質的な家長となった。こうしたなかで、兼家の跡を継いで関白《かんぱく》となった兄の道隆は、自身の後ろ盾でもある詮子の地位強化を図った。そこで新たに生み出され

東三条院の乗る車◆「石山寺縁起絵巻」　大津市・石山寺蔵

藤原詮子関係系図

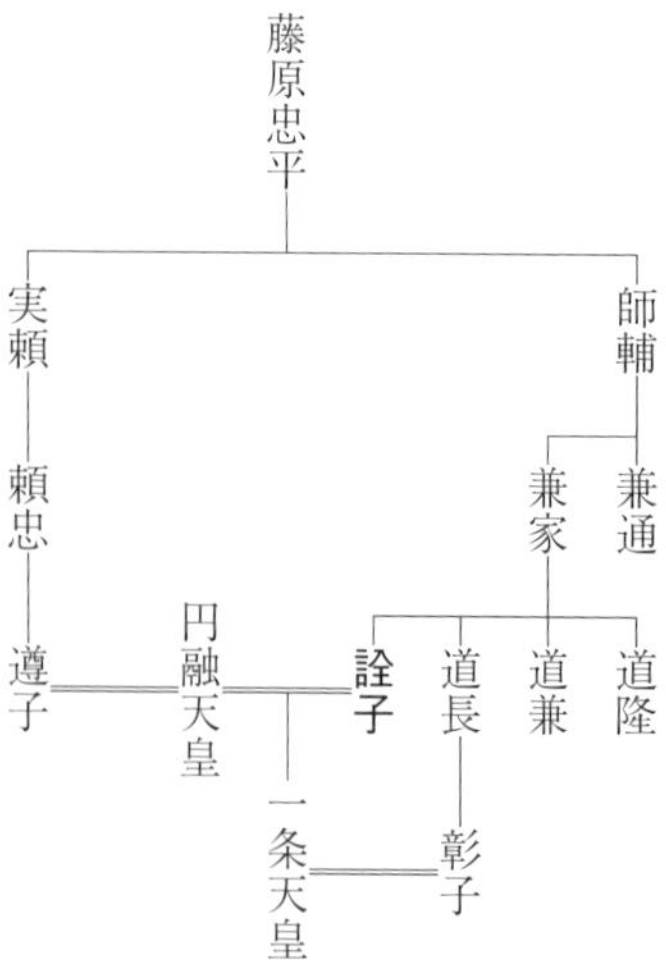

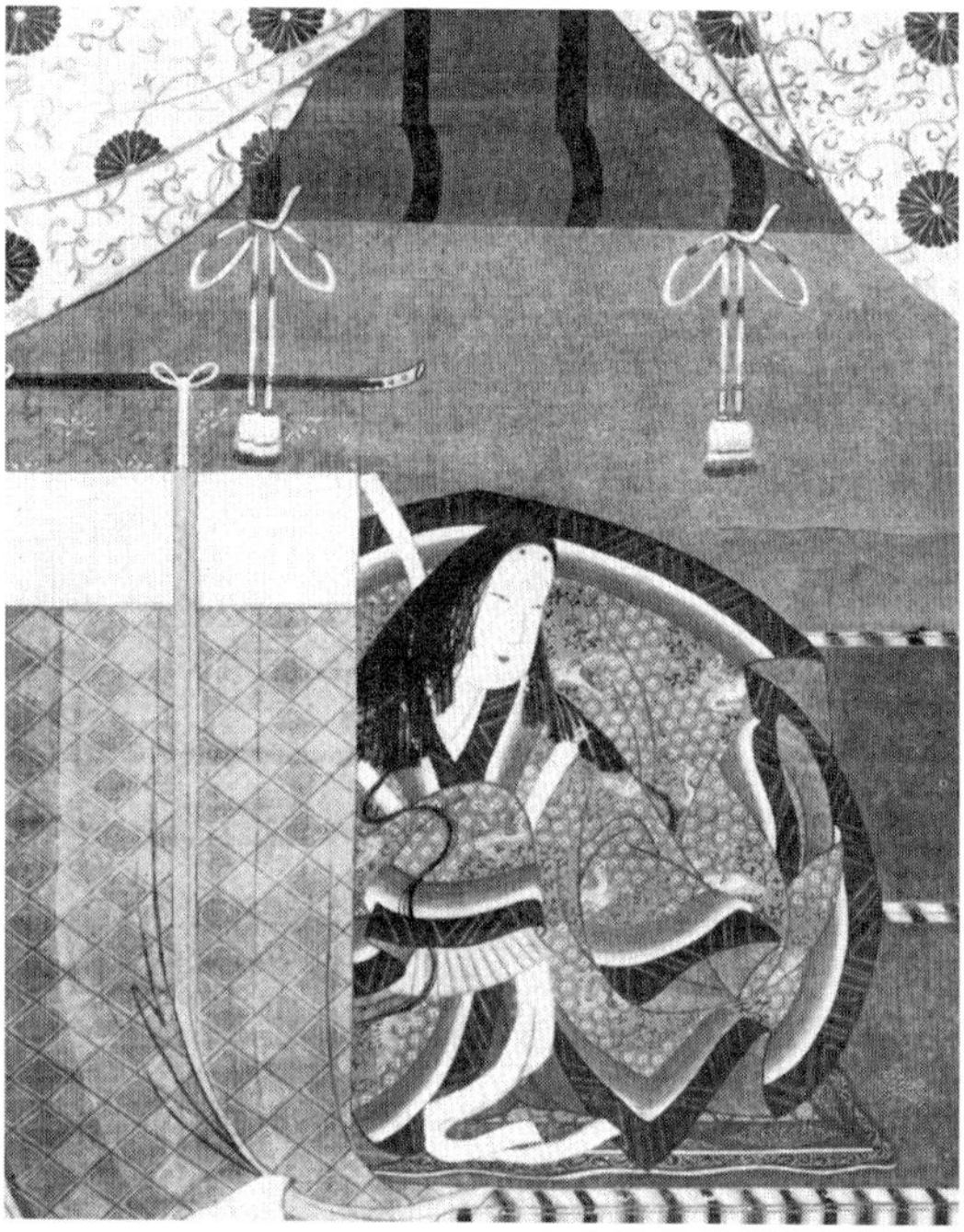

詮子画像◆京都市左京区・真正極楽寺蔵

東三条殿復元模型◆詮子の御所で、のち摂関家の儀式会場として整備された　国立歴史民俗博物館蔵

たのが、冒頭に見た女院であったと考えられている。正暦《しょうりゃく》二年（九九一）、彼女は出家し、皇太后の地位を退いたが、同時に東三条院の院号を下されたのである。

長徳《ちょうとく》元年（九九五）、道隆が死去すると、後継者をめぐる対立が明らかになり、政権が不安定化した。だが、詮子の実力はこうした局面で発揮された。女院となって以後、弟道長《みちなが》と同居していた詮子は、一条天皇に道長への内覧宣下《ないらんせんげ》を涙ながらに迫って実現させた。また、長保《ちょうほう》元年（九九九）、道長の娘彰子《しょうし》が入内すると、翌年、すでに皇后定子《ていし》がいたにもかかわらず、無理して彰子を中宮《ちゅうぐう》に立てさせた。

彼女は人事など国政にも介入し、「母后朝事《ちょうじ》を専《もっぱ》らにす」と批判された（『小右記《しょうゆうき》』長徳三年七月五日条）。しかし、彼女が道長と結んだことで政権は安定し、一条の子孫は以後、皇位を安定的に継承していったのである。

（樋口）

【参考文献】
伴瀬明美「東三条院藤原詮子――「母后専朝事」――」（元木泰雄編『王朝の変容と武者（古代の人物第6巻）』清文堂出版、二〇〇五年）

3 定子《ていし》と彰子《しょうし》――陰りゆく皇后と栄えゆく中宮

寛和《かんな》二年（九八六）、一条《いちじょう》天皇の即位により、藤原兼家《かねいえ》は先祖である良房《よしふさ》以来の天皇外祖父《がいそふ》となり、摂政《せっしょう》に任じられた。兼家には妻藤原時姫《ときひめ》との間に道隆《みちたか》・道兼《みちかね》・道長《みちなが》の子息があったが、永祚《えいそ》二年（九九〇）、兼家から関白《かんぱく》の地位を引き継いだのは長男道隆であった。道隆は自らも天皇外祖父となり、我が子へ地位を継承させるため、正暦《しょうりゃく》元年（九九〇）正月、長女を入内《じゅだい》させ、同年一〇月、彼女を一条天皇の中宮《ちゅうぐう》に立てた。これが定子《ていし》である。

定子は一条より四歳年上であったが、一条の母詮子《せんし》が道隆の妹であることもあって一条に寵愛され、跡継ぎの伊周《これちか》が二一歳の若さで内大臣《ないだいじん》になるなど、道隆の中関白家《なかのかんぱくけ》は全盛期を迎えた。また、定子のもとには清少納言《せいしょうなごん》をはじめとする才女が女房《にょうぼう》として仕え、サロンが開花した。

しかし、長徳《ちょうとく》元年（九九五）に道隆が死去すると、中関白家は急速に力を失っていった。関白は道隆の弟である道兼に継承され、伊周は世襲を許されなかった。道兼は関白就任直後に急死したが、その後も弟の道長が内覧《ないらん》に任じられて政権を担った。これに伊周は猛反発したが、長徳二年正月、彼は花山《かざん》法皇とトラブルになり、彼の従者《じゅうしゃ》が法皇を弓矢で射るという大事件を起こしてしまう。そのため、四月には弟隆家《たかいえ》とともに左遷《させん》され、政権から排除されたのである。このとき、定子は一条との間に最初の子（脩子内親王《しゅうしないしんのう》）を懐妊していたが、伊周が抵抗して定子の御所に立て籠もり、検非違使《けびいし》が御所に突入して捜索するなどしたため、彼女も出家を余儀なくされた。

定子が後ろ盾を失って出家すると、ここぞとばかりに道隆の叔父公季《きんすえ》や、従兄《いとこ》である顕光《あきみつ》も娘を入内させ、長保《ちょうほう》元年（九九九）には、道長も娘を入内させた。これが彰子《しょうし》である。ただ、彰子は入内のとき、わずか一二歳にすぎず、天皇は定子の出家後も彼女を寵愛し続けた。定子は公然と内裏《だいり》に参入し、長保元年には第一皇子敦康親王《あつやすしんのう》を出産した。

これに対して、危機感を持った道長は翌年、彰子を立后《りっこう》させようとした。だが、定子を寵愛した一条は、定子の中宮の地位を停止させることを拒んだ。そのため、道長は強引に定子を皇后、彰子を中宮に立て、これまで前例のない「一帝二后《いっていにこう》」（一人の天皇に二人の正妻）を実現させた。

鳥戸野陵◆定子が葬られているほか、穏子・詮子などの火葬塚となっている。陵が所在する鳥辺野の地は京都の風葬地として知られている。兄伊周の没落もあり、中関白家は定子の死後衰退した　京都市東山区　撮影：筆者

こうしたなか、長保二年一二月、定子は皇女媄子《こうじょびし》を出産したが、後産《あとざん》が下りず、二五歳で没した。これによって彰子が名実ともに唯一の正妻の座を占め、寛弘《かんこう》五年（一〇〇八）には、ついに天皇の皇子敦成《あつひら》親王を出産した。すると、道長は敦成を皇太子とするべく、一条に対して譲位するよう圧力をかけはじめたが、ここでも一条は定子の忘れ形見である第一皇子の敦康を皇太子に立てようとして抵抗した。しかし、後見人のいない敦康の立太子《りったいし》は難しく、蔵人頭《くろうどのとう》藤原行成《ゆきなり》による説得の結果、一条は折れることになる。寛弘八年、一条は従兄《いとこ》の三条《さんじょう》天皇に譲位するとともに、敦成を皇太子に立て、直後に死去した。その五年後

藤原定子・彰子関係系図

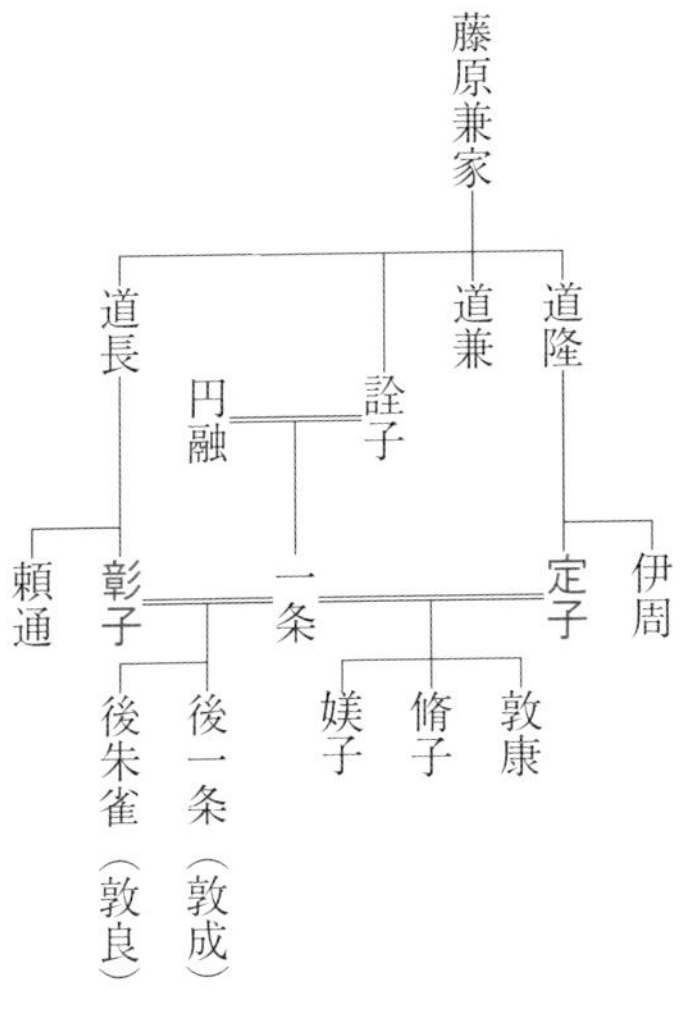

の長和《ちょうわ》五年（一〇一六）、三条は敦成に譲位した。敦成は後一条《ごいちじょう》天皇として即位し、ここに彰子は母后《ぼこう》の地位を得たのである。

摂関政治の時代、母后は天皇と同居して後見し、きわめて大きな力をもっていたことが明らかにされている。彰子の場合、天皇家の財産を管理する後院《ごいん》の職員を任命したり、后妃《こうひ》の決定に関与したり、太政官《だいじょうかん》が天皇に最終決裁を申請する官奏《かんそう》についても、奏上《そうじょう》内容を前もって確認するなど、政務全般に関与した。

また、後一条即位とともに摂政となった道長は、寛《かん》仁《にん》元年（一〇一七）、摂政を退任して長男頼通《よりみち》に譲ったが、道長も頼通も、彰子の御在所で政務を執り行い、彰子の令旨《りょうじ》によって道長が太政大臣《だいじょうだいじん》に任じられるなど、彰子の権威を利用した。こうしたなかで、彰子にも、かつての定子のように、紫式部《むらさきしきぶ》や和泉式部《いずみしきぶ》といった才女たちが仕えて、そのサロンから『源氏物語《げんじものがたり》』のような文学作品が生まれた。

一方、後一条の即位後、皇太子となった敦明《あつあきら》親王（三条天皇の皇子）が皇太子を辞退したため、道長は彰子の生んだ敦良《あつなが》親王を皇太子に立てた。これによって彰子は天皇と皇太子の母になった。そして、万寿《まんじゅ》三年（一〇二六）、出家とともに院号を宣下されて上東門《じょうとうもん》院《いん》となった。彼女は伯母の東三条院《ひがしさんじょういん》詮子に次ぐ二人目の女院になったのである。

以後、史料には彰子は「院」と記されるようになる。また、彰子の例はのち院政期になると、男性の院（上皇）にとっても先例とされたことから、近年では、彼女は「院政への先駆け」として評価されている。とくに万寿四年、道長が死去すると、後一条天皇は病弱で、関白頼通は優柔不断であったため、彰子が天皇家の実質的な家長として政務をリードした。

身体の弱かった後一条が長元《ちょうげん》九年（一〇三六）に没すると、弟の皇太子敦良が即位して後朱雀《ごすざく》天皇となったが、彰子は引き続き天皇の母として後朱雀を支えた。そして、寛徳《かんとく》二年（一〇四五）に後朱雀が没し、皇子親仁《ちかひと》が即位して後冷泉《ごれいぜい》天皇となると、彼女はやはり祖母として後冷泉を後見した。治暦《じりゃく》四年（一〇六八）、御堂流《みどうりゅう》（道長一族）を外戚《がいせき》としない後三条《ごさんじょう》天皇が即位するが、後三条も後朱雀の皇子なので、やはり彰子にとっては孫であった。彼女は天皇の祖母として後三条と弟頼通を結び、両者の橋渡しをしたと考えられる。

彰子が八七歳で死去したのは曽孫である白河《しらかわ》天皇の

治世下、承保《じょうほう》元年（一〇七四）であった。彼女が長命であったことで、御堂流と天皇家との関係は、摂関政治から院政の時代へとつながり、こののち白河は男性の院として彼女の権力を継承していったのである。

（樋口）

【参考文献】
倉本一宏『一条天皇』（吉川弘文館、二〇〇三年）
服藤早苗「国母の政治文化―東三条院詮子と上東門院彰子―」（同編著『平安朝の女性と政治文化―宮廷・生活・ジェンダー』明石書店、二〇一七年）

宇治陵（1号墳墓）◆彰子のほか、穏子・彰子を含む18名の后妃と2名の皇子の陵墓として管理されている　京都府宇治市　撮影：筆者

東北院◆長元3年（1030）、彰子によって建立された寺院で、彰子の御所としても用いられた。本来は道長が建立した法成寺の境内の東北にあったためにこの寺号がつけられたが、元禄6年（1693）、現在の神楽岡に移転した　京都市左京区　撮影：筆者

視点　紫式部とその一族

『源氏物語《げんじものがたり》』の作者である紫式部《むらさきしきぶ》の父は藤原為時《ためとき》で、藤原北家《ほっけ》の出身であった。その家系は勧修寺《かじゅうじ》流と同じく、良房の弟で正六位上内舎人《しょうろくいのじょううどねり》までしか昇進しなかった良門《よしかど》の系統で、為時は越前守《えちぜんのかみ》、兄為頼《ためより》は摂津《せっつ》・丹波守《たんばのかみ》、その父雅正《まさただ》は周防《すおう》・豊前守《ぶぜんのかみ》というように代々受領《ずりょう》を歴任する諸大夫《しょだいぶ》の一族であった。式部の兄弟である惟規《のぶのり》の子孫には、関白《かんぱく》藤原忠通《ただみち》の側近として頭角を現し、平清盛《たいらのきよもり》と結んで権大納言《ごんのだいなごん》まで昇進した邦綱《くにつな》がいる。

一方、式部の母も北家出身で、基経《もとつね》の実弟清経《きよつね》の曽孫に当たる為信《ためのぶ》の娘であった。この一族は、為信の父文範《ふみのり》までは公卿《くぎょう》に列しているが、為信から後は誰も公卿にはなれず、母の兄弟も受領となっている。式部の父母の結婚は同階層どうしの結婚だったといえる。

長徳《ちょうとく》二年（九九六）、式部は父為時の国守赴任《こくしゅふにん》に同行して越前に下ったが、二年後に帰京して結婚した。夫の宣孝《のぶたか》は勧修寺流の一族で、右大臣《うだいじん》藤原定方《さだかた》の曽孫に当たる。為時の母は定方の娘であったから、宣孝は式部にとって遠い親戚に当たっていた。しかし、幸せな結婚生活は長くは続かなかった。宣孝は長保《ちょうほう》三年（一〇〇一）に死去し、四年後の寛弘《かんこう》二年（一〇〇五）から、式部は中宮彰子《ちゅうぐうしょうし》に仕えて女房《にょうぼう》生活をはじめるのである。

では、式部の子孫はいたのだろうか。実は宣孝と式部の間には賢子《けんし》という娘がおり、母式部の没後、彰子に仕えて後冷泉《ごれいぜい》天皇の乳母《うば》となり、「大弐三位《だいにさんみ》」と称された。

また、『中右記《ちゅうゆうき》』天永《てんえい》三年（一一一二）五月二五日条に前美濃守知房《さきのみののかみともふさ》という人物が「後冷泉院御乳母大弐三位の孫」と記されていることから、大弐三位は知房の父である醍醐《だいご》源氏の源経房《みなもとのつねふさ》と関係を持ち、知房をもうけていたことがわかっている。知房の男子は園城寺《おんじょうじ》に入って出家したが、女子は道隆《みちたか》流（中関白家《なかのかんぱくけ》）の藤原基隆《もとたか》と結婚しており、子孫をもうけた可能性が指摘されている。（樋口）

【参考文献】
今井源衛『紫式部』（吉川弘文館、一九六六年）
角田文衛「紫式部の子孫」（『紫式部伝—その生涯と『源氏物語』』法藏館、二〇〇七年、初出一九六五年）

紫式部関係図

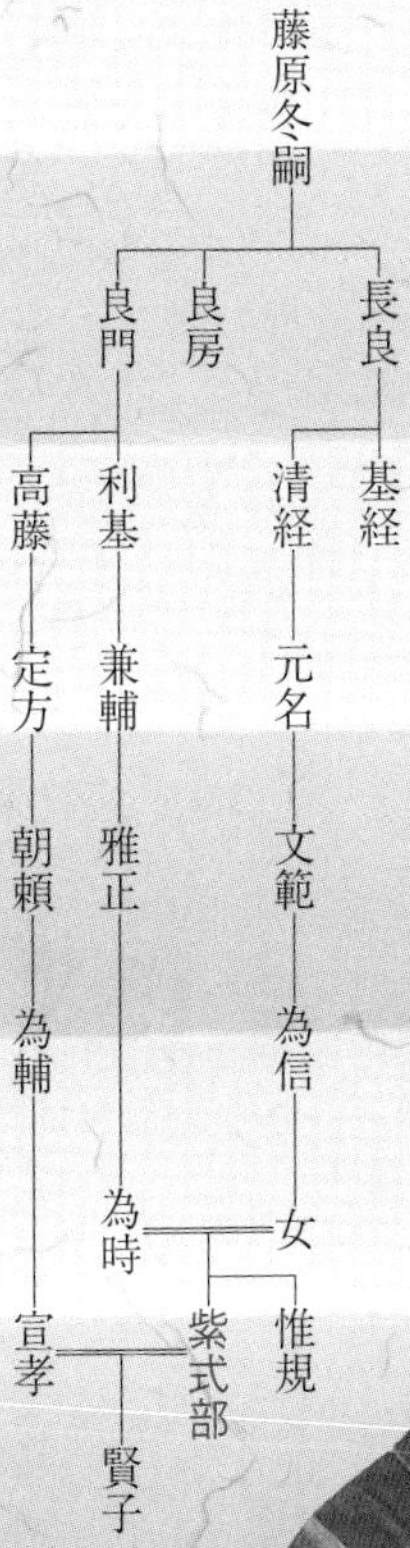

紫式部◆藤原彰子から物語の制作を命じられた紫式部が石山寺に参籠し、湖水に映る月を眺めて『源氏物語』の構想を得る場面　石山寺縁起絵巻　大津市・石山寺蔵

源氏物語図扇面◆第十帖「賢木」を描く。『源氏物語』は多くの絵画作品の題材として取り上げられた　東京国立博物館蔵　出典：ColBase　https://colbase.nich.go.jp/collection_items/tnm/A-52-2?locale=ja

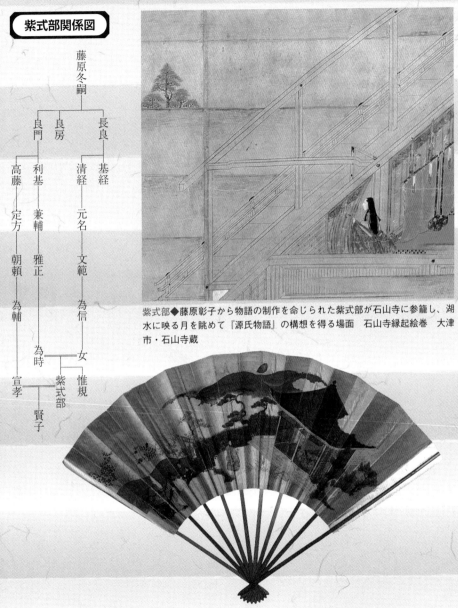

4 賢子《けんし》——白河天皇最愛の中宮となった摂関家の養女

応徳《おうとく》三年（一〇八六）、白河《しらかわ》天皇が譲位し、堀河《ほりかわ》天皇が即位したことで、藤原師実《もろざね》は祖父道長《みちなが》が後一条《ごいちじょう》天皇の外祖父《がいそふ》となって以来、約七〇年ぶりに天皇外祖父として摂関になった。この堀河の生母が賢子《けんし》である。

だが、賢子は師実の実子ではなく、藤原氏の出身でさえなかった。彼女の父は村上《むらかみ》源氏の顕房《あきふさ》で、彼女はもともと源氏だったのである。しかし、実は村上源氏は、道長の一族である御堂《みどう》流とは深い関係にあった。

村上源氏の初代・師房《もろふさ》は、頼通《よりみち》の妻隆姫女王《たかひめじょおう》の弟で、隆姫との間に子がなかった頼通は、彼を養子に迎えていた。そのため、彼は頼通に実子通房《みちふさ》が誕生するまで、その後継者として扱われ、子孫たちも同族と認識されたのである。そして、頼通の跡を継いだ師実も、師房の娘である麗子《れいし》を正妻とした。賢子は麗子の兄顕房の娘であり、この関係を通して師実の養女とされたものと考えられる。

彼女は延久《えんきゅう》三年（一〇七一）三月、後三条《ごさんじょう》天皇の皇太子であった貞仁親王《さだひとしんのう》の妃《きさき》となり、翌年、貞仁が即位して白河天皇となると、立后《りっこう》して中宮《ちゅうぐう》となった。賢子は白河から非常に寵愛されたようで、承保《じょうほう》元年（一〇七四）には第一皇子敦文《あつふみ》を出産した。この敦文は承暦《じょうりゃく》元年（一〇七七）、四歳で夭折《ようせつ》したが、承暦三年、再び懐妊した賢子は第二皇子善仁《たるひと》を出産した。この善仁が即位して堀河天皇となるのである。

しかし、賢子は我が子の即位を見ず、応徳元年四月、にわかに重病となり、七日ほどで亡くなってしまう。二八歳の若さであった。白河天皇は彼女の病が重くなってからも、彼女が内裏《だいり》から出るのを許さず、賢子は内裏で死去したという。また、白河は彼女が死んだ後も、その死体を抱き、その場から離れようとしなかったと伝えられている（『古事談《こじだん》』）。この当時、天皇は死の穢《けが》れを忌み、死骸を遠ざけるのが通例だったのに、白河はそうしたタブーをあえて破ったのである。

しかも、『扶桑略記《ふそうりゃっき》』によれば、白河は賢子の死から数日、悲歎の余り食事も摂《と》れなくなり、一時は悶絶《もんぜつ》して「天下騒動」になったという。こうした事実は、いかに賢子が白河から愛されていたかを語って余りあるだろう。

　こうした賢子への執着は、その後の白河の行動の原動力になったに違いない。このとき、白河は異母弟実《さね》仁《ひと》を皇太子に立てており、彼は実仁への中継ぎにすぎなかった。ところが、賢子死去の翌年、実仁が急死すると、実仁同母弟の輔仁《すけひと》が次の皇太子の有力候補と見られていたにもかかわらず、白河は強引に善仁を皇太子とし、即日彼に皇位を譲ってしまう。賢子への強い愛は、やがて彼女の忘れ形見である善仁に皇位継承させようという意志へと変わり、やがて院政《いんせい》という新たな政治形態を生み出していったのである。（樋口）

【参考文献】
坂本賞三「村上源氏の性格」（古代學協會編『後期摂関時代史の研究』吉川弘文館、一九九〇年）

白河法皇画像◆国立国会図書館蔵

藤原賢子関係系図

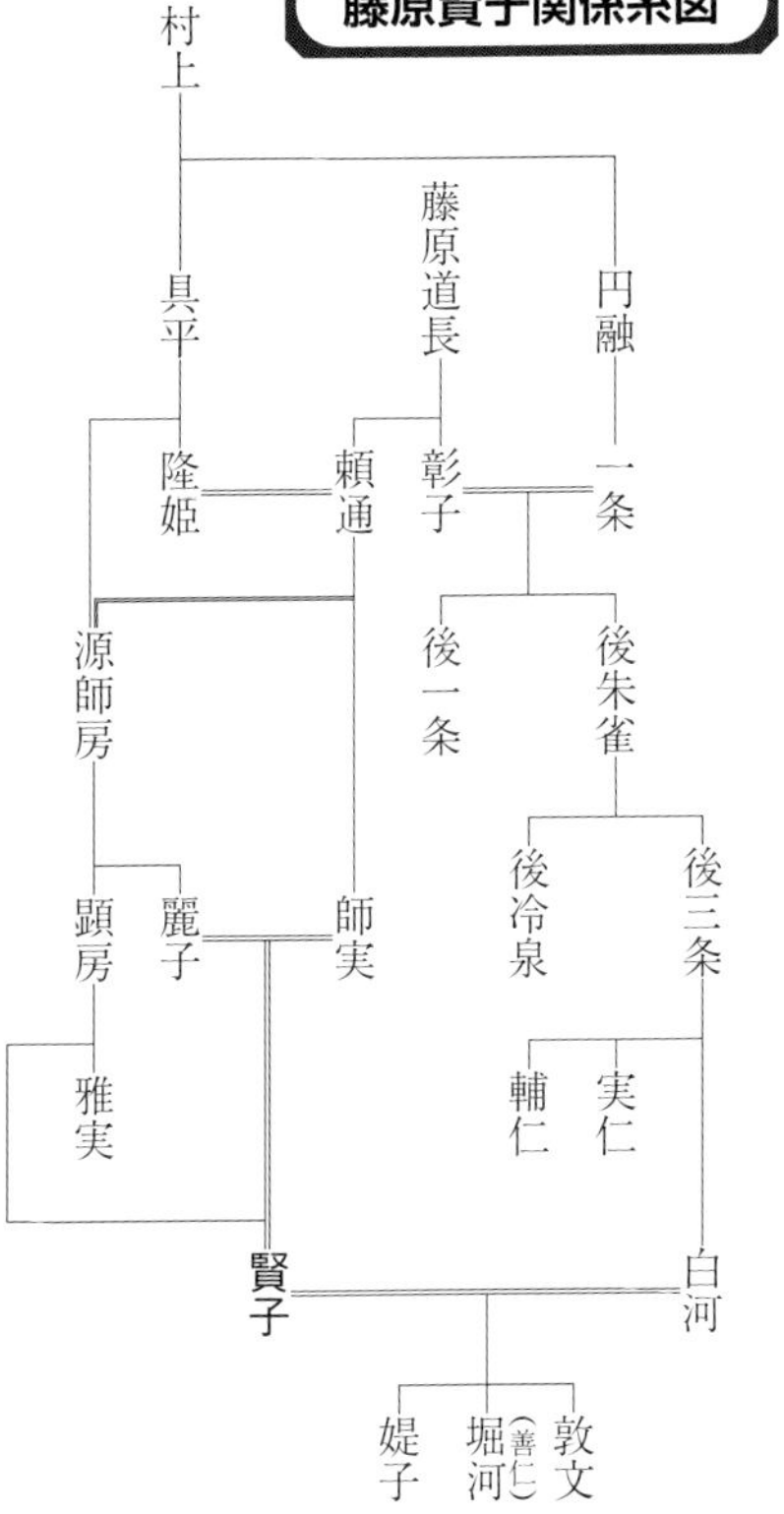

5 璋子《しょうし》と得子《とくし》——鳥羽院の寵愛をめぐるバトル

摂関政治の時代には、天皇の后妃《こうひ》は、実質的に外戚《がいせき》である摂関によって選定されたが、院政が開始されると、后妃の選定権は上皇（治天《ちてん》の君《きみ》）によって掌握されるようになった。嘉承《かしょう》二年（一一〇七）、五歳の若さで即位した鳥羽《とば》天皇の場合、当初、后妃には摂政《せっしょう》藤原忠実《ただざね》の娘である勲子《くんし》が立てられる予定であったと考えられている。しかし、永久《えいきゅう》元年（一一一三）に天皇が元服すると、祖父である白河法皇《しらかわほうおう》は、勲子ではなく、閑院《かんいん》流・藤原公実《きんざね》の娘を入内《じゅだい》・立后《りっこう》させ中宮《ちゅうぐう》とした。これが璋子《しょうし》である。

白河法皇の母である藤原茂子《もし》は、藤原頼通《よりみち》の異母弟能信《よしのぶ》の娘として後三条《ごさんじょう》天皇（結婚当時は皇太子）の后妃となったが、その実父は閑院流の藤原公成《きんしげ》であった。璋子の父である公実は茂子の兄実季《さねすえ》の子なので、公実と白河は従兄弟《いとこ》関係にあった。そのため、公実が嘉承二年に没すると、七歳であった璋子は白河によって養女として引き取られ、白河の手もとで育てられていた。

当初、法皇は璋子を摂政忠実の嫡男忠通《ただみち》と結婚させるつもりであったらしい。法皇は鳥羽の后妃に忠実の娘を迎えるとともに、養女を忠通の妻として、摂関家（御堂《みどう》流）との関係を強化しようとしたのである。ところが、彼女には備後守《びんごのかみ》藤原季通《すえみち》との交際も噂されており、これを知った忠実が息子との結婚に難色を示したことから、璋子と忠通との結婚は破談となった。するとその直後、院は一転して璋子の入内に動きはじめた。こうして永久《えいきゅう》六年（一一一八）、璋子は入内・立后し中宮となったのである。

中宮となった璋子は鳥羽天皇の寵愛を受け、元永《げんえい》二年（一一一九）五月には第一皇子顕仁《あきひと》を出産した。そして、その後も、通仁《みちひと》・君仁《きみひと》・雅仁《まさひと》・本仁《もとひと》の四皇子と禧子《きし》・恂子《じゅんし》（統子《とうし》）の二皇女に恵まれた。また、白河法皇も養父として、入内後も彼女を非常に大切にした。璋子は頻繁に内裏から法皇の御所に入って法皇と過ごし、保安《ほうあん》四年（一一二三）、顕仁が即位して崇徳《すとく》天皇になると、璋子は白河・鳥羽の両上皇と三条西《さんじょうにし》殿《どの》に同居したのである。璋子が天治《てんじ》元年（一一二四）一二月、女院号《にょいんごう》を宣下《せんげ》されて待賢門院《たいけんもんいん》になると、三院は頻繁にそろって御幸《ごこう》しており、璋子は白河と鳥羽を結ぶ役割も果たした。

しかし、大治《だいじ》四年（一一二九）七月、白河法皇が没すると、璋子は大きな後ろ盾を失い、次第に鳥羽上皇の寵愛も失っていった。藤原忠実は璋子入内の後も、娘勲子の入内を画策し、それが露顕したことで白河法皇の怒りを買って保安元年、失脚した。だが、白河が没すると、天承《てんしょう》元年（一一三一）、忠実は上皇の御所に参入して復権を果たし、長承《ちょうしょう》二年（一一三三）、娘勲子（泰子《たいし》）は上皇と結婚して翌年には皇后となった。

ただ、すでにこのとき三九歳であった勲子と鳥羽との結婚は多分に形式的なものであったのだが、実はこの頃、鳥羽上皇には璋子・勲子とは別に寵愛する女性が出現していた。それが、善勝寺《ぜんしょうじ》流・藤原長実《ながざね》の娘得子《とくし》である。彼女は長承二年に父長実を失ったが、鳥

美福門院画像◆没後は高野山陵に葬られた。鳥羽院の所領の多くを娘八条院に伝領し、その所領は以後、天皇家の経済を支える重要なものとなった　東京大学史料編纂所蔵模写

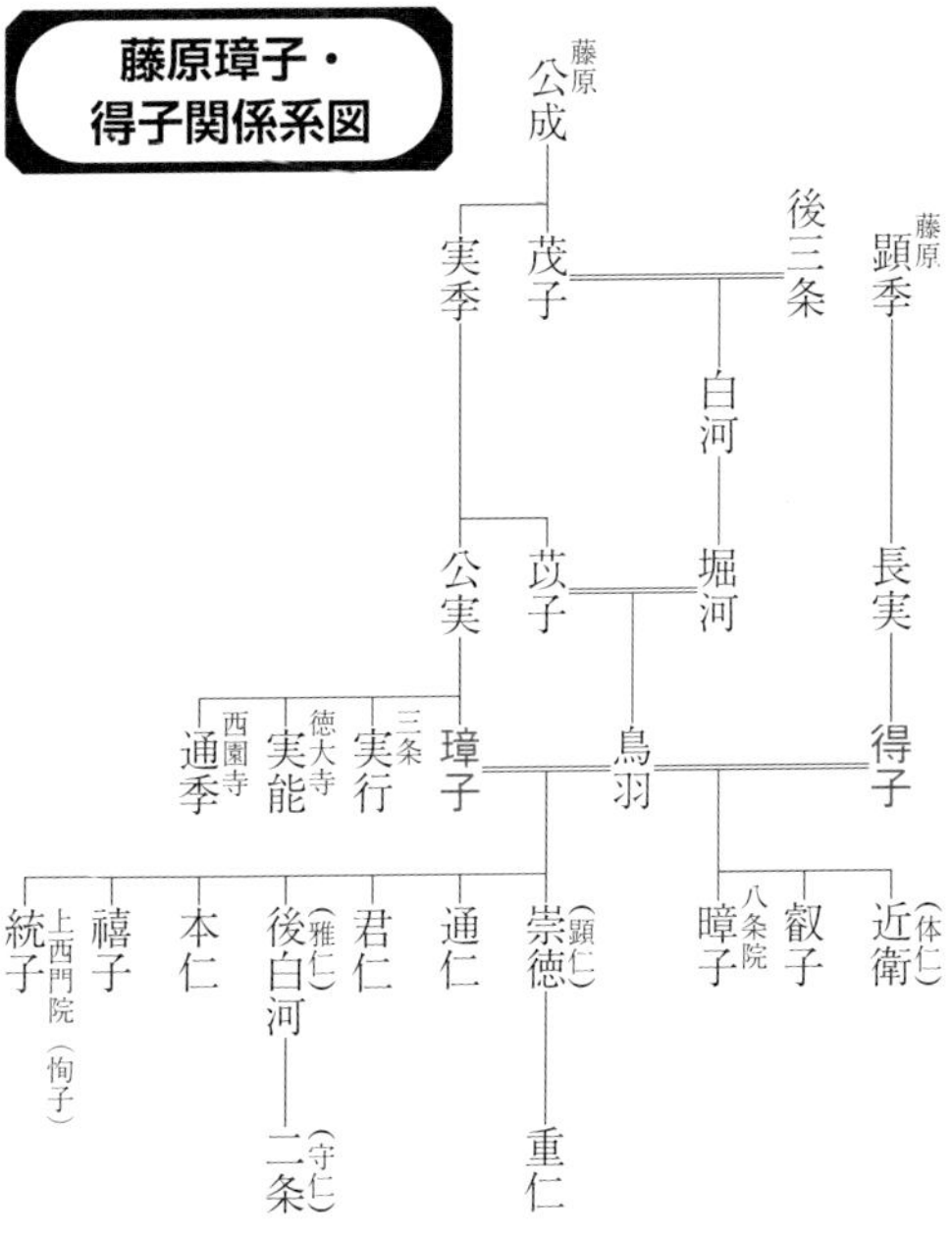

羽は彼女を気にかけて召し、愛妾《あいしょう》としたのである。すると、彼女は保延《ほうえん》元年（一一三五）には皇女叡子《えいし》、同三年には暲子《しょうし》を出産した。そして保延五年には皇子体仁《なりひと》を出産して正式に女御《にょうご》になった。鳥羽上皇は得子が父長実から相続した八条殿《はちじょうどの》を御所として得子と同居するようになり、これにともなって璋子は二《に》条万里小路殿《じょうまでのこうじどの》や三条高倉殿《さんじょうたかくらどの》を御所として、上皇とは別居するようになっていった。

そして永治《えいじ》元年（一一四一）一二月、崇徳天皇が退位して体仁親王が即位、近衛《このえ》天皇となると、得子と璋子の地位は完全に入れ替わることになる。璋子にかわって得子が天皇の母后となり、皇后の地位を得たのである。こうしたなかで、璋子に仕える者には、得子を恨んで過激な行動に出る者もあらわれた。永治元年冬には、璋子の乳母子《めのとご》であった法金剛院上座信朝《ほうこんごういんじょうざしんちょう》が呪詛を行ったとして逮捕された。また、翌年正月には、彼女の院司《いんし》（判官代《ほうがんだい》）であった源盛行《みなもとのもりゆき》と妻が得子を呪詛《じゅそ》したとして逮捕され、配流《はいる》に処された。こうした事件は璋子の立場を悪化させ、康治《こうじ》元年（一一四二）、彼女は出家に追い込まれた。そして、三年後の久安《きゅうあん》元年（一一四五）、彼女は四五歳で亡くなった。

一方、璋子が没すると、得子は唯一の鳥羽法皇の正妻として栄華を極めた。久安五年、女院号を宣下されて美福門院《びふくもんいん》となった得子は、崇徳上皇の皇子重仁《しげひと》親王や、崇徳と同じく璋子の子である雅仁親王の皇子守仁王を自分の手もとに置いて養育した。彼女はこうして将来の皇位継承者を自分の影響下に置いたのである。

また、久安六年に近衛天皇が元服《げんぷく》すると、やはり彼女が養女として育てた藤原呈子《ていし》（伊通《これみち》の娘）を中宮に立てて、後宮《こうきゅう》も支配しようとした。近衛天皇は病弱で、久寿《きゅうじゅ》二年（一一五五）に一七歳で没したが、その直後、彼女は関白藤原忠通《ただみち》と結んで雅仁親王（後白河《ごしらかわ》天皇）の即位に動き、自分が養育した守仁の即位につなげた。彼女は保元《ほうげん》元年（一一五六）、鳥羽法皇が没した後は、事実上の家長として天皇家を支配下に置き、保元三年には守仁（二条《にじょう》天皇）の即位を実現させるなど、皇位継承まで牛耳ったのである。

（樋口）

【参考文献】
角田文衞『待賢門院璋子の生涯―椒庭秘抄―』（朝日新聞社、一九八五年）
栗山圭子「中世王家の存在形態と院政」（『中世王家の成立と院政』吉川弘文館、二〇一二年）

第七章　公家藤原氏の発展

二条良基画像◆二条道平の子。何度も摂関をつとめ、「菟玖波集」「応安新式」等の多数の著作を遺すなど、南北朝時代を代表する政治家・文化人として著名。足利義満を朝廷社会に引き込んだことでも知られている　同志社大学歴史資料館蔵

1 近衛家《このえけ》――五摂家筆頭、天皇に次ぐ公家最高峰の一族

平安時代の末から鎌倉時代にかけ、摂関家《せっかん》は五家に分裂した（五摂家《ごせっけ》）。このうち、藤原忠通《ただみち》の長男基実《もとざね》の直系で、五摂家筆頭とされたのが近衛《このえ》家である。

ただ、五摂家筆頭の地位は最初から明確だったわけではない。基実は仁安《にんあん》元年（一一六六）、二四歳の若さで急死し、摂関の地位は弟の松殿基房《まつどのもとふさ》に継承された。基実の遺児である基通《もとみち》は、基実の妻であった平盛子《たいらのもりこ》（白川殿《しらかわどの》）の父清盛《きよもり》を後ろ盾として将来の後継者と目されたが、基房は子孫への摂関継承を図って基通や清盛と対立したのである。

治承《じしょう》三年（一一七九）、清盛が後白河法皇《ごしらかわほうおう》を幽閉し、法皇と結んだ基房を失脚させると、基通は清盛によって関白として擁立された。だが翌年、以仁王《もちひとおう》の乱が起こり、内乱が全国に広がると、平氏政権は動揺し、基通の立場も揺らいでいった。こうしたなかで、基房が息を吹き返すとともに、その弟である九条兼実《くじょうかねざね》も台頭し、彼らは摂関の地位をめぐって、基通と激しく対立したのである。

文治《ぶんじ》元年（一一八五）、平氏一門が滅亡すると、それに代わる朝廷の武力的支柱となった源頼朝《みなもとのよりとも》は、平氏と結んだ基通を排除し、新たな摂政《せっしょう》に兼実を推挙した。文治二年、兼実は摂政になると、基通の所有していた摂関家歴代の財産についても、自分への引き渡しを要求した。ところが、後白河法皇の寵愛を得た基通は、法皇を後ろ盾として要請に応じず、頼朝も上洛せずに鎌倉《かまくら》にとどまっていたため、これには手出しができなかった。ここに結局、これらは近衛家の財産として確定する。基通は失脚したものの、これによってかえって近衛家の摂関家としての地位は確定したのである。なお、近衛家の名称は、基通の邸宅近衛室町《このえむろまち》殿《どの》に由来する。

その後も、基通は兼実の九条家との激しい対立を続けた。しかし、後白河の跡を継いだ後鳥羽上皇《ごとばじょうこう》は、九条家を重用したため、後鳥羽院政期になると、九条

平家都落ち◆摂政近衛基通は当初、平氏都落ちの行列に加わっていたが、途中で車の向きを変えて都に戻った。画面に見える武士の一団に続いて、基通の乗った車が描かれている　「春日権現験記絵」　宮内庁三の丸尚蔵館蔵

家も近衛家と並ぶ摂関家として確定し、摂関を交互に輩出するようになっていった。また、承久《じょうきゅう》の乱後には、兼実の孫である道家《みちいえ》が三男頼経《よりつね》を鎌倉幕府の将軍として、幕府との関係をもとに朝廷の主導権を握り、圧倒的な存在となっていった。こうしたなかで、近衛家も、基通の孫である兼経《かねつね》が、道家の娘仁子《じんし》と結婚して道家と結び、道家の婿《むこ》として摂政の地位を譲られるなど、九条家の権力のなかに取り込まれていった。

寛元《かんげん》四年（一二四六）、道家が鎌倉幕府によって幕政への介入を警戒されて失脚すると、九条家はしばらく没落し、ふたたび近衛家が台頭する。しかし、兼経のあと、基平《もとひら》・家基《いえもと》の二代はともに若くして亡くなったため、兼経の弟で、養子となった兼平《かねひら》の存在感が高まった。兼平は兄兼経から、幼かった基平への中継ぎとして関白の地位を譲られたが、彼は上皇や天皇、幕府からの信頼も篤く、長期にわたり摂関をつとめたので、兼平の子孫は、近衛家とは別に摂関家として独立していった。これが鷹司《たかつかさ》家である。

鎌倉末期には、近衛家は二つの系統に分裂した。家基は大叔父である兼平の娘を妻に迎え、その間に家平《いえひら》をもうけたが、その後、亀山《かめやま》上皇の皇女を妻として、

近衛家略系図

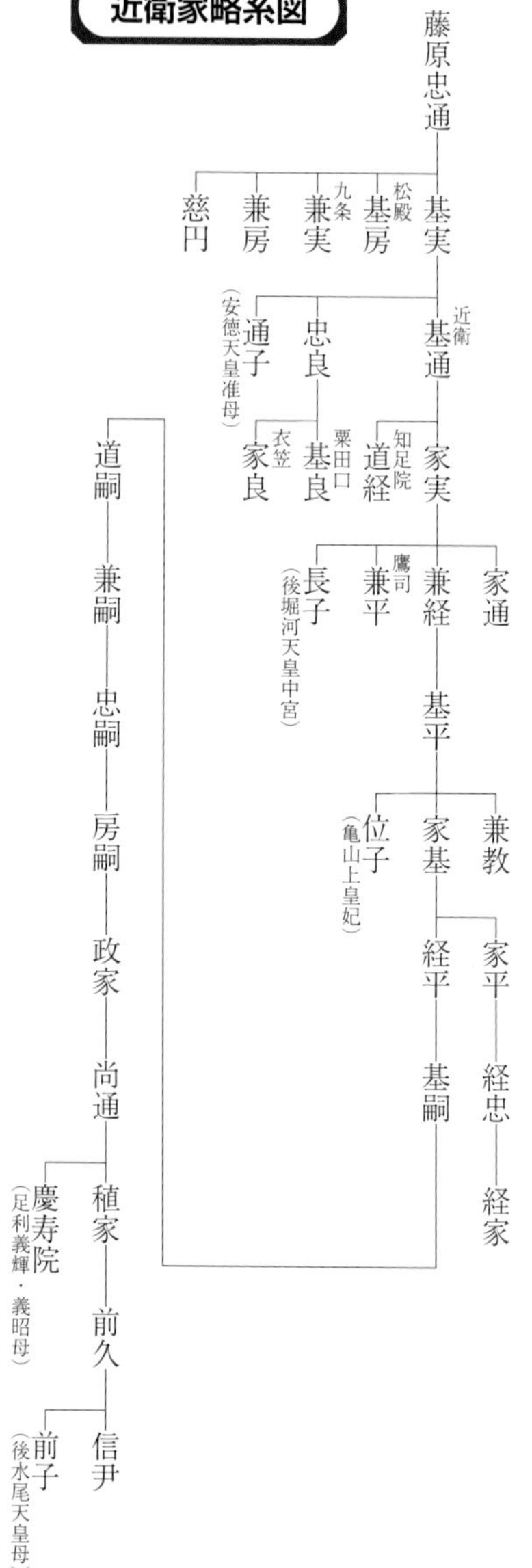

その間に経平《つねひら》が生まれた。両者はともに摂関家の跡継ぎとして昇進し、家督をめぐって対立したのである。この争いは南北朝《なんぼくちょう》の争乱とも結びつき、家平の子経《つね》忠《ただ》は南朝に、経平の子基嗣《もとつぐ》は北朝に属して争った。北朝優勢のなか、南朝に仕えた経忠は、下野の小山《おやま》一族など、藤原氏末裔の勢力を糾合しようとし、それによる復権を図ったが（藤氏一揆《とうしいっき》）、失敗して没落した。

室町時代になると、基嗣の子道嗣《みちつぐ》は、室町《むろまち》幕府の将軍足利義満《あしかがよしみつ》と親密な関係を築いて財産を増やしたが、その子兼嗣《かねつぐ》が二九歳で没するなど、この時期も相続は不安定であった。また、この時代、摂関在任期間は、五摂家のなかでも格差が付けられていた。二条《にじょう》家は良基《よしもと》の後、代々の将軍に儀式作法を指導し、その信頼を獲得したため、五年以上の長期間にわたって摂関に在任したり、再任したりすることが認められていた。しかし、近衛家の場合、摂関在任期間は長くても二年程度で、再任は許されなかったのである。

だが、応仁《おうにん》の乱後、二条家が衰退すると、近衛家は次第に巻き返す。文明《ぶんめい》一一年（一四七九）、関白になった政家《まさいえ》は将軍足利義政《よしまさ》をはじめとする有力武家と親密な関係を築き、その嫡男尚通《ひさみち》は永正《えいしょう》一〇年（一五一三）、関白への再任を果たした。また、大永《たいえい》五年（一五二五）、関白となった稙家《たねいえ》は、妹や娘を将軍足利義晴《よしはる》・義輝《よしてる》の妻として幕政にも関与した。稙家の跡を継いだ前久《さきひさ》（前嗣《さきつぐ》）も、義輝の意を受けて関東に下向し、越後《えちご》の長尾景虎《ながおかげとら》（上杉謙信《うえすぎけんしん》）に上洛を促すなど、戦乱で荒廃した朝廷・幕府の再興に努めている。織田《おだ》信長《のぶなが》の上洛後も、前久は、信長が擁立した将軍足利義《よし》昭《あき》と対立して京都を出奔し、諸国を流浪するなど、数奇な人生を送った。彼は公家の伝統にもこだわらず柔軟で、羽柴秀吉《はしばひでよし》（のち豊臣《とよとみ》秀吉）が政権をとると、天正一三年（一五八五）秀吉を猶子《ゆうし》（養子）に迎え、彼を関白《かんぱく》に就任させたのである。

「上杉本洛中洛外図屛風」に描かれた近衛殿◆美しい糸桜があったことで知られ、桜見物の記事が多数見られる。「桜御所」とも呼ばれた。烏丸小路西、近衛大路北に所在した　米沢市上杉博物館蔵

しかし、前久の跡を継いだ信尹《のぶただ》（信輔《のぶすけ》）は、天正一九年、秀吉が甥の秀次《ひでつぐ》に関白を譲ったことに不満を抱き、文禄《ぶんろく》元年（一五九二）には、ついに秀吉の怒りを買って薩摩坊津《さつまぼうのつ》（鹿児島県南さつま市）に流されてしまう。その後、帰京を許され、秀吉没後の慶長《けいちょう》九年（一六〇四）、ようやく関白に任じられたが、信尹に実子はいなかった。信尹の後、近衛家の家督は、後《ご》陽成《ようぜい》天皇皇子で信尹の妹を母とする信尋《のぶひろ》によって相続されたのである。

（樋口）

【参考文献】
谷口研語『流浪の戦国貴族　近衛前久―天下統一に翻弄された生涯―』（中央公論社、一九九四年）
石原比伊呂「近衛政家の台頭」（『聖心女子大学論集』一三二号、二〇一八年）
樋口健太郎『摂関家の中世―藤原道長から豊臣秀吉まで―』（吉川弘文館、二〇二一年）

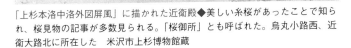

2 九条家《くじょうけ》——天皇外戚となり、将軍を生み出した家系

九条《くじょう》家は五摂家《ごせっけ》の一つで、文治《ぶんじ》二年（一一八六）、後鳥羽《ごとば》天皇の摂政《せっしょう》となった九条兼実《かねざね》を始祖とする。兼実は藤原忠通《ただみち》の三男で、本来摂関家の後継者から離れた位置にいた。だが、平氏政権から鎌倉《かまくら》幕府成立に至る政治的混乱のなか、次第にその存在を浮上させ、平氏滅亡後、源 頼朝《みなもとのよりとも》を後ろ盾として摂政就任を果たしたのである。九条の家名は、兼実の邸宅である九《く》条 富小路殿《じょうとみのこうじどの》に由来する。

兼実の跡を継いだ良経《よしつね》は若くして没したが、その子道家《みちいえ》は、頼朝の姪《めい》を母としており、鎌倉幕府との関係をもって勢力を伸張していった。彼は承久《じょうきゅう》の乱のときに摂政であったため、乱の後、責任を問われて摂政を罷免された。

だが、乱の直前、三代将軍源実朝《さねとも》が暗殺されると、道家の三男頼経《よりつね》がその後継者として鎌倉に下っていた。頼経が嘉禄《かろく》二年（一二二六）、四代将軍に就任すると、安貞《あんてい》二年（一二二八）、道家は関白に任じられ、復活をとげる。しかも、貞永《じょうえい》元年（一二三二）には、道家の娘竴子《しゅんし》が生んだ四条《しじょう》天皇が即位しており、道家は将軍の父、天皇の外祖父《がいそふ》として絶大な権勢を振るったのである。

しかし、仁治《にんじ》三年（一二四二）、四条天皇が急死すると、道家の権力にも陰りが見えはじめる。四条の死後、道家は順徳《じゅんとく》天皇の皇子である忠成王《ただなりおう》を即位させようと企てたが、順徳は承久の乱で挙兵に積極的であったため、幕府の反対によって断念に追い込まれた。かわって土御門《つちみかど》天皇の皇子である後嵯峨《ごさが》天皇が即位したが、道家は天皇の外祖父という地位を失うとともに、幕府の道家に対する目も厳しいものとなっていったのである。

しかもこの頃、鎌倉でも執権北条《しっけんほうじょう》氏に反発する武士たちが将軍頼経のもとに集まり、道家も北条氏から警戒されるようになっていった。こうしたなか、寛元《かんげん》四年（一二四六）、執権となった北条時頼《ときより》は、頼経を

中殿御会図（模本）◆画面右上で琵琶を持つ順徳天皇に向かい合う右端の人物が九条道家　東京国立博物館蔵
出典：ColBase　https://colbase.nich.go.jp/collection_items/tnm/A-1606?locale=ja

京都に送還することで、将軍派の一掃を図った。このとき、道家も謀反を疑われて権力の座から転落したのである。

この後、さらに建長《けんちょう》三年（一二五一）、鎌倉で謀反事件が発覚し、頼経の子で五代将軍の頼嗣《よりつぐ》が京都に送還されると、道家の孫忠家《ただいえ》も後嵯峨上皇から勅勘《ちょっかん》に

九条兼実画像◆日記『玉葉』は院政期末期から鎌倉初期を知るうえで重要史料。『愚管抄』で知られる慈円は同母弟　東京大学史料編纂所蔵模写

処され、官位昇進は停滞して、摂関家の家格から転落しかけた。忠家はようやく文永《ぶんえい》一〇年（一二七三）、関白に就任したが、道家の後継者の地位をめぐり、道家三男実経《さねつね》の一条《いちじょう》家と対立が続いた。

忠家の子忠教《ただのり》は正応《しょうおう》四年（一二九一）、関白となり、正慶《しょうきょう》元年（一三三二）、八四歳で没するまで家長として九条家を統率した。だがこの間、子息の師教《もろのり》・房《ふさ》実《ざね》は関白になったものの、ともに父忠教より早く死去し、跡を継いだ孫の道教《みちのり》も三三歳で没したため、九条家は鎌倉末から南北朝期にかけて長く停滞を余儀なくされた。

しかも、このような状況は室町期に入っても続いた。道教は子がなかったため、二条《にじょう》家から養子として経教《つねのり》を迎えた。経教は応永《おうえい》七年（一四〇〇）、七〇歳で没したが、その子息である忠基《ただもと》・教嗣《のりつぐ》は経教より先に相次いで死去し、しかも教嗣の後、後継者となった弟の満家《みついえ》（満教《みつのり》）は教嗣が没したとき、わずか七歳で、家督相続は綱渡りのような状態であった。満家の後も、嫡男加々丸《かかまる》は病弱のため、元服すらできずに出家しており、文安《ぶんあん》六年（一四四九）、満家が没すると、加々丸の子である政忠《まさただ》（成家《なりいえ》）と、満家の晩年に生まれた実子政基《まさもと》の間で家督争いが起こっている。

この家督争いを制し、文明《ぶんめい》八年（一四七六）、関白となった政基は、応仁の乱で荒廃した家領《けりょう》荘園の再建を進めたが、明応《めいおう》五年（一四九六）、代々九条家に仕えた唐橋在数《からはしありかず》と対立して彼を殺害したため、後土御《ごつちみ》門《かど》天皇の勅勘をこうむった。朝廷への出仕を止められた政基は、家領である和泉国《いずみのくに》日根庄《ひねのしょう》（大阪府泉佐野市）に下向し、直接荘園の経営を行った。そのときの記録である『政基公旅引付《まさもとこうたびひきつけ》』は中世の荘園や村の実相を記した記録として貴重である。

また、政基は末子澄之《すみゆき》を幕府の実権者である細川政《ほそかわまさ》元《もと》の養子として、幕政を主導する細川氏との連携を図った。澄之は永正《えいしょう》四年（一五〇七）、細川氏の家督相続をめぐる内紛に巻き込まれて殺害されたが、政基の後、九条家と武家との関係強化はいっそう進められた。政基の孫である稙通《たねみち》は、戦国時代になり、ますます荒廃する家領の再建を図って、摂関家当主でありながら、中国・九州地方などを流浪し、尼子《あまご》氏や三好《みよし》氏などの武家勢力とも連携したのである。しかし、稙通に実子はおらず、二条晴良《はれよし》の子兼孝《かねたか》が家督を相続した。天正《てんしょう》一三年（一五八五）、羽柴秀吉《はしばひでよし》（のち豊臣《とよとみ》秀吉）

が関白に任じられて以降、摂関家は秀吉に関白職を奪われた。だが、兼孝は慶長《けいちょう》五年（一六〇〇）、豊臣秀《ひで》次《つぐ》の後、空席になっていた関白に任じられ、関白職を豊臣氏から摂関家に奪い戻している。（樋口）

【参考文献】
三田武繁「摂関家九条家の確立」（『鎌倉幕府体制成立史の研究』吉川弘文館、二〇〇七年）
樋口健太郎『九条兼実―貴族が見た『平家物語』と内乱の時代―』（戎光祥出版、二〇一八年）
樋口健太郎『摂関家の中世―藤原道長から豊臣秀吉まで―』（吉川弘文館、二〇二一年）

九条家略系図

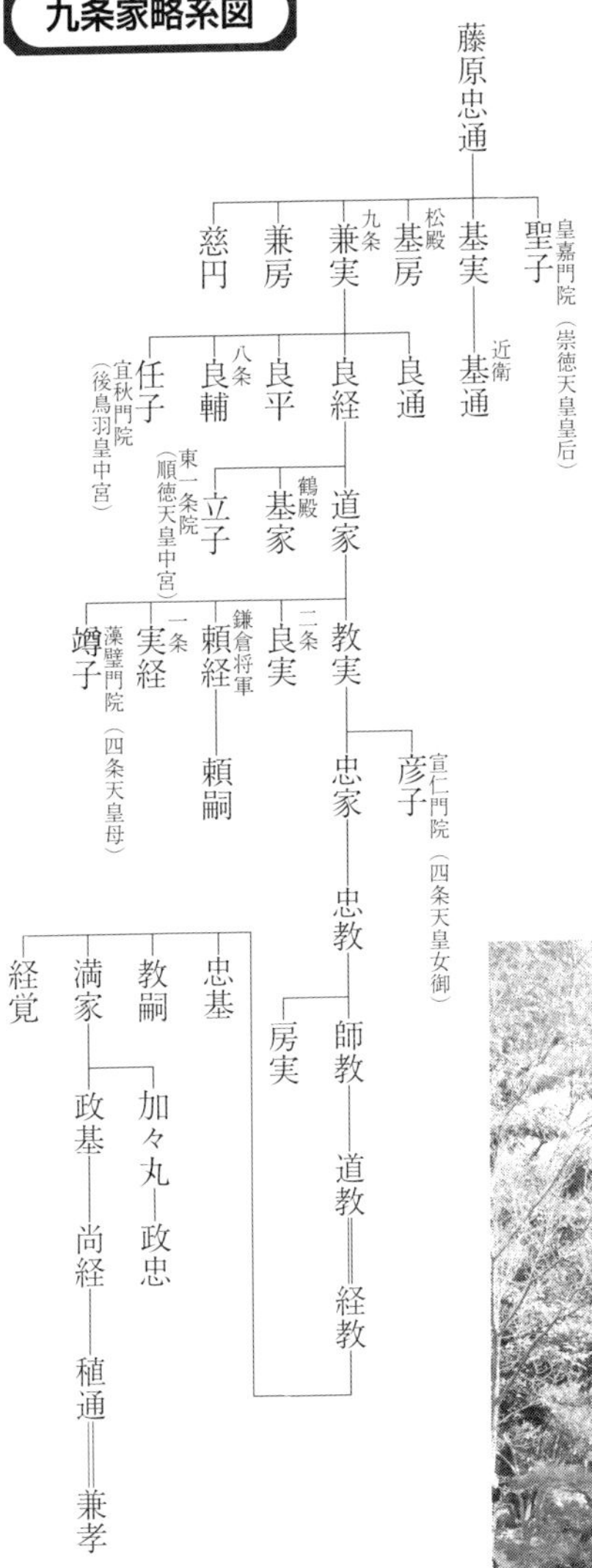

慈眼院多宝塔◆日根神社の旧神宮寺。日根庄預所であった源盛長一族の菩提寺無辺光院の後身とも考えられている。多宝塔は鎌倉時代後期の建立で、石山寺・高野山金剛三昧院の多宝塔に次いで古い　大阪府泉佐野市　撮影：筆者

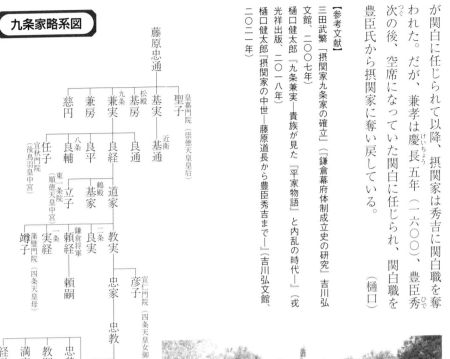

3 二条家《にじょうけ》――朝廷を牛耳った将軍家の師範

二条《にじょう》家は五摂家《ごせっけ》の一つで、仁治《にんじ》三年（一二四二）、後嵯峨《ごさが》天皇の関白となった二条良実《よしざね》を始祖とする。良実は九条道家《くじょうみちいえ》の二男であるが、兄の教実《のりざね》と並んで摂関家嫡男の昇進ルートで昇進し、嘉禎《かてい》元年（一二三五）、教実が摂政《せっしょう》在職中に急死すると、教実の子息である忠家《ただいえ》への中継ぎとして、家職である関白《かんぱく》に任じられたのである。

だが、実は父道家は良実について、あまり可愛がっていなかった。道家は良実について「棄て置くの童《わらわ》」であったが、良実の母綸子《りんし》の父である西園寺公経《さいおんじきんつね》が強く元服を勧めたので、元服させたのだと語っている（『明月記《めいげつき》』嘉禄《かろく》二年〈一二二六〉一二月一日条）。一方、道家に寵愛されたのが、良実より七歳年下の四男実経《さねつね》で、寛元《かんげん》四年（一二四六）正月、道家は良実を関白の地位から引きずり下ろし、実経に交代させた。以前から道家・実経と良実の不仲は顕然《けんぜん》たるものであったが、この関白交代劇によって、決裂は決定的となった。

そして、関白の地位を失った良実は反撃に出る。この頃、鎌倉幕府は、道家の三男頼経《よりつね》を征夷大将軍《せいいたいしょうぐん》に迎えており、道家は幕府との親密な関係をもって、朝廷のなかでも強い発言権をもっていた。ところが幕府内では、道家が頼経を通して、配下の御家人《ごけにん》たちに影響力を強めていくことに対して、警戒する空気がしだいに広がっていた。こうしたなか、良実は道家が頼経と共謀して謀反を企んでいると密告したのである。

これを受け、執権北条時頼《しっけんほうじょうときより》は寛元四年七月、頼経を京都に送還し、翌年正月には関白実経も幕府の要請によって解任された。良実の背反を知った道家は、彼を義絶《ぎぜつ》し、彼に譲った荘園をすべて没収した。しかし、良実は時頼ら幕府首脳との良好な関係を保持し、失脚した道家・実経を尻目に、弘長《こうちょう》元年（一二六一）には関白に再任された。こうして彼は九条家から独立し、幕府と結ぶことで、摂関二条家を確立させたのである。

ただ、摂関家は摂政・関白を世襲して天皇を補佐・

「上杉本洛中洛外図屏風」に描かれた二条殿◆池の美しさで知られる。押小路烏丸に所在　米沢市上杉博物館蔵

後見する一族であり、摂政・関白の職務をこなすためには、代々の日記や文書《もんじょ》、口伝《くでん》といったものが必要であった。これらを伝えるからこそ、摂関家は摂政・関白の世襲が可能だったのである。だが、二条家は良実が父道家から義絶されたこともあり、日記や文書、口伝を継承できていなかったようで、正統性の面で不安定な立場に置かれていた。

　しかし、良実の三男で、その跡を継いだ師忠《もろただ》は、弘《こう》安《あん》一〇年（一二八七）、関白になると、新たな即位儀礼を創出することで、自家の正統性をアピールし、その地位を確固たるものとしていった。その儀礼こそ、天皇が即位時、高御座《たかみくら》に登るときに、密教《みっきょう》の印《いん》を結んで真言《しんごん》を唱える即位灌頂《そくいかんじょう》である。これは新たな儀

二条家略系図

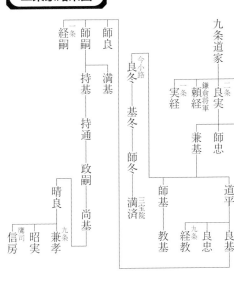

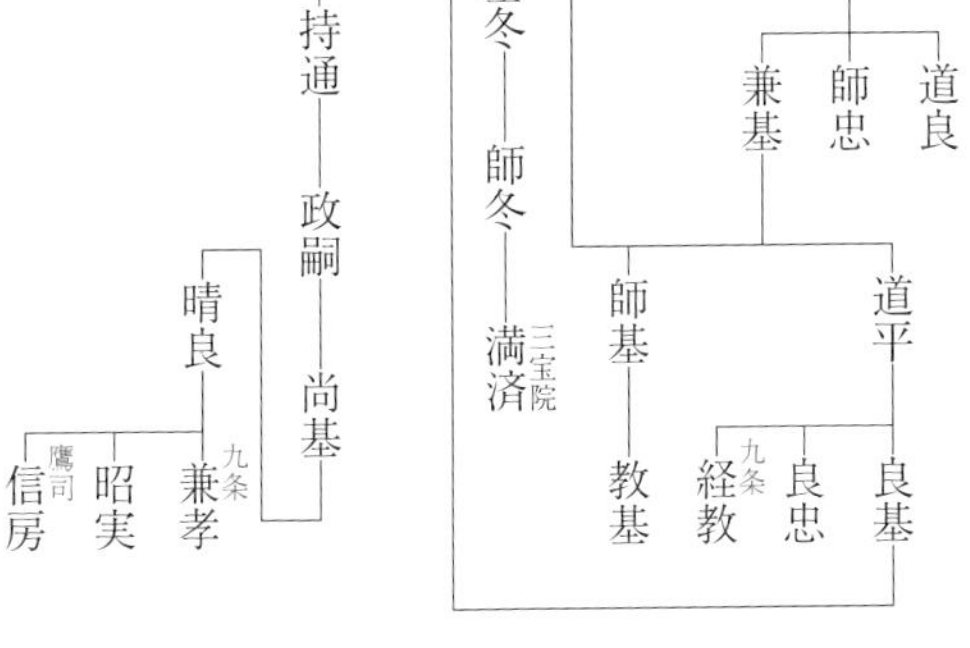

礼だったのだが、師忠は後三条《ごさんじょう》天皇の即位時にも行われていたと説き、二条家だけに作法が伝わっていると主張することで、自分の家の価値を高めていった。

　こうして即位灌頂によって独特な位置づけを確立した二条家は、幕府とともに天皇家の信頼も獲得した。とりわけ師忠の弟（兼基《かねもと》の子）である道平《みちひら》は、後《ご》醍醐《だいご》天皇の信頼を得て側近となり、後醍醐は道平に「おまえが出仕したことで、私は『禁裏様《きんりさま》』になった」と語ったという（『後光明照院関白記《ごこうみょうしょういんかんぱくき》』元亨《げんこう》四年〈一三二四〉正月七日条）。後醍醐のもと、道平は正和《しょうわ》五年（一三一六）・嘉暦《かりゃく》二年（一三二七）の二度関白に任じられたうえ、辞任後も内覧《ないらん》として、天皇の側に近侍した。後醍醐は鎌倉幕府を滅ぼし、建武新政《けんむしんせい》を開始すると、関白を廃止したが、道平は内覧として引き続き重用された。

　建武二年（一三三六）、足利尊氏《あしかがたかうじ》の挙兵によって建武政権が崩壊し、朝廷が南北両朝に分かれると、二条家も両朝に分かれて対立する。道平はこの直前に没し、跡を継いだ嫡男良基《よしもと》は北朝に属したが、道平の弟師基《もろもと》は南朝に仕えた。良基・師基はそれぞれ南北両朝で関白となり、文和《ぶんな》元年（正平《しょうへい》七、一三五二）、尊氏が弟直《ただ》義《よし》との戦闘を優先するため、南朝と和睦し、北朝が消滅した正平一統《いっとう》では、南朝によって良基が関白を解任され、師基と交替させられた。

　しかし、正平一統が破綻し、北朝が復活すると、良基は南朝によって廃位・拉致された崇光《すこう》天皇に代わる天皇として、後光厳《ごこうごん》天皇を擁立し、即位させるなど、北朝の中心人物として天皇を支えた。このあと彼は延《えん》文《ぶん》三年（一三五八）まで一一年にわたり関白をつとめ、その後もたびたび摂関として復任するなど、異例の長期政権を築き上げたのである。

　また、良基は足利将軍を朝儀《ちょうぎ》に参加させ、朝廷の内側に取り込むことで、戦乱によって荒廃した朝廷を幕府の力を借りて再建しようとした。この頃、将軍家も有力守護《しゅご》を統制する必要から、朝廷の官位による権威付けを必要としていた。特に尊氏の孫である義満《よしみつ》は、官職を太政大臣《だいじょうだいじん》まで昇進させるとともに、朝儀にも公家同様、積極的に参加したが、ここで良基は彼に儀式作法を指導し、その師範となることで、義満からも絶大な信頼を獲得した。

　こうした関係は、義満以後の将軍との間でも代々続き、これを通して、二条家は五摂家のなかでも別格の位置づけを確立した。すなわち、他の摂家が摂関再任を許されず、摂関在任期間も二、三年であったのに対して、二条家は五年以上の長期の摂関在職や再任を許され、事実上、この時期の摂関の役割を一手に担ったのである。

足利義満木像◆二条良基に朝廷の儀式作法を仕込まれた義満は、内弁等を数多くつとめ、儀式マニアとも評される。本像は昭和25年（1950）に放火により鹿苑寺が全焼した折、ほかの貴重な寺宝とともに焼失してしまった　鹿苑寺旧蔵

ただ一方で、二条家は初代良実が義絶とともに所領を没収されたため、近衛家や九条家にくらべて経済基盤が貧弱であった。そのため戦国時代になると生活にも困窮し、その地位は近衛家や九条家にとって代わられた。戦国時代の当主尹房《ただふさ》は生活のため、戦国大名のもとに寄寓して各地を転々としていたが、天文二〇年（一五五一）、大内《おおうち》氏の城下町山口にいたところ、陶隆《すえたか》房《ふさ》（晴賢《はるかた》）の反乱に巻き込まれて横死している。（樋口）

【参考文献】
小川剛生『二条良基』（吉川弘文館、二〇二〇年）
樋口健太郎『摂関家の中世—藤原道長から豊臣秀吉まで—』（吉川弘文館、二〇二一年）

視点　松殿家

鎌倉時代、摂関《せっかん》家は五摂家《ごせっけ》に固定するが、実は五摂家確定以前、摂関家の家格を持ちながら断絶した家系がある。藤原忠通《ただみち》の二男基房《もとふさ》の松殿《まつどの》家である。

基房は朝儀《ちょうぎ》の作法にくわしく、忠通の後継者としての位置にあったと見られ、仁安《にんあん》元年（一一六六）、兄基実《もとざね》が没すると摂政《せっしょう》の職を継いだ。しかし、このとき基房は代々の摂関家の財産を相続することが認められず、基実の嫡男基通《もとみち》の後ろ盾となって事実上、財産を占有した平清盛《たいらのきよもり》と対立し、治承《じしょう》三年（一一七九）には、清盛に関白を解任された。

その後、平氏政権が崩壊すると、上洛した木曽義仲《きそよしなか》と結んで嫡男の師家《もろいえ》を摂政としたが、後白河法皇《ごしらかわほうおう》と対立した義仲が源義経《みなもとのよしつね》に討たれると、後ろ盾を失って再び没落した。ただ、基房ほど儀式作法にくわしい者は摂関家にもいなかったため、後白河の没後、跡を継いだ後鳥羽上皇《ごとばじょうこう》は基房を重用し、基房やその子孫も次第に復権していった。この頃、師家の子である基嗣《もとつぐ》は摂関家の嫡男を象徴する五《ご》位中将《いちゅうじょう》になっており、このままいけば摂関家として復活する可能性もあったと考えられる。

ところが、寛喜《かんぎ》二年（一二三〇）、基房が没すると、松殿家一門は大黒柱を失って急速に失速する。二年後の寛喜四年、基嗣が日吉社で安嘉門院《あんかもんいん》（後高倉院《ごたかくらいん》の皇女）に仕える女房《にょうぼう》を襲うという狼藉事件を起こし、失職したのである。

父師家は政権の実力者である前関白九条道家《くじょうみちいえ》に謝罪したが、師家が摂政を務めたのは一三歳のときだけで、何も政治的実力を持ち合わせていなかった。こうして基嗣は許されず、その子孫は永久に追放されたのである。なお、師家の弟である忠房《ただふさ》の子孫は、このあとも松殿を称して続いたが、忠房は基房の跡継ぎではなかったので、これは松殿家の傍流にすぎなかったといえる。

（樋口）

【参考文献】

上横手雅敬「鎌倉幕府と摂関家」（『鎌倉時代政治史研究』吉川弘文館、一九九一年、初出一九七四年）
樋口健太郎「鎌倉時代の松殿基房」（『古典と歴史』四号、二〇一九年）

松殿基房◆『平家物語』に「平家悪行の始め」として描かれる「殿下乗合事件」でも知られる　「天子摂関御影」　宮内庁三の丸尚蔵館蔵

松殿家略系図

藤原忠通
- 聖子
- 基実
  - 近衛 基通
- 松殿 基房
  - 隆忠
  - 家房
  - 師家
    - 基嗣
  - 忠房
  - 寿子（九条良経妻）
- 九条 兼実
- 兼房
- 慈円

日吉大社◆現在の境内は東本宮・西本宮・奥宮に分かれている。写真は東本宮の拝殿（左）と本殿。古くから貴顕の崇敬を集め、天皇や上皇も参詣した　大津市　撮影：筆者

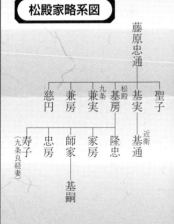

4 西園寺家《さいおんじけ》——鎌倉幕府と密着し繁栄した琵琶の家

九条《くじょう》流の始祖である藤原師輔《もろすけ》は天暦《てんりゃく》九年（九五五）、醍醐《だいご》天皇の第四皇女康子内親王《こうしないしんのう》と結婚し、その間に男子公季《きんすえ》を儲けた。公季は母が皇族という出自もあって太政大臣《だいじょうだいじん》まで昇進し、その子孫も「華族《かぞく》」と称された。この一族を閑院《かんいん》流という。

院政期になると、閑院流は白河《しらかわ》天皇・鳥羽《とば》天皇・崇《す》徳《とく》天皇・後白河《ごしらかわ》天皇の外戚《がいせき》となり、鳥羽院政期、崇徳の外舅《がいきゅう》（オジ）に当たる実行《さねゆき》・実能《さねよし》の兄弟は、実行が太政大臣、実能が内大臣《ないだいじん》（のち左大臣《さだいじん》）にまで昇進した。この実行の子孫を三条《さんじょう》家、実能の子孫を徳大《とくだい》寺《じ》家といい、両家は摂関《せっかん》家に次ぐ清華《せいが》家として近代まで続いていくのである。

一方、西園寺《さいおんじ》家の遠祖に当たるのは実行・実能の弟である通季《みちすえ》だが、彼は三九歳のとき、権中納言《ごんのちゅうなごん》で没したため、その子孫の昇進はしばらく低迷した。三条家・徳大寺家が近衛大将《このえたいしょう》を経歴して大臣に昇進するエリートコースの家格（これが清華家にあたる）を確立したのに対し、通季・公通《きんみち》・実宗《さねむね》の三代は近衛大将に任じられることはなく、実宗のときにようやく内大臣に任じられたのみだった。

ところが、実宗の子である公経《きんつね》の代になり、この家系は大きく発展しはじめる。そのきっかけとなったのは、公経が一条能保《いちじょうよしやす》の婿《むこ》になったことであった。能保は藤原頼通《よりみち》の異母兄である頼宗《よりむね》の子孫に当たる中級貴族だが、源頼朝《みなもとのよりとも》の妹を妻に迎えていた。この関係から、頼朝が関東で挙兵し、平氏《へいし》一門を滅亡させると、能保は頼朝と朝廷をつなぐ窓口としての役割を果たした。そして、能保が建久《けんきゅう》八年（一一九七）に没すると、公経はその跡を継いで、公武《こうぶ》の連絡役である関東申次《かんとうもうしつぎ》をつとめるようになったのである。

鎌倉《かまくら》幕府の将軍実朝《さねとも》の時代には、公武の関係も良好であったため、公経は後鳥羽《ごとば》上皇にも重用され、承元《しょうげん》二年（一二〇八）、能保女《むすめ》を母とする娘綸子《りんし》は、同じく後鳥羽に重用されていた摂関家の九条道家《くじょうみちいえ》と結婚した。道家と綸子の間には、教実《のりざね》・良実《よしざね》・頼経《よりつね》（三寅《みとら》）といった子息が生まれたが、承久《じょうきゅう》元年（一二一九）、関東で将軍実朝の暗殺事件が起こると、頼経が鎌倉殿《かまくらどの》として迎えられたことで、公経と幕府の関係はさらに深まった。頼経は公経のもとで養育されており、頼経の鎌倉殿就任には公経の働きかけが大きかったと考えられている。そして、この直後、公経は

西園寺公経◆「天子摂関御影」　宮内庁三の丸尚蔵館蔵

この家系で初めて近衛大将に任官したのである。

一方、将軍実朝の死後、後鳥羽上皇と幕府との関係は悪化し、承久三年、後鳥羽は幕府執権《しっけん》北条《ほうじょう》義時《よしとき》の追討を命じて挙兵した。この承久の乱に際して、幕府に近いと見られていた公経は、後鳥羽によって牢に閉じ籠められたが、後鳥羽の軍勢が幕府軍に敗北すると、このことがかえって有利に働いた。幕府によって新体制が構築されると、公経は内大臣となり、翌年には太政大臣に昇進する。公経は承久の乱後の朝廷において、幕府を後ろ盾として、事実上、主導的な地位を確立したのである。公経は元仁《げんにん》元年（一二二四）、京都北山《きたやま》の山荘に西園寺という寺院を建立したが、これが家号の由来となった。

その後、公経は娘婿である九条道家に関東申次を譲った。道家は子息頼経を将軍にするとともに、外孫《がいそん》の四条《しじょう》天皇を即位させて朝廷の主導権を握ったが、仁治《にんじ》三年（一二四二）、四条が夭折《ようせつ》し、さらに寛元《かんげん》四年（一二四六）、頼経が執権北条氏と対立して京都に送還されると失脚した。一方、四条に代わり後嵯峨《ごさが》天皇が即位すると、公経は孫娘（嫡男実氏《さねうじ》の娘）姞子《きっし》を中宮《ちゅうぐう》に立てて天皇と結んだが、このことは西園寺家

鹿苑寺安民沢◆西園寺家の北山山荘にあった池の遺構と考えられている。北山山荘のほか、西園寺家は京中に一条第・今出川第といった邸宅、京外にも天王寺や吹田等にも別業を所有していた　京都市北区　撮影：筆者

にさらなる発展をもたらした。姞子が生んだ皇子は後《ご》深草《ふかくさ》天皇・亀山《かめやま》天皇として即位し、西園寺家は外戚になったのである。また、道家が失脚すると、実氏は関東申次に指名された。これ以後、関東申次の職は西園寺家に世襲され、幕府との関係も独占するようになった。

文永《ぶんえい》九年（一二七二）に後嵯峨法皇が没すると、その後継者の座をめぐり、後深草・亀山の兄弟が争い、やがて天皇家は後深草の持明院統《じみょういんとう》と、亀山の大覚寺《だいかくじ》統《とう》に分かれたが、西園寺家は双方の外戚に当たり、以後も双方の后妃《こうひ》を輩出して外戚関係を再構築した。後深草は実氏の娘公子《こうし》を皇后に立て、亀山は実氏の弟である洞院《とういん》（山科《やましな》）実雄《さねお》の娘佶子《きっし》を皇后、実氏の子公相《きんすけ》の娘嬉子《きし》を中宮《ちゅうぐう》に立てた。後深草の跡を継いだ伏見《ふしみ》天皇は公相の子実兼《さねかね》の娘鏱子を皇后に立て、その跡を継いだ後伏見《ごふしみ》天皇は実兼の子公衡《きんひら》の娘寧子《ねいし》を女御《にょうご》とした。その結果、持明院統では伏見・花園《はなぞの》、大覚寺統では後宇多《ごうだ》が西園寺家の外孫として即位した。こうしたあり方は、摂関政治の時代の御堂《みどう》流（摂関家）を彷《ほう》彿《ふつ》とさせるものといえるだろう。

これにともない、一族の公卿《くぎょう》数も増加し、洞院・今出川《いまでがわ》（菊亭《きくてい》）・室町《むろまち》・大宮《おおみや》・橋本《はしもと》・清水谷《しみずたに》・正親町《おおぎまち》などの分家も輩出した。また、公相が後深草・亀山天皇の御楽始《ごがくはじめ》で、天皇の琵琶《びわ》の師匠になると、以後の御楽始では西園寺家の当主が琵琶を天皇に指導することが慣例となり、西園寺家は「琵琶の家」としての地位も確立していった。

しかし、後醍醐《ごだいご》天皇によって鎌倉幕府が倒されると、幕府と密接な関係にあった西園寺家は一転して苦境に陥った。建武《けんむ》二年（一三三五）、当主公宗《きんむね》は、北条高《ほうじょうたか》時《とき》の遺児である時行《ときゆき》と結んで謀反を計画したとして処刑され、家督は弟の公重《きんしげ》に与えられたのである。しかも、後醍醐天皇が足利尊氏《あしかがたかうじ》に敗れ、吉野《よしの》に逃れると公重は後醍醐に従って南朝に逃れた。このあと家督は公宗の子実俊《さねとし》に与えられ、実俊は右大臣《うだいじん》まで昇進したが、昔日のような権勢はなかった。実俊が没すると、応永《おうえい》四年（一三九七）、将軍足利義満《よしみつ》は、家号の由来となった北山の山荘を河内《かわち》の所領と交換して手に入れ、ここに北山殿《きたやまどの》を造営したのである。（樋口）

【参考文献】
高橋秀樹「家と芸能―「琵琶の家」西園寺家をめぐって―」（五味文彦編『芸能の中世』吉川弘文館、二〇〇〇年）
近藤成一『鎌倉幕府と朝廷』（岩波書店、二〇一五年）

西園寺家略系図

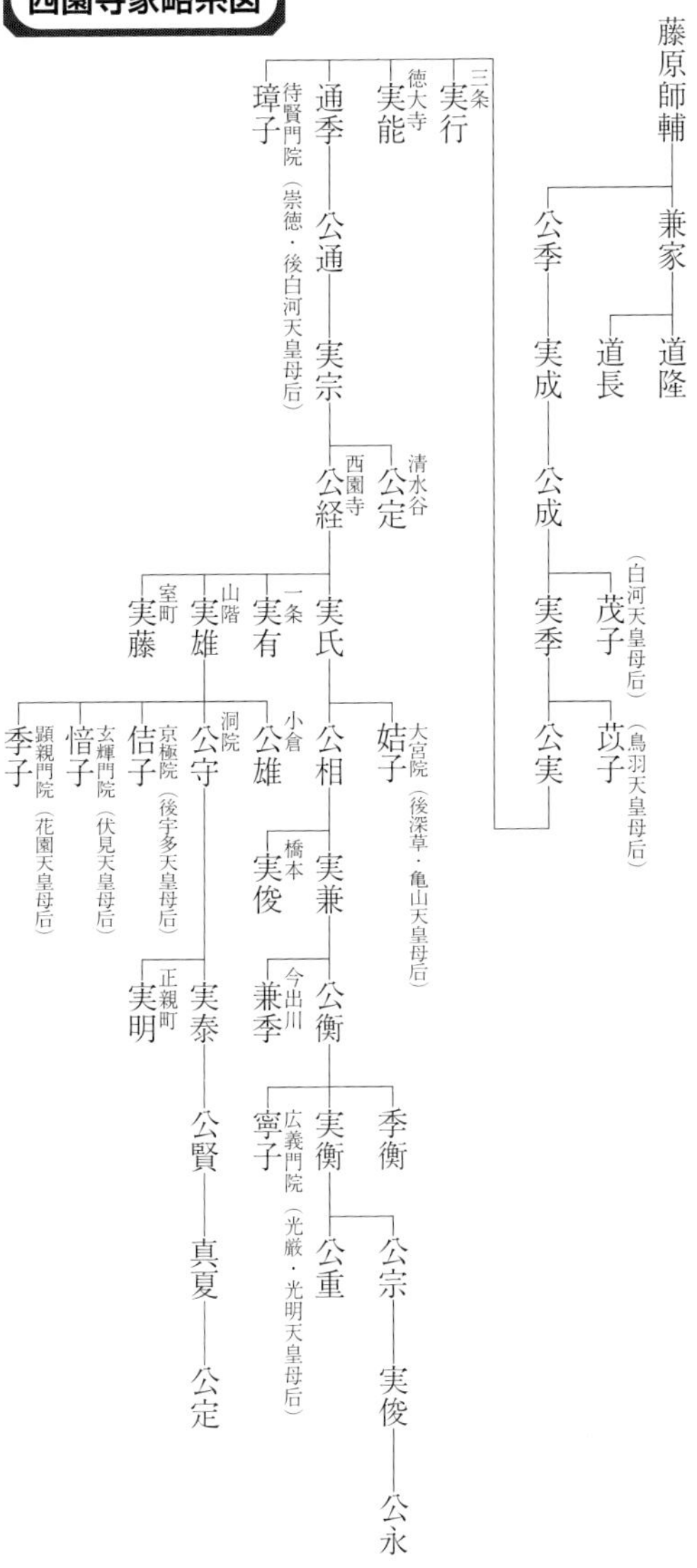

5 日野家《ひのけ》——室町将軍の妻を輩出した学者一族

古代、大学寮《だいがくりょう》において中国の歴史や文学を学ぶ学問を紀伝道《きでんどう》といい、その教官を文章博士《もんじょうはかせ》といった。文章博士は当初、大江《おおえ》氏や菅原《すがわら》氏・紀《き》氏・三善《みよし》氏・橘《たちばな》氏などからも輩出されたが、一一世紀以降になると、藤原氏が大半を占めるようになった。そのなかでも多く任じられたのが北家内麻呂《ほっけうちまろ》流の一族である。とくに藤原有国《ありくに》の後、その子息である広業《ひろなり》・資業《すけなり》の子孫は代々文章博士に任じられるとともに、文章作成能力を活かして、太政官《だいじょうかん》の事務官である弁官《べんかん》や蔵人《くろうど》、摂《せっ》関《かん》家の家司《けいし》、上皇の院司《いんし》にも任じられ、国政や家政の事務処理を担った。

このうち資業は一族に最澄《さいちょう》作として伝わった薬師《やくし》仏《ぶつ》を本尊《ほんぞん》として、京都の南郊・日野《ひの》に法界寺《ほうかいじ》を建立した。これ以降、資業の子孫は法界寺に結集して仏事を執り行ったため、この一族は日野流と称されるようになった。日野流は一二世紀になると、勧修寺《かじゅうじ》流や高《たか》棟《むね》流平氏《へいし》と並んで弁官の職を独占して「名家《めいか》」の家格を確立した。なかでも実光《さねみつ》―資長《すけなが》―兼光《かねみつ》の流れは、代々公卿《くぎょう》に昇進して中納言《ちゅうなごん》まで至ったが、鎌倉時代前期には、兼光の子息である家光《いえみつ》・頼資《よりすけ》の兄弟がともに中納言に昇進したため、家光の系統と頼資の系統に分かれた。頼資の系統を勘解由小路《かでのこうじ》家（のち広橋《ひろはし》家）、家光の系統を日野《ひの》家といい、双方とも法界寺の仏事を執り行い、以後も日野一門を構成した。

鎌倉時代後期、天皇家が持明院《じみょういん》統と大覚寺《だいかくじ》統に分かれると、家光の孫俊光《としみつ》は持明院統に仕え、子の資名《すけな》とともに二代続いて後伏見《ごふしみ》上皇の院執権《いんしっけん》となった。元《げん》弘《こう》三年（一三三三）、大覚寺統の後醍醐《ごだいご》天皇に呼応した足利尊氏《あしかがたかうじ》の軍勢により、鎌倉《かまくら》幕府の京都の拠点であった六波羅《ろくはら》が陥落すると、資名は後伏見の皇子である光厳《こうごん》天皇とともに近江《おうみ》まで下り、六波羅探題以下の武士たちが馬場《ばんば》宿《じゅく》（滋賀県米原市）で自刃するなかで、出家するという憂き目に遭った。だが、後醍醐の政権が崩壊すると、俊光弟の三宝院賢俊《さんぼういんけんしゅん》が光厳上皇の院宣を足利尊氏に伝えて尊氏と持明院統を結びつけたため、日野家もその一族として復活をとげた。資名の孫に当たる資教《すけのり》・資国《すけくに》の兄弟はともに准大臣《じゅんだいじん》に任じられて家格も上昇させている。

また、資名の娘宣子《のぶこ》は後光厳《ごこうごん》天皇の女房《にょうぼう》であったが、室町《むろまち》幕府三代将軍足利義満《よしみつ》の信頼を得て、その母

法界寺阿弥陀堂◆鎌倉時代前期の建造。内部の天井・支輪・四本柱や小壁には壁画があり、極楽浄土を表現している　京都市伏見区　撮影：筆者

日野俊基の墓◆俊基は日野家傍流出身で、後醍醐天皇の近臣として知られる。鎌倉幕府倒幕を企図した元弘の乱で捕縛され、鎌倉にて処刑された。墓の近くには、明治になって顕彰するために俊基を祀った葛原岡神社が創建された　神奈川県鎌倉市

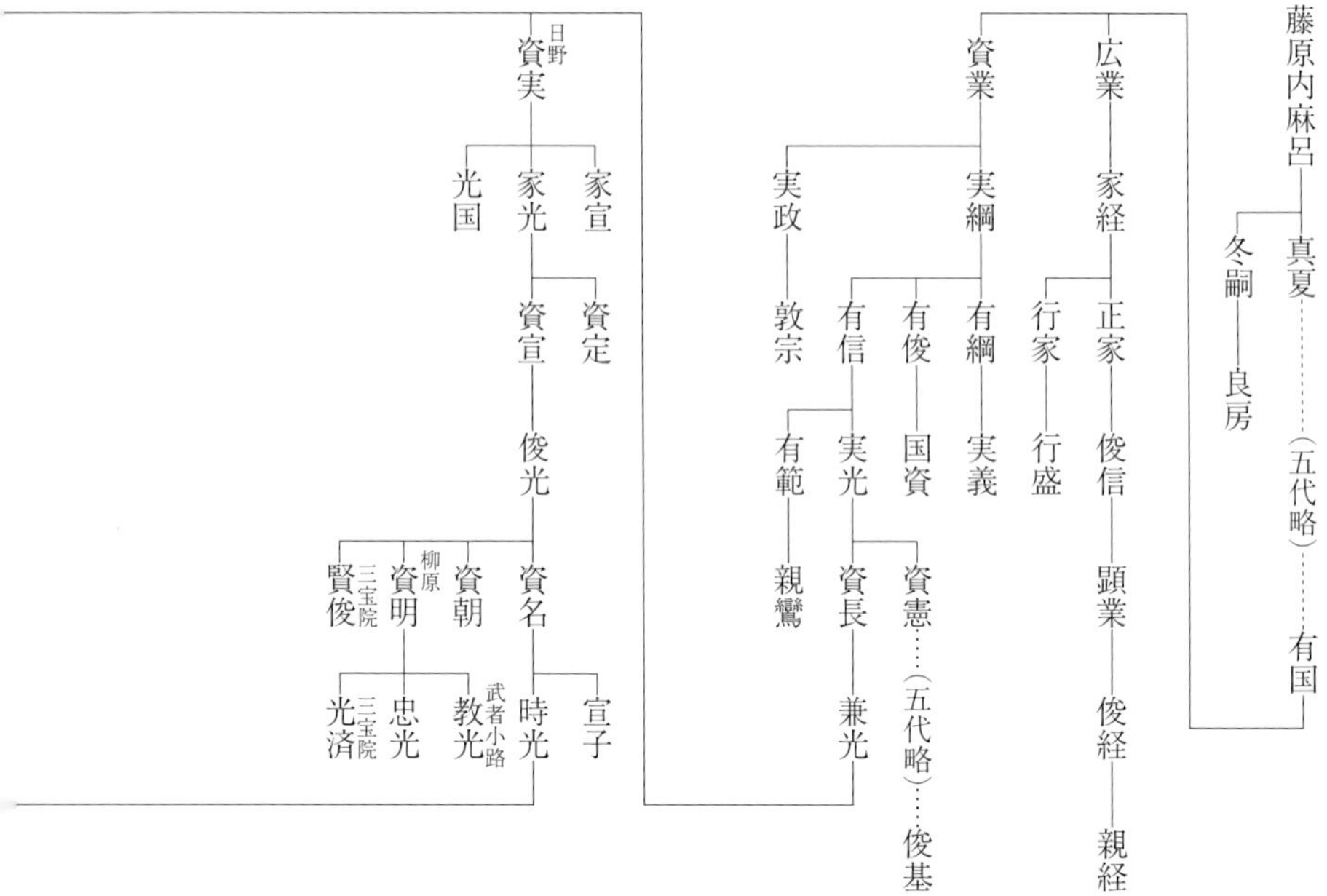

代わりとなり、彼女を通して姪《めい》の業子《なりこ》が義満の妻となった。業子の没後、義満は業子の兄である資康《すけやす》の娘康子《やすこ》を後妻とし、彼女は応永《おうえい》一四年（一四〇七）、後《ご》小松《こまつ》天皇の准母《じゅんぼ》として女院号《にょいんごう》を下されて、北山院《きたやまいん》となった。そしてこれ以降、室町将軍家では資康の子孫から妻を迎えるのが例となった。

一方で六代将軍義教《よしのり》の時代、この一族は危機的な状況に陥った。資康の孫である義資《よしすけ》は、妹重子《しげこ》が将軍義教の正妻となり、永享六年（一四三四）、義教の跡継ぎである義勝《よしかつ》を生んだ。だが、多くの公家・僧侶がお祝いのため、義資邸に参上したことが義教の勘気に触れ、参上した公家・僧侶が処罰され、義資は義教によって暗殺、跡継ぎの重政《しげまさ》も出家したのである。

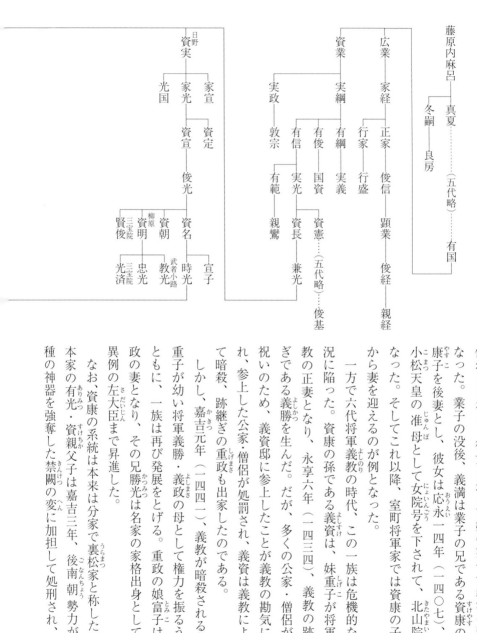

しかし、嘉吉《かきつ》元年（一四四一）、義教が暗殺されると、重子が幼い将軍義勝・義政《よしまさ》の母として権力を振るうとともに、一族は再び発展をとげる。重政の娘富子《とみこ》は義政の妻となり、その兄勝光《かつみつ》は名家の家格出身としては異例の左大臣《さだいじん》まで昇進した。

なお、資康の系統は本来は分家で裏松《うらまつ》家と称したが、本家の有光《ありみつ》・資親《すけちか》父子は嘉吉三年、後南朝《ごなんちょう》勢力が三種の神器を強奪した禁闕《きんけつ》の変《へん》に加担して処刑され、断

日野家略系図

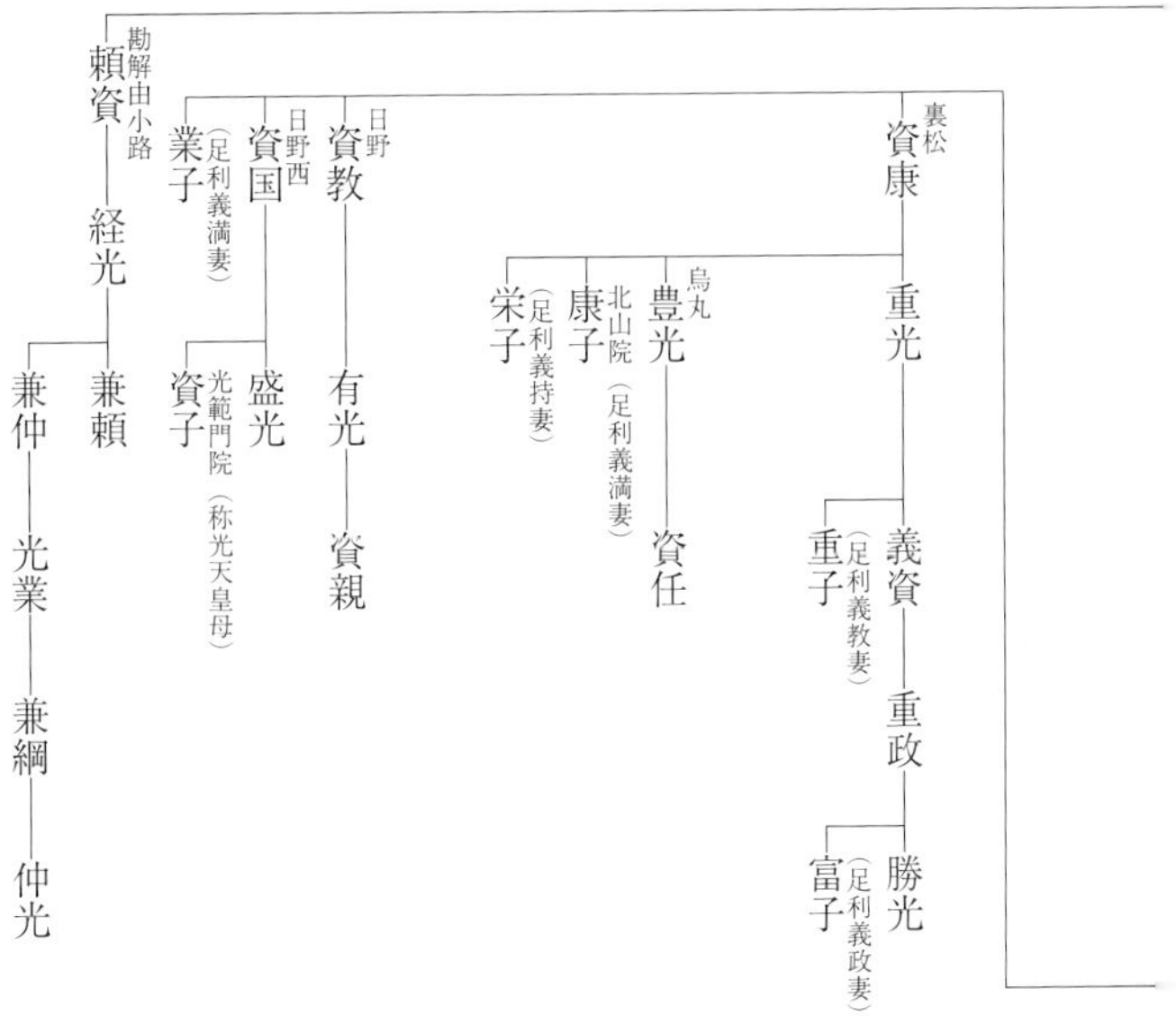

絶した。そのため、本家は裏松家の勝光が家督を継ぎ、これ以後、裏松家が日野の本家となった。このほか、分家には柳原《やなぎはら》・烏丸《からすまる》・武者小路《むしゃのこうじ》などの諸家があり、いずれも武家伝奏《ぶけてんそう》などに任じられて室町時代の公武交渉に重責を果たした。（樋口）

【参考文献】
細谷勘資『中世宮廷儀式書成立史の研究』（勉誠出版、二〇〇七年）
小川剛生『足利義満―公武に君臨した室町将軍―』（中央公論新社、二〇一二年）

日野勝光画像◆名前の「勝」字は室町幕府７代将軍足利義勝の偏諱。８代将軍義政に重用され幕政にも関与し「新将軍代」と呼ばれた　東京大学史料編纂所蔵模写

6 山科家《やましなけ》――後白河法皇を供養した服飾の家

治承《じしょう》三年（一一七九）、平清盛《たいらのきよもり》と対立した後白河《ごしらかわ》法皇《ほうおう》は、清盛によって鳥羽殿《とばどの》に幽閉させられた。このとき法皇の側に付いて世話をしたのは、院近臣《いんのきんしん》平《たいらの》業房《なりふさ》の妻である高階栄子《たかしなのえいし》（丹後局《たんごのつぼね》）であった。夫の業房は清盛によって伊豆《いず》への配流《はいる》が決定したが、逃亡し隠れていたところを見つかって拷問《ごうもん》の末に殺害された。その後、栄子は法皇の寵愛を受け、養和《ようわ》元年（一一八一）には、法皇の皇女覲子《きんし》を出産した。

一方、栄子には業房との間に業兼《なりかね》・教成《のりなり》の男子がいた。かれらの氏はもとは平氏であったが、このうち二男の教成は法皇にも大変可愛がられ、勅命《ちょくめい》によって善勝寺《ぜんしょうじ》流・藤原実教《さねのり》の猶子《ゆうし》（養子）として藤原氏になった。彼は官位も正二位中納言《しょうにいちゅうなごん》まで昇進し、建保《けんぽう》四年（一二一六）、栄子が没すると、彼女が後白河から譲り受けていた所領も相続した。そのなかには、京都の東郊・山科《やましな》にあった御所も含まれており、教成は御所の側に後白河を供養する御影堂《みえいどう》を建て、譲られた荘園《しょうえん》をそこに寄進した。教成とその子孫は当初、冷泉《れいぜい》と称したが、一四世紀頃から、山科の御影堂にちなんで山科家と称されるようになった。

山科家では、教成の孫資成《すけなり》が没した後、弟教頼《のりより》の系統と資成の子息資行《すけゆき》の系統が所領をめぐって対立し、弘安《こうあん》八年（一二八五）、所領は分割された。だが、一四世紀、足利尊氏《あしかがたかうじ》が室町《むろまち》幕府を樹立すると、資行流の教言《のりとき》は、尊氏・義詮《よしあきら》・義満《よしみつ》の三代の将軍に近侍《きんじ》して重用され、教頼流に流れた所領を取り戻した。

また、教言は教頼流が代々任じられてきた内蔵頭《くらのかみ》にも任じられ、山科家は以降、内蔵頭とその兼官である御厨子所別当《みずしどころべっとう》を世襲することになった。内蔵頭は天皇所用の物品の管理をつかさどる内蔵寮《くらのりょう》の長官、御厨子所は朝廷の食事などを準備する役所で、これにともなって山科家は内蔵寮の所領の支配権や、天皇の食料を納める供御人《くごにん》に対する課税権も手に入れた。そして、朝廷の衣服を調製する御服所《ごふくしょ》も支配下に収めたこ

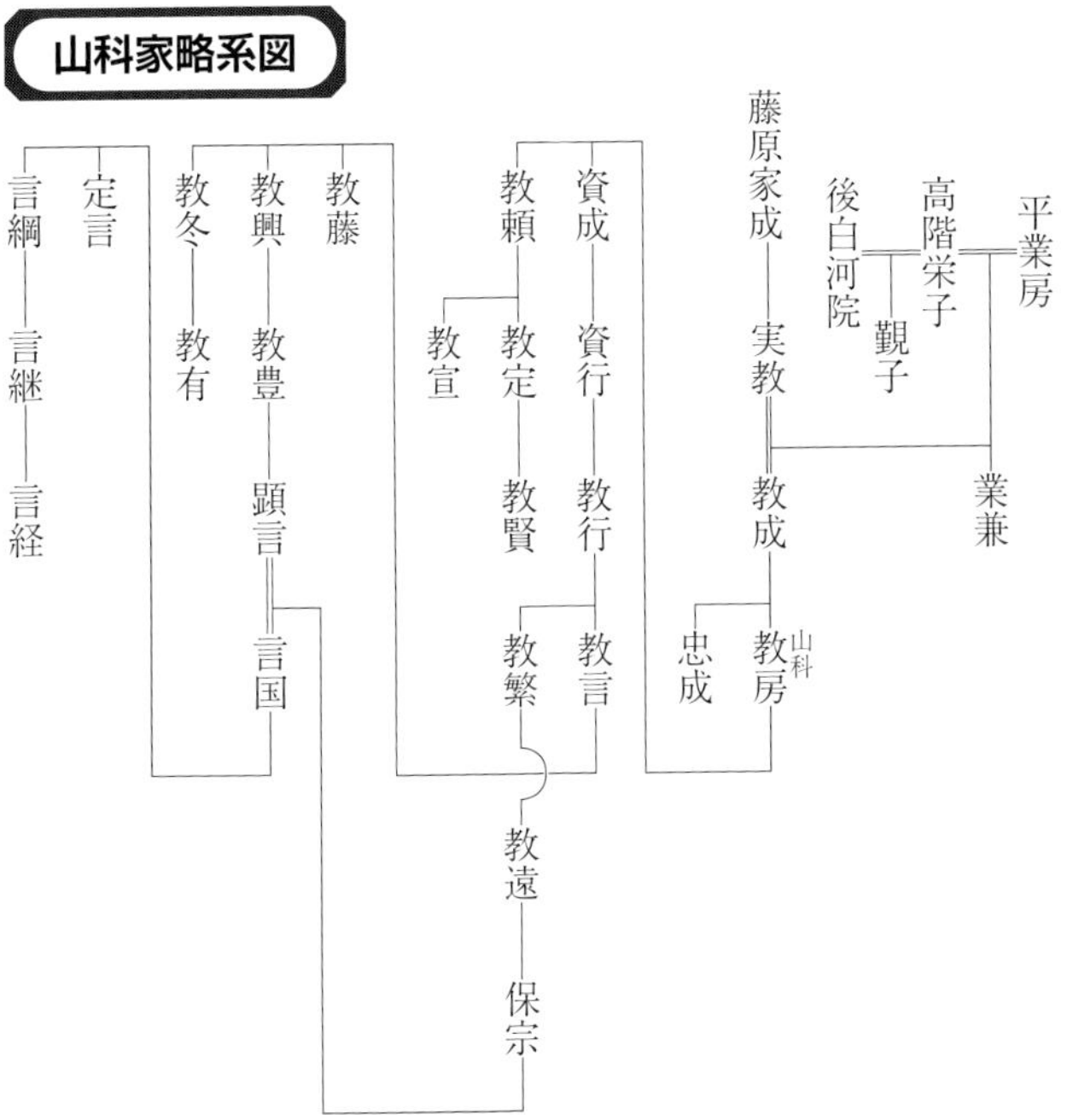

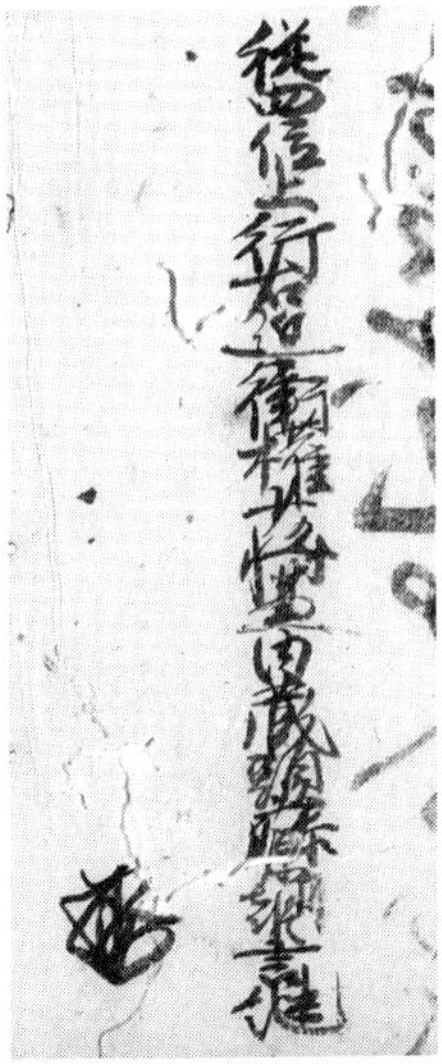
「伝宣抄」奥書に記された山科言継の署名と花押◆東京大学史料編纂所蔵

とから、高級織物の織手《おりて》も支配し、服飾も管掌するようになった。

戦国時代に入ると、戦乱によって京都は荒廃し、山科家でも明応《めいおう》三年（一四九四）、当主言国《ときくに》の長男定言《さだとき》が強盗のために殺害される事件が発生し、跡を継いだ弟言綱《ときつな》も享禄《きょうろく》三年（一五三〇）、急死した。

しかし、その子言継《ときつぐ》は内蔵頭・御厨子所別当として内廷《ないてい》経済の維持・立て直しに尽力し、織田信長《おだのぶなが》・徳川《とくがわ》家康《いえやす》といった有力大名のもとに下り、彼らとの交渉によって朝廷儀式の費用調達に成功した。こうした功績から、永禄《えいろく》一二年（一五六九）、言継は山科家としては異例の正二位《しょうにい》権大納言《ごんのだいなごん》にまで昇進した。言継は日記『言継卿記《ときつぐきょうき》』を残したが、これは戦国時代の政治・社会を記録した重要史料として知られている。（樋口）

【参考文献】
今谷明『戦国時代の貴族―『言継卿記』が描く京都―』（講談社、二〇〇二年）
西井芳子「山科御所と御影堂」（古代學協會編『後白河院―動乱期の天皇―』吉川弘文館、一九九三年）

7　冷泉家《れいぜいけ》——俊成・定家の子孫、現代に続く和歌の家

現在、京都市の中心部には、かつての内裏《だいり》であった京都《きょうと》御所《ごしょ》があるが、その周囲の京都《きょうと》御苑《ぎょえん》も築地塀《ついじべい》で囲われ、御所と一体的な空間を形成している。この京都御苑には江戸時代には公家町《くげまち》があり、公家の屋敷が建ち並んでいた。明治になると、公家の多くは天皇とともに東京に移ったが、現在も唯一残るのが、今出川《いまでがわ》通に面して御苑の北向かいにある冷泉家《れいぜいけ》である。冷泉家の建物は公家屋敷の貴重な遺構として重要文化財に指定されている。

冷泉家の先祖は、藤原道長《みちなが》の六男長家《ながいえ》である。長家が醍醐《だいご》天皇皇子兼明親王《かねあきらしんのう》の旧邸だった御子左第《みこひだりてい》に住んだため、その子孫は御子左流と称された。そして、一二世紀、長家の曽孫である俊成《としなり》は、和歌の才能によって評価され、冷泉家につながる和歌の家を立てた。彼以前、和歌界をリードしていたのは善勝寺《ぜんしょうじ》流・六条《ろくじょう》家の藤原清輔《きよすけ》であったが、治承《じしょう》元年（一一七七）、清輔が死去すると、俊成は清輔に代わる和歌の第一人者となり、文治《ぶんじ》四年（一一八八）には、後白河法皇《ごしらかわほうおう》の命により、勅撰集《ちょくせんしゅう》『千載《せんざい》和歌集』を編纂したのである。

そして、俊家の跡を継ぎ、家を発展させたのが定家《さだいえ》である。彼は摂関《せっかん》九条《くじょう》兼実《かねざね》に仕えるとともに、後鳥《ごと》羽上皇《ばじょうこう》に歌才を認められて『新古今《しんこきん》和歌集』の撰者となった。定家は承久《じょうきゅう》の乱後、朝廷の実力者となった西園寺《さいおんじ》公経《きんつね》の姉と結婚し、西園寺家の庇護を得たことで、官位の面でも、正二位《しょうにい》権中納言《ごんのちゅうなごん》まで昇進し、羽林《うりん》家の家格を確立させた。

定家の後、子息の為家《ためいえ》は父を超える正二位権大納《ごんのだいな》言《ごん》まで昇った。一方、彼は鎌倉《かまくら》幕府御家人《ごけにん》である宇都《うつ》宮頼綱《みやよりつな》の娘と結婚し、その間に為氏《ためうじ》・為教《ためのり》らをもうけたが、のち彼女とは離婚し、安嘉門院《あんかもんいん》四条《しじょう》（阿仏《あぶつ》尼《に》）との間に為相《ためすけ》をもうけた。為家は当初為氏を跡継ぎとしていたが、為相が生まれると、為相を可愛がって相伝の和歌文書や荘園を彼に与えたため、建治《けんじ》元年（一二七五）、為家が没すると、為氏と為相は対立し、

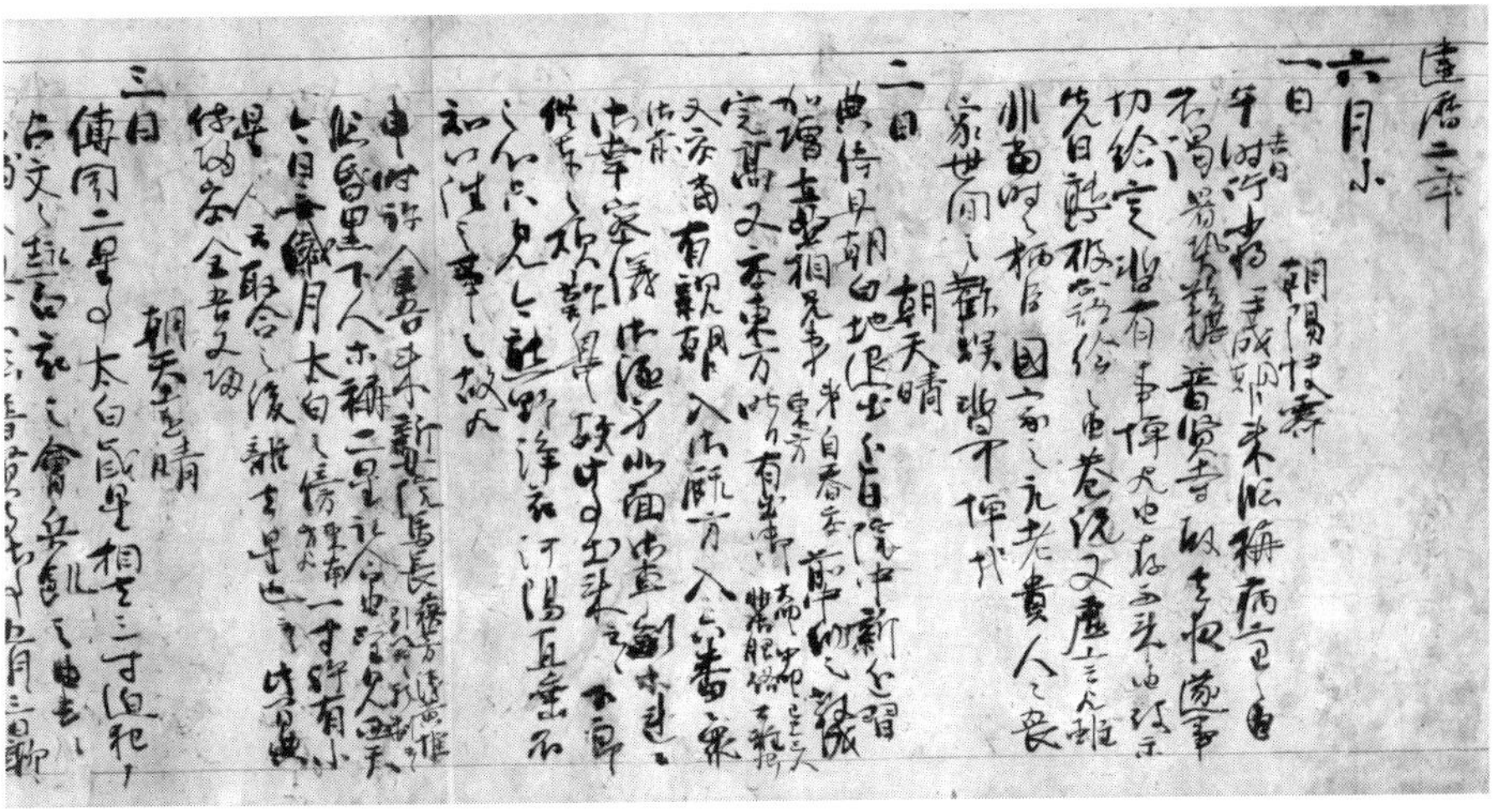

藤原定家の日記『明月記』断簡◆東京国立博物館蔵　出典：ColBase　https://colbase.nich.go.jp/collection_items/tnm/B-1394?locale=ja

御子左流藤原氏略系図

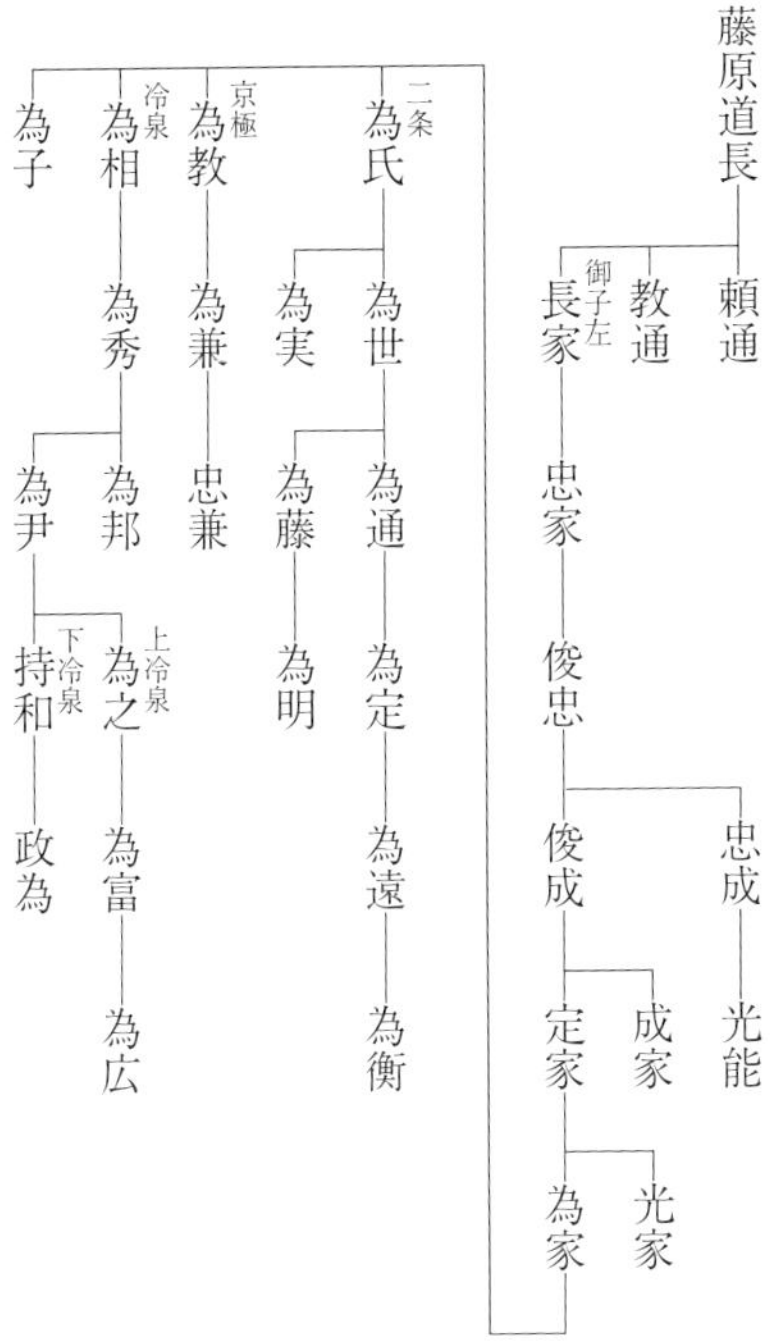

藤原俊成画像◆宮廷歌人として活躍し勅撰集『千載和歌集』の撰者をつとめるなど歌壇をリードした。読み手としてだけではなく、和歌の指導者としても有能であったとされる　東京大学史料編纂所蔵模写

冷泉為相の墓◆神奈川県鎌倉市・浄光明寺

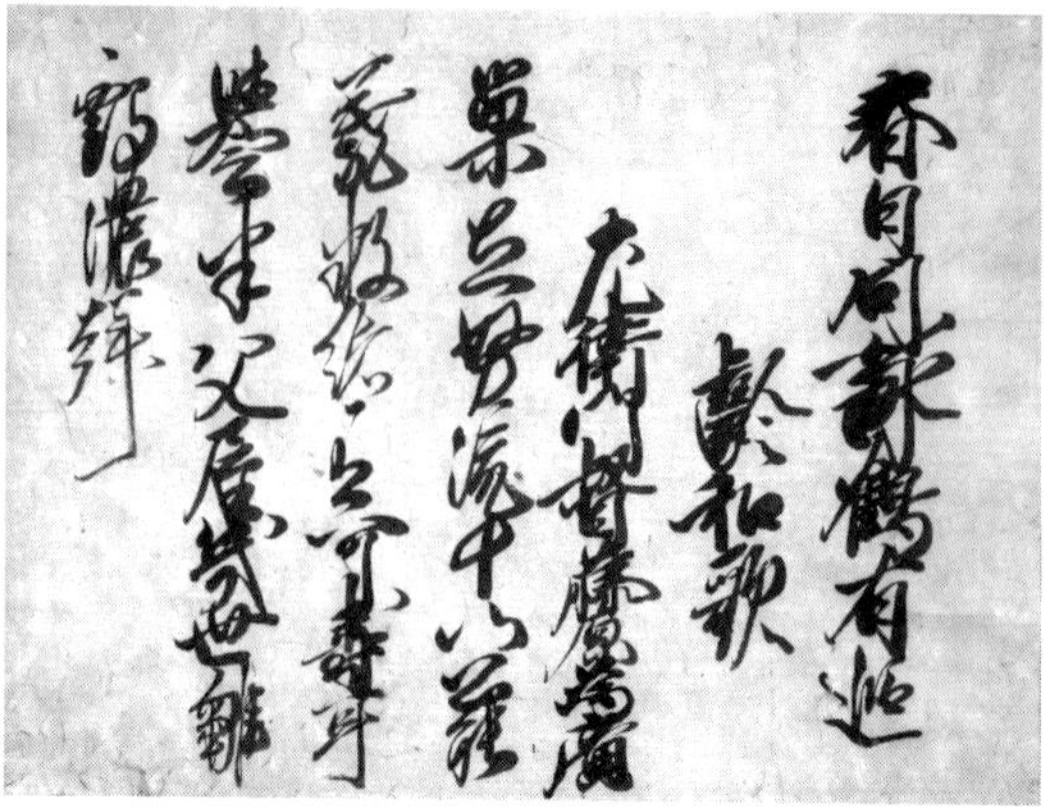

冷泉為広の和歌懐紙◆為広は室町時代後期から戦国時代初期にかけての上冷泉家当主　東京国立博物館蔵　出典：ColBase　https://colbase.nich.go.jp/collection_items/tnm/B-2889?locale=ja

御子左流は分裂した。このうち為相の家系が冷泉家で、為氏の家系は二条《にじょう》家、為教の家系は京極《きょうごく》家と称した。

これ以降、冷泉家は、文書や荘園知行《ちぎょう》をめぐって二条家・京極家とはげしい訴訟を繰り広げた。だが、為相の二男為秀《ためひで》は後光厳《ごこうごん》天皇や室町《むろまち》幕府二代将軍足利《あしかが》義詮《よしあきら》の信任を受けて、歌壇の中心人物となり、一方の二条家・京極家は南北朝時代には断絶した。

室町時代になると、為秀の孫として家督を継いだ為《ため》尹《ただ》は、家嫡とした為富《ためとみ》に文書類を与えたが、それとは別に、四代将軍足利義持《よしもち》の支持を得て、三男持和《もちかず》（のち持為《もちため》）にも播磨国細川庄《はりまのくにほそかわのしょう》（兵庫県三木市）の地頭《じとう》職《しき》を与え、持和を下冷泉《しもれいぜい》家として独立させた。これ以後、本家の冷泉家は下冷泉家に対して上冷泉《かみれいぜい》家とも称されるようになり、ともに公卿《くぎょう》家として発展した。

（樋口）

【参考文献】
熱田公「下冷泉家の分立」（『時雨亭叢書月報』四一号、二〇〇一年）
田渕句美子『阿仏尼』（吉川弘文館、二〇〇九年）
村井康彦『藤原定家『明月記』の世界』（岩波書店、二〇二〇年）

第八章　武士になった藤原氏

奥州藤原氏三代画像◆平安末期、陸奥国平泉で権勢を誇った奥州藤原氏の当主清衡・基衡・秀衡の３代を描く　岩手県平泉町・毛越寺蔵

1 秀郷流《ひでさとりゅう》――伝説の将軍の子孫たち

天慶《てんぎょう》二年（九三九）、関東で平将門《たいらのまさかど》が反乱を起こし、常陸《ひたち》・下野《しもつけ》・上野《こうずけ》の国府《こくふ》を陥落させると、京都の朝廷は震撼《しんかん》した。翌年、朝廷は参議《さんぎ》藤原忠文《ただふみ》を征東《せいとう》将軍《しょうぐん》として関東に派遣したが、忠文の到着以前、すでに将門は討ち取られていた。

将門を討ち取ったのは、北家《ほっけ》初代房前《ふささき》の三男である左大臣《さだいじん》魚名《うおな》の玄孫に当たる藤原秀郷《ひでさと》で、この一族は秀郷の曽祖父（魚名の子）である藤成《ふじなり》が下野介《しもつけのすけ》に任じられて以来、下野国に留住《りゅうじゅう》していた。秀郷も下野を中心に勢力を誇り、もともとは彼自身も群盗などとして国司と対立する存在であったらしい。だが、将門を討ち取ると、秀郷は一躍英雄となって下野守《かみ》や鎮守府《ちんじゅふ》将軍《しょうぐん》に任じられた。そして、その子孫は中央の武力としても登用され、代々四位・五位の貴族の位階《いかい》に叙《じょ》せられる軍事貴族へと転身していった。

秀郷の子である千晴《ちはる》は、安和《あんな》二年（九六九）、仕えていた左大臣《さだいじん》源高明《みなもとのたかあきら》の左遷事件（安和の変）に連座して隠岐《おき》に配流《はいる》に処された。だが、その後、千晴の弟である千常《ちつね》の子孫は代々鎮守府将軍を世襲し、高名な武者として活躍した。千常の子である文脩《ふみなが》の後、一族は京都で活躍した文行《ふみゆき》流と、関東で在地領主化した兼行《かねゆき》流に分かれ、文行流は検非違使《けびいし》や院北面《いんのほくめん》として王権の守護に当たった。この系統から輩出したのが、西行《さいぎょう》である。

西行は俗名を佐藤義清《さとうのりきよ》といい、文行流のうち、紀伊《きいの》国《くに》に経済基盤をもち、検非違使や院北面を歴任した佐藤氏の一族であった。彼自身、鳥羽院《とばいん》の北面であったが、出家して諸国を行脚《あんぎゃ》し、修行を行うなかで、多くの和歌を残したのである。このほか、文行流からは、鎌倉御家人《かまくらごけにん》となった山内首藤《やまのうちすどう》氏・波多野《はたの》氏・伊賀《いが》氏・近藤《こんどう》氏・武藤《むとう》氏なども出た。

一方、兼行流は秀郷以来の拠点である下野を中心に発展し、平安時代末期には足利《あしかが》氏と小山《おやま》氏が勢力を争った。しかし、足利氏（藤姓《とうせい》足利氏）は治承寿永《じしょうじゅえい》の

秀郷流藤原氏略系図

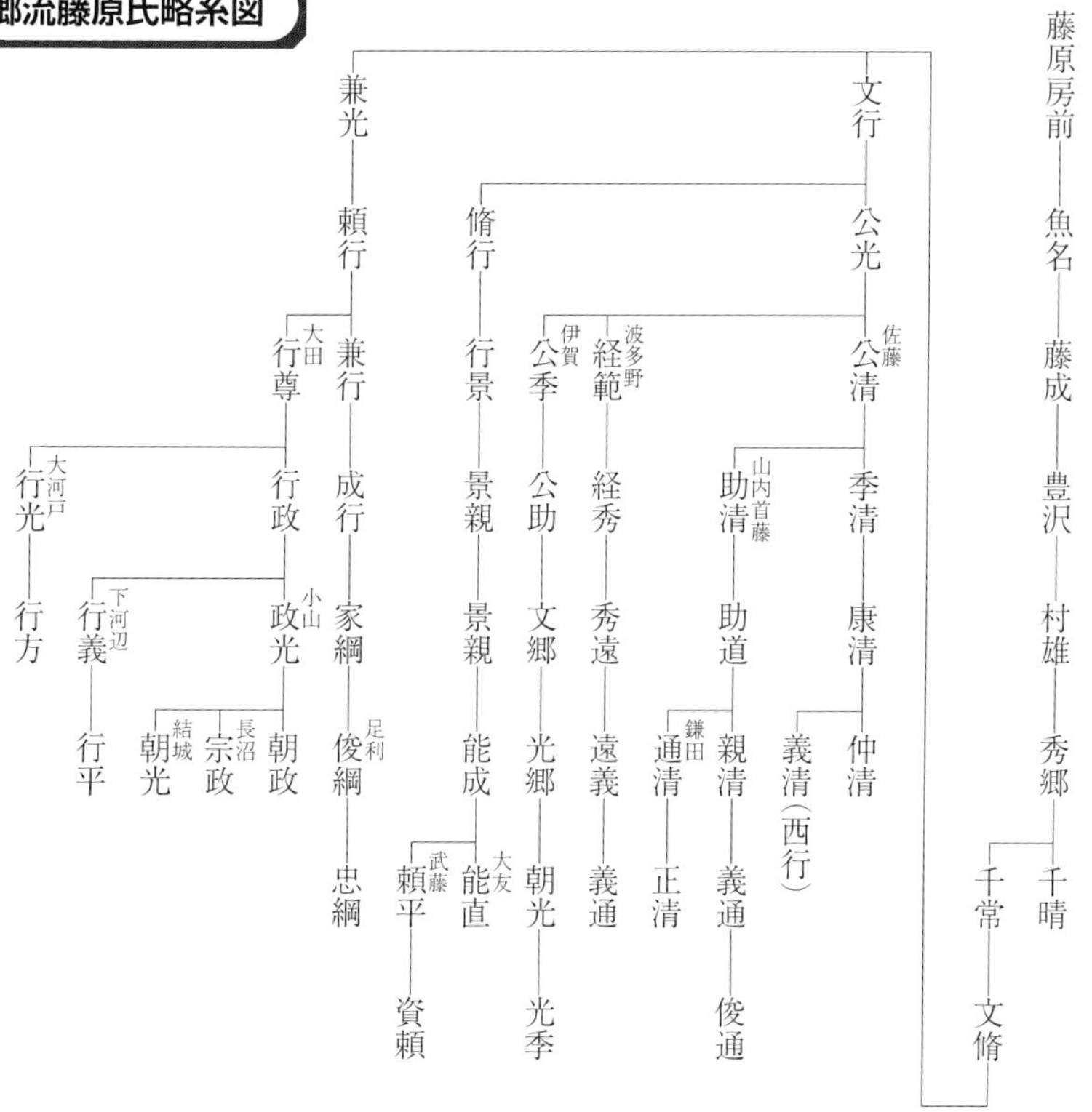

大ムカデを退治する藤原秀郷◆「俵藤太物語絵巻」　栃木県立博物館蔵

小山高朝画像◆結城政朝の子として生まれ、小山氏の養子となり家を継いだ　東京大学史料編纂所蔵模写

西行画像◆「後小松院本歌仙絵」　東京国立博物館蔵
出典：ColBase　https://colbase.nich.go.jp/collection_items/tnm/A-11957?locale=ja

内乱のなか、俊綱《としつな》・忠綱《ただつな》父子が平氏《へいし》方に与《くみ》して源頼朝《よりとも》と対抗し、寿永二年（一一八三）の野木宮《のぎのみや》合戦で敗れて滅亡した。これに対して小山氏は頼朝勢力に与して下野守護《しゅご》に補任《ぶにん》され、下野権大介職《しもつけごんのだいすけしき》も兼帯して国衙《こくが》に仕える在庁官人《ざいちょうかんじん》を統括・支配する存在になっていった。また、大河戸《おおかわど》氏・長沼《ながぬま》氏・結城《ゆうき》氏・下河辺《しもこうべ》氏・大《おお》田《た》氏などの分家も数多く輩出した。

室町時代、小山氏は鎌倉公方《かまくらくぼう》足利氏満《うじみつ》に反し、一時滅亡したが、分家である結城氏の泰朝《やすとも》によって再興され、結城氏の庇護下に置かれた。しかし、結城氏もまた、六代将軍足利義教《よしのり》に反して挙兵したため、大きく勢力を削がれた。小山・結城氏とも秀郷の流れを汲む名族として戦国時代まで続いたが、越後《えちご》の上杉《うえすぎ》氏と小《お》田原《だわら》の後北条《ごほうじょう》氏という二大勢力に挟まれ、生き残るのが背一杯だった。小山氏は北条氏に属し、その滅亡とともに再び滅んだ。

（樋口）

【参考文献】
野口実『伝説の将軍 藤原秀郷』（吉川弘文館、二〇〇一年）
野口実「秀郷流小山氏・足利氏」『坂東武士団の成立と発展』（戎光祥出版、二〇一三年）

2　利仁流《としひとりゅう》――「芋粥」説話から斎藤道三へ

芥川龍之介《あくたがわりゅうのすけ》の短編小説「芋粥《いもがゆ》」は、『今昔物語集《こんじゃくものがたりしゅう》』巻二六の「利仁将軍《りじんしょうぐん》、若き時、京より敦賀《つるが》に五位を将《ひき》ひ行く語」を原案としていることで知られる。「一の人」（摂関《せっかん》）に仕え、芋粥に目がない五位侍《さむらい》が、芋粥を飽きるまでご馳走するといって、越前《えちぜん》敦賀の有力者の婿《むこ》となった利仁将軍に連れられて敦賀に下る話だが、この利仁《としひと》は実在の人物と考えられている。彼は、北家《ほっけ》初代房前《ふささき》の三男である左大臣魚名《さだいじんうおな》の子孫で、鎮守府《ちんじゅふ》将軍《しょうぐん》であったとされ、平安時代末期には伝説的な武人として語り継がれていた。

利仁の子孫は、京都で天皇の護衛である滝口《たきぐち》の武士や、皇太子を警護する帯刀《たちはき》をつとめる一方、越前にも拠点を維持して、斎藤《さいとう》氏と称されるようになった。そして、斎藤氏は院政期には疋田《ひきた》系と河合《かわい》系の二系統に分かれて発展した。このうち当初優勢だったのは河合系で、越前国の在庁官人《ざいちょうかんじん》筆頭である介《すけ》の地位を世襲し、国内の有力寺院である白山平泉寺《はくさんへいせんじ》の長吏《ちょうり》（トップ）も多くが河合系から輩出した。この系統からは、平氏《へいし》に与して木曽義仲《きそよしなか》に討たれた斎藤実盛《さねもり》も出ている。一方、疋田系は、多くが滝口の武士として天皇に仕え、その関係から、平氏などにも仕えた。なかでも斎藤時頼《ときより》は『平家物語』に登場する、悲恋によって出家した「滝口入道」として有名である。

疋田系は鎌倉時代には、鎌倉幕府・六波羅探題《ろくはらたんだい》の奉《ぶ》行人《ぎょうにん》を多数輩出し、この家系は幕府官僚の一族となった。とりわけ長定《ながさだ》（浄円《じょうえん》）は執権北条泰時《しっけんほうじょうやすとき》の時代、幕府評定衆《ひょうじょうしゅう》をつとめ、『御成敗式目《ごせいばいしきもく》』の編纂にも関与した。

一方、長定の系統は為永《ためなが》を祖とする一族だが、為永の兄頼基《よりもと》を祖とする一族は、越前国に拠点をもちながら六波羅探題の奉行人として在京奉公した。六波羅奉行人の斎藤利行《としゆき》は、娘の機転により正中《しょうちゅう》の変の計画を未然に六波羅探題に知らせた逸話（『太平記《たいへいき》』巻第一）で知られる。また、疋田系為輔《ためすけ》の子孫は進藤《しんどう》氏と称し、

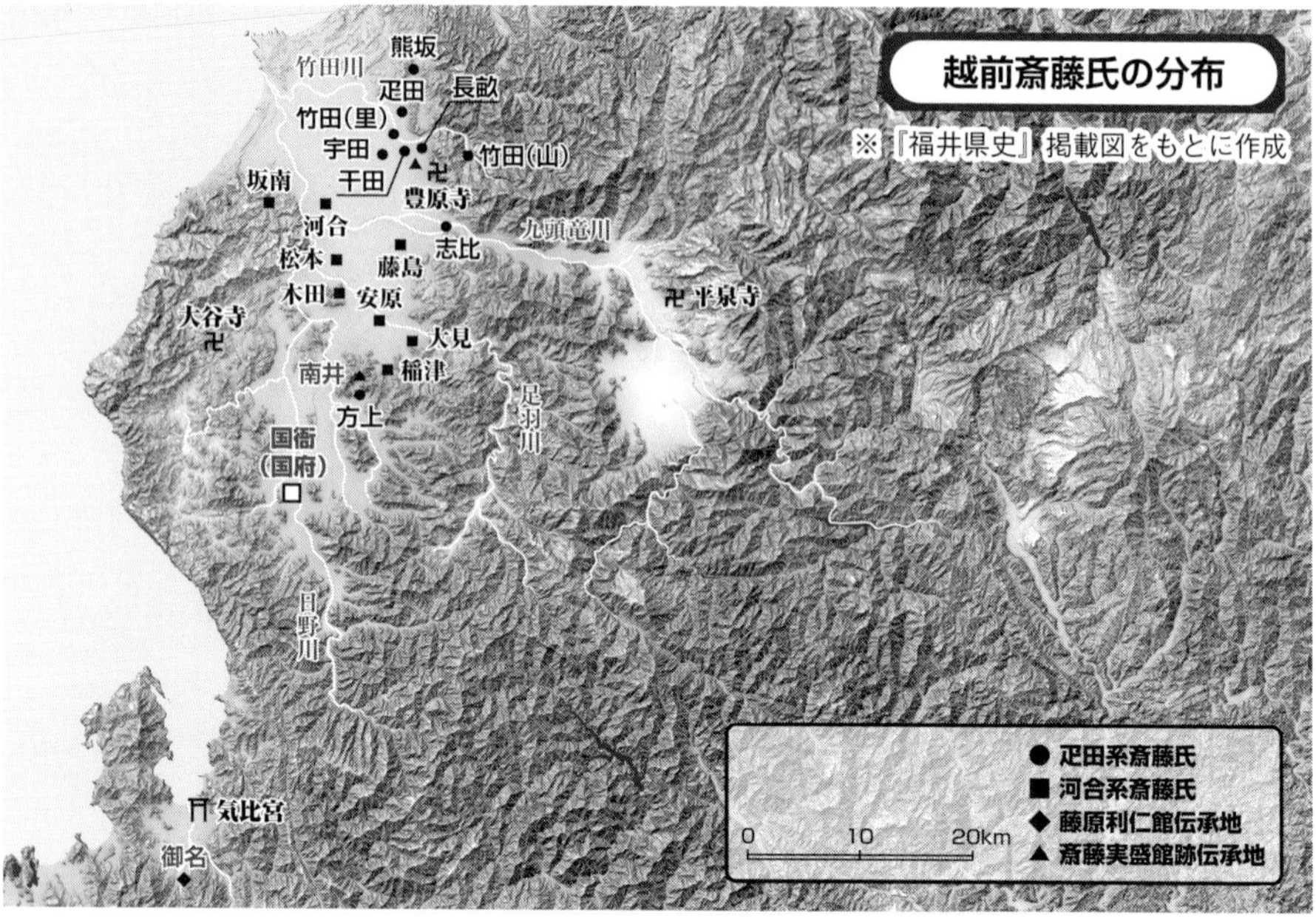

殿下《でんか》渡領《わたりりょう》越前国方上庄《かたかみのしょう》の下司職《げすしき》を代々知行して、摂関近衛《このえ》家の家司《けいし》となった。

疋田系は室町時代にも、引き続き幕府奉行人として登用されたが、河合系からは美濃国守護代《みののくにしゅごだい》をつとめた一族が出た。なかでも斎藤妙椿《みょうちん》は、応仁《おうにん》の乱前後、守護土岐《とき》氏から領国支配の実権を奪い、応仁の乱では西軍を主導するなど、中央政界にも大きな影響力をもった。しかし、妙椿の子妙純《みょうじゅん》は近江《おうみ》六角《ろっかく》氏との合戦に敗北して自害し、これ以降、勢力を低下させた斎藤氏は、一六世紀に入ると家臣の長井《ながい》規秀《のりひで》に実権を奪われてしまう。規秀は斎藤氏の家督を継ぎ、斎藤利政《としまさ》と改名したが、これがのちの斎藤道三《どうさん》である。こうして斎藤姓は美濃の戦国大名斎藤氏に受け継がれていったのである。

（樋口）

【参考文献】

石田祐一「諸大夫と摂関家」（『日本歴史』三九二号、一九八一年）
木下聡『斎藤氏四代―人天を守護し、仏想を伝えず―』（ミネルヴァ書房、二〇二〇年）
高橋昌明「北国武士団の形成と領主制」（『福井県史　通史編１　原始・古代』一九九三年）

利仁流藤原氏略系図

- （藤原）房前—魚名—鷲取—藤嗣—高房—時長—利仁—叙用—吉信
  - 忠頼—吉宗—宗助—（富樫）家国—信家
  - 重光—貞正—正重—（加藤）景道—景清—景廉
  - 伊傳
    - 公則
    - （疋田斎藤）為延
      - 為輔—成道—成家—為範—範高—利範—長範
      - 為頼
        - 頼基—基康—基重—基成
          - 基高—基政
          - 基種—基行—利行
        - 為永—為盛—以成
          - 以邦—清定—長定（浄円）
          - 以頼—時頼
    - （河合斎藤）則光—則重—助宗—実遠—実直—実盛

斎藤妙椿画像◆美濃守護土岐氏の重臣として活躍し、応仁・文明の乱では足利義視・義稙父子を美濃に匿った。絶大な権勢を誇り、京都の公家から「無双の福貴、権威の者なり」と評されている　岐阜市・開善院蔵　画像提供：岐阜市歴史博物館

3 奥州藤原氏《おうしゅうふじわらし》――平泉に栄華を誇った鎮守府将軍

一一世紀半ばから一二世紀後半にかけ、清衡《きよひら》・基《もと》衡《ひら》・秀衡《ひでひら》・泰衡《やすひら》の四代、約一五〇年にわたり、陸奥平《むつひら》泉《いずみ》を中心に繁栄を誇った奥州《おうしゅう》藤原氏一族。この一族については、かつては蝦夷《えみし》との関係が指摘されてきた。しかし、永承《えいしょう》二年（一〇四七）、焼失した興福寺《こうふくじ》の再建に当たって費用を藤原氏の諸大夫《しょだいぶ》（四・五位の官人《かんじん》）に割り当てた交名《きょうみょう》（名簿）のなかに、清衡の父経清《つねきよ》の名前が確認されることから（『造興福寺記《ぞうこうふくじき》』）、この一族は確かに藤原氏の一族として認識される存在であったことが明らかになった。

そうすると、藤原氏のどの系統かが問題になるが、室町時代に成立した系図集『尊卑分脈《そんぴぶんみゃく》』には、奥州藤原氏は秀郷《ひでさと》流の一族として記載されており、現在では基本的にこの記述に沿って理解されている。ただ、秀郷流では秀郷の五男千常《ちつね》の子孫が代々鎮守府将軍《ちんじゅふしょうぐん》となり、陸奥の支配に関わるのだが、経清は長男千晴《ちはる》の子孫で、鎮守府将軍の一族とは直接つながらない。経清の父頼遠《よりとお》は下総国《しもうさのくに》の住人で、経清は陸奥守《むつのかみ》の従者として陸奥に赴任したと考えられている。

この一族の発展にとって大きな意味をもったのが、経清と陸奥奥六郡《おくろくぐん》の郡司として大きな勢力を誇っていた安倍頼良《あべのよりよし》の娘との結婚である。そして、両者の間に誕生したのが奥州藤原氏の初代である清衡で、彼は地元の有力者のなかに生まれ育ちながら、京都の藤原氏にもつながるという、特異な位置を占めることになった。彼は身分的には在庁官人《ざいちょうかんじん》にすぎなかったが、安倍氏が前九年《ぜんくねん》合戦で滅亡し、母の再婚相手であった出《で》羽《わ》の清原《きよはら》氏が後三年《ごさんねん》合戦で滅亡すると、両者の地盤を引き継いで陸奥・出羽の両国を実質的に支配下に収めた。そして、孫秀衡の代には鎮守府将軍・陸奥守に任じられるまでになるのである。

なお、奥州藤原氏は京都の摂関家《せっかんけ》とも関係が深かった。初代清衡は寛治《かんじ》五年（一〇九一）、関白《かんぱく》藤原師実《もろざね》に馬を献上して臣従《しんじゅう》した。二代基衡は摂関家領の年

中尊寺◆寺伝では円仁が嘉祥３年（850）に開いたとするが、奥州藤原氏初代清衡が建立した多宝寺が実質的な創建と考えられている。奥州藤原氏の下で繁栄し、同氏滅亡後もさまざまな武家権力の庇護を受けた。火災や荒廃を経験したが、国宝の金色堂や「紺紙金字一切経（中尊寺経）」をはじめ貴重な多数の宝物を今に伝えている　岩手県平泉町

貢増徴をめぐって左大臣《さだいじん》藤原頼長《よりなが》と交渉している。摂関家は奥羽地方に複数の荘園を保持しており、現地有力者である奥州藤原氏と結ぶことでその維持を図ったらしい。奥州藤原氏にとっても中央の摂関家を後ろ盾とすることは重要で、こうしたパイプを通して国司やその他勢力に対抗し、現地に大きな勢力を築いたと考えられる。

（樋口）

【参考文献】
入間田宣夫『藤原秀衡―義経を大将軍として国務せしむべし―』（ミネルヴァ書房、二〇一六年）
大石直正「藤原経清考」（『奥州藤原氏の時代』吉川弘文館、二〇〇一年）
佐藤圭「永承二年における五位以上の藤原氏の構成」（『年報中世史研究』八号、一九八三年）
高橋富雄『奥州藤原氏四代』（吉川弘文館、一九六六年）

奥州藤原氏略系図

藤原秀郷―千晴―千清―正頼―頼遠―経清
　　　　└千常
安倍頼時（頼良）―女
経清＝女＝清原武貞
経清・女―清衡―基衡―秀衡―国衡
　　　　　　　　　　　　　└泰衡
女・武貞―家衡
清原武則―武貞―真衡

4 上杉氏《うえすぎし》——京都の貴族に出自をもつ武家の名門

上杉《うえすぎ》氏といえば、室町時代から江戸時代にかけて隆盛した、代表的な武家の一族といってよいだろう。室町時代には、関東を統括した鎌倉府《かまくらふ》において、首相格である関東管領《かんとうかんれい》を世襲し、戦国時代には衰退するが、越後《えちご》の長尾景虎《ながおかげとら》が跡を継いで上杉を名乗り復興した。だが、この上杉氏ももとは藤原氏で、鎌倉時代には京都の貴族であった。

上杉氏の先祖は、勧修寺《かじゅうじ》流の一族であるが、名家《めいか》の家格をもつ主流からは、すでに一一世紀初めに分かれた傍流（説孝《もとたか》流）であった。一二世紀前半、上杉氏の直系先祖に当たる藤原盛憲《もりのり》は、左大臣《さだいじん》藤原頼《より》長《なが》の母方の従弟《いとこ》で側近の一人であったが、保元《ほうげん》元年（一一五六）、頼長が保元の乱を起こすと、連座して佐《さ》渡《ど》に流された。弟の能円《のうえん》は法勝寺《ほっしょうじ》執行《しぎょう》（寺務責任者）で、平氏に近かったため、文治《ぶんじ》元年（一一八五）、平氏が滅亡すると備中国に流された。だが、能円の娘在子は後鳥羽《ごとば》天皇に仕え、彼女の生んだ皇子為仁《ためひと》は建《けん》久《きゅう》九年（一一九八）、即位して土御門《つちみかど》天皇となった。

盛憲の子である清房《きよふさ》は、勧修寺流の主流の流れを汲む藤原長房《ながふさ》の養子となり、後鳥羽上皇《じょうこう》に仕えた。だが、後鳥羽もまた承久《じょうきゅう》の乱で隠岐《おき》に配流となり、清房は出家して隠岐の御所に仕えた。

そして清房の二男が上杉氏の初代となる重房《しげふさ》である。重房は、後鳥羽上皇が配流された後、鎌倉幕府によって新たに「治天《ちてん》の君《きみ》」（院政を行う上皇）として擁立された後高倉院《ごたかくらいん》（後鳥羽の異母兄）の皇女である式《しき》乾門院利子内親王《けんもんいんりしないしんのう》に蔵人《くろうど》として仕えた。式乾門院は晩年、後嵯峨《ごさが》天皇の皇子である宗尊親王《むねたかしんのう》を猶子《ゆうし》（養子）に迎えており、建長《けんちょう》三年（一二五一）、彼女が没すると、重房は宗尊親王に仕えるようになったらしい。そして、建長四年、宗尊が執権北条時頼《しっけんほうじょうときより》によって鎌倉に迎えられ、六代将軍となると、重房も宗尊に随行して関東に下ったのである。

重房の後も、上杉氏の一族は、鎌倉の将軍に仕えるだけでなく、京都で蔵人として上皇《じょうこう》や女院《にょいん》にも仕え、公武を結ぶ役割を果たした。そして、そこに目を付けたのが、足利《あしかが》氏である。足利氏は清和《せいわ》源氏の一門として、幕府内において北条氏に次ぐ地位を誇り、京都の公家政権とも関係をもっていた。そのため、足利氏は上杉氏と数代にわたって婚姻関係を結び、宗尊親王や天皇家とのつながりを維持して、それを積極的に利用したのである。

足利尊氏《たかうじ》・直義《ただよし》兄弟の母清子《きよこ》も、重房の子頼重《よりしげ》の娘であり、頼重は宗尊の娘である永嘉門院瑞子女王《えいかもんいんずいしじょおう》の蔵人であった。元弘《げんこう》三年（一三三三）、後醍醐《ごだいご》天皇の反乱鎮圧を命じられた尊氏は、幕府軍から離反して後醍醐方についたが、この背景にも、外戚《がいせき》である上杉氏を通した京都とのつながりがあったと考えられている。

尊氏が室町幕府を樹立すると、上杉氏も外戚としてこれを支えた。そして、尊氏が子息義詮《よしあきら》・基氏《もとうじ》を鎌倉に派遣して鎌倉府を開設すると、上杉氏は鎌倉公方《かまくらくぼう》を補佐する関東管領となり、関東管領職は以後、代々一族で世襲していくことになったのである。（樋口）

【参考文献】
田中奈保「高氏と上杉氏―鎌倉期足利氏の家政と被官―」（『シリーズ・中世関東武士の研究 第9巻 下野足利氏』戎光祥出版、二〇一三年）

上杉氏関係系図

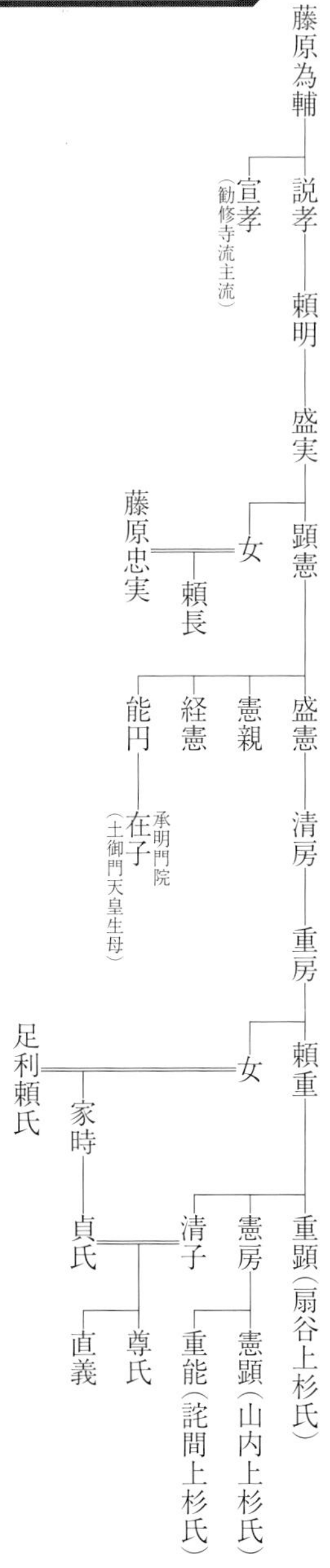

COLUMN 4

摂家将軍

一二世紀末、源頼朝《みなもとのよりとも》によって樹立された鎌倉《かまくら》幕府の将軍《しょうぐん》職は、頼朝の没後、その子息に引き継がれたが、承久《じょうきゅう》元年（一二一九）正月、三代将軍実朝《さねとも》の暗殺により、源氏《げんじ》将軍は断絶した。実朝の母である北《ほう》条政子《じょうまさこ》は後鳥羽上皇《ごとばじょうこう》に対し、皇子を後継将軍として鎌倉に下向させるよう要請したが、後鳥羽はこれを拒否し、代わりに摂関《せっかん》九条《くじょう》家から三寅《みとら》が下向することになった。三寅は九条道家《みちいえ》の三男で、父方の祖母は頼朝の姪《めい》、母方の祖母はその姉妹で、母方からも父方からも頼朝の血筋に連なっていた。彼は嘉禄《かろく》二年（一二二六）、元服して頼経《よりつね》を名のり、将軍となった。これが摂家将軍《せっけしょうぐん》のはじまりである。

頼経の将軍時代は、当初は頼経が若く未熟だったため、幕府の政務は執権北条泰時《しっけんほうじょうやすとき》を中心に執り行われた。だが、仁治《にんじ》三年（一二四二）、泰時が没すると、得宗《とくそう》家（泰時一族）に反発する武士たちが頼経のもとに集まり、得宗家と対立するようになった。こうしたなか、泰時孫である執権経時《つねとき》は、頼経に代えて、その子頼嗣《よりつぐ》を五代将軍に立てるとともに、自身の妹を頼嗣と結婚させ、両者の関係を改善しようとした。しかし、寛元《かんげん》四年（一二四五）、経時が病気のために引退して弟時頼《ときより》が執権になると、強硬派の時頼は反得宗家勢力を粛正し、前将軍頼経を京都に追放した。

こうした流れのなか、将軍頼嗣も将軍に在任し続けることは難しかった。建長《けんちょう》三年（一二五一）、鎌倉で反得宗勢力による謀反事件が発覚すると、翌年、頼嗣は将軍を解任されて頼経同様、京都を追われた。実朝暗殺直後と同様、時頼は後嵯峨《ごさが》上皇に皇子の下向を要請したが、今回は上皇はこれを受け容れ、宗尊親王《むねたかしんのう》が下向する。こうして鎌倉幕府は摂家将軍から宮将軍《みやしょうぐん》（皇族将軍）の時代へと変わることになった。（樋口）

【参考文献】

岩田慎平「九条頼経・頼嗣―棟梁にして棟梁にあらざる摂家将軍の蹉跌―」（平雅行編『公武権力の変容と仏教界』（中世の人物　京・鎌倉の時代編第三巻）清文堂出版、二〇一四年）

藤原氏関係年表

年号	西暦	事項
大化元	645	6月、中臣鎌足、中大兄皇子らと蘇我蝦夷・入鹿父子を倒す（乙巳の変）。
斉明4	658	この年、藤原不比等、鎌足の二子として生まれる。
天智8	669	10月、天智天皇、中臣鎌足に大織冠と藤原姓を授ける。鎌足没。
文武元	697	8月、文武天皇即位。
大宝元	701	8月、大宝律令が完成する。
慶雲4	707	7月、元明女帝即位。
和銅3	710	3月、平城京遷都
霊亀元	715	9月、元正女帝即位。
養老2	718	この年、養老律令が完成する。
養老4	720	8月、藤原不比等没。
神亀元	724	2月、聖武天皇即位。
天平元	729	2月、長屋王の変。8月、光明子立后。
天平9	737	4～8月、藤原武智麻呂ら四兄弟が天然痘で死去。
天平12	740	9月、藤原広嗣の乱が起こる。
天平15	743	5月、橘諸兄を左大臣に任じる。
天平勝宝元	749	7月、孝謙女帝即位。
天平勝宝4	752	4月、東大寺大仏開眼供養。
天平勝宝8	756	5月、聖武太上天皇没。
天平宝字元	757	7月、橘奈良麻呂の変。
天平宝字2	758	8月、淳仁天皇即位。藤原仲麻呂、恵美押勝の姓名を与えられる。
天平宝字4	760	6月、光明太皇太后没。
天平宝字8	764	9月、藤原仲麻呂の乱。10月、孝謙天皇、淳仁天皇を廃位して重祚（称徳女帝）。
天平神護2	766	10月、道鏡が法王となる。
神護景雲3	769	9月、宇佐八幡宮神託事件。
宝亀元	770	8月、称徳女帝没。10月、光仁天皇即位。
宝亀10	779	7月、藤原百川没。

天応元	781	4月、桓武天皇即位。
延暦3	784	11月、長岡京遷都。
延暦4	785	8月、大伴家持没。9月、藤原種継暗殺事件。10月、早良廃太子没。
延暦13	794	10月、平安京遷都。
延暦24	805	12月、藤原緒嗣・菅野真道による徳政相論。
大同元	806	3月、桓武天皇没。5月、平城天皇即位。8月、橘逸勢が唐から帰国。
大同4	809	4月、嵯峨天皇即位。
弘仁元	810	3月、蔵人所の設置。藤原冬嗣を蔵人頭に任じる。9月、平城太上天皇の変（薬子の変）。
弘仁4	813	この年、藤原冬嗣、興福寺南円堂を建立。
弘仁12	821	この年、藤原冬嗣、勧学院を創設。
承和9	842	7月、承和の変。橘逸勢・伴健岑を流罪に処す。
天安元	857	2月、藤原良房を太政大臣に任じる。
天安2	858	8月、清和天皇即位。
貞観8	866	9月、応天門の変。伴善男を流罪に処す。
元慶8	884	2月、光孝天皇即位。
仁和3	887	8月、宇多天皇即位。11月、藤原基経を関白に任じる。
仁和4	888	6月、阿衡の紛議。藤原基経が「阿衡」に任じられ、政務を拒否。
寛平3	890	1月、藤原基経没。
寛平9	897	7月、醍醐天皇即位。
昌泰2	899	2月、菅原道真を右大臣に任じる。
延喜元	901	1月、昌泰の変。菅原道真を大宰権帥に左遷。
延長8	930	9月、朱雀天皇即位。藤原忠平を摂政に任じる。
天慶2	939	12月、備前介藤原子高が藤原純友の配下藤原文元に襲撃される。平将門が上野・下野国府を襲撃（天慶の乱）。
天慶8	945	11月、藤原忠平の子息実頼・師輔が左大臣・右大臣を兄弟で占める。

天慶9	946	4月、村上天皇即位。
康保4	967	5月、冷泉天皇即位。6月、藤原実頼を摂政に任じる。
安和2	969	3月、安和の変。源高明を大宰権帥に左遷。8月、円融天皇即位。
天禄元	970	5月、藤原伊尹を摂政に任じる。
天延2	974	2月、藤原兼通を関白に任じる。
貞元2	977	10月、藤原兼通が関白を藤原頼忠に譲り死去。兼通弟兼家は失脚。
天元3	980	6月、女御詮子が円融天皇の皇子懐仁（のちの一条天皇）を出産。
寛和2	986	6月、藤原兼家父子が花山天皇を出家させ、外孫一条天皇を即位させる。兼家、摂政となる。
永祚2	990	5月、藤原兼家が摂政を長男道隆に譲る。7月、兼家没。10月、藤原定子が立后、中宮となる。
正暦2	991	9月、皇太后藤原詮子出家、女院号を宣下され、東三条院となる。
長徳元	995	3月、関白道隆の病により、子息伊周を内覧に任じる。4月、道隆没。弟道兼を関白に任じるが、直後に没。5月、藤原道長に内覧宣下。7月、道長と伊周が陣座で乱闘。
長徳2	996	4月、長徳の変。花山法皇襲撃により、藤原伊周を大宰権帥に左遷。7月、道長を左大臣に任じる。
長保元	999	11月、道長の長女彰子が一条天皇に入内する。
長保2	1000	2月、藤原定子が皇后、藤原彰子が中宮となる。
寛弘2	1005	10月、道長、浄妙寺の落慶供養を行う。
寛弘5	1008	9月、中宮彰子が一条天皇の皇子敦成親王（のちの後一条天皇）を出産。
長和4	1015	10月、三条天皇の眼病により、藤原道長を摂政に准じて除目・官奏を執り行わせる。
長和5	1016	1月、後一条天皇即位。藤原道長が摂政に任じられる。
寛仁元	1017	3月、道長が摂政を長男頼通に譲る。8月、敦明親王が皇太子を辞退し、道長外孫敦良親王が皇太子となる。
寛仁2	1018	10月、藤原道長の娘（彰子・妍子・威子）が三后を占める。道長、土御門殿での宴で「この世をば」の歌を詠む。
寛仁3	1019	3月、道長出家。4月、刀伊の来寇。大宰権帥藤原隆家、刀伊（女真族）の侵攻を撃退する。
寛仁4	1020	4月、道長が無量寿院の落慶供養を行う。
治安2	1022	7月、道長が法成寺金堂の供養を行う。

万寿３	１０２６	1月、太皇太后藤原彰子出家、女院号を宣下され、上東門院となる。
万寿４	１０２７	12月、藤原道長没。
長久５	１０４４	4月、関白頼通の長男通房急死。
永承７	１０５２	3月、関白頼通が宇治の別業を寺院として平等院と称する。
天喜４	１０５６	この年、前九年合戦が勃発する（〜康平５〈１０６２〉）。
治暦４	１０６８	4月、後三条天皇即位。藤原教通を関白に任じる。
延久４	１０７２	12月、白河天皇即位。
承保元	１０７４	2月、藤原頼通没。上東門院彰子没。
承保２	１０７５	この年、関白師実の子息・覚信が興福寺に入寺する（摂関家子弟の興福寺入寺の初め）。
永保３	１０８３	この年、後三年合戦が勃発する（〜寛治元〈１０８７〉）。
応徳３	１０８６	11月、堀河天皇即位。外祖父藤原師実が摂政に任じられる。
嘉保元	１０９４	3月、藤原師実が関白を長男師通に譲る。
康和元	１０９９	6月、関白師通急死。長男忠実が藤氏長者を継承し、内覧に任じられる。
長治２	１１０５	2月、藤原清衡が平泉に最初院（中尊寺）を建立。
嘉承２	１１０７	7月、鳥羽天皇即位。白河法皇、外舅藤原公実を退け、御堂流の藤原忠実を摂政に任じる。
天仁元	１１０８	9月、興福寺と多武峰が対立。興福寺大衆が蜂起して多武峰を焼き討ち。
保安元	１１２０	11月、保安元年の政変。関白忠実、白河法皇に内覧を停止され失脚。
大治４	１１２９	7月、白河法皇没。鳥羽院政開始。
保延６	１１４０	10月、右兵衛尉佐藤義清出家し、西行と号す。
久安６	１１５０	9月、前関白忠実が長男の関白忠通から藤氏長者職を奪い、二男の左大臣頼長に与える。
仁平元	１１５１	1月、左大臣藤原頼長に内覧宣下。
保元元	１１５６	7月、鳥羽法皇没。保元の乱。藤原頼長敗死、忠実は幽閉される。崇徳上皇を讃岐に流す。
保元３	１１５８	8月、藤原忠通が関白を長男基実に譲る。二条天皇即位。
平治元	１１５９	12月、平治の乱。平清盛の軍勢に敗れた藤原信頼を処刑する。

仁安元	1166	7月、摂政基実急死。弟基房を摂政に任じる。摂関家領は基実妻平盛子（清盛娘）が相続。
承安2	1172	6月、興福寺大衆が多武峰を焼き討ちする。
治承元	1177	6月、鹿ヶ谷事件。藤原成親を流罪に処し、殺害する。
治承3	1179	11月、平清盛が後白河法皇を鳥羽殿に幽閉し、関白基房を流罪に処す。近衛基通が関白に任じられる。
治承4	1180	4月、以仁王の乱。6月、福原遷都。12月、平氏の南都焼き討ちにより、興福寺焼失。
寿永2	1183	7月、平氏都落ち。11月、木曽義仲、摂政基通を解任。前関白基房の子師家を摂政とする。
元暦元	1184	1月、源義経の軍勢が上洛し、木曽義仲敗退。摂政師家が解任され、前摂政基通が復任する。
文治元	1185	3月、壇ノ浦合戦。平氏一門滅亡。11月、源頼朝と対立した義経が京都から没落。
文治2	1186	3月、九条兼実が摂政に任じられる。
文治3	1187	9月、藤原俊成が『千載和歌集』を撰進する。
文治5	1189	閏4月、藤原泰衡が義経を攻撃し、義経自害。9月、奥州合戦。奥州藤原氏滅亡。
建久3	1192	3月、後白河法皇没。
建久7	1196	11月、関白兼実が解任される（建久7年の政変）。前摂政基通が関白に任じられる。
建仁2	1202	12月、九条良経が摂政に任じられる。
元久2	1205	3月、藤原定家らが『新古今和歌集』を撰進する。
承久元	1219	1月、将軍源実朝が殺害される。6月、九条道家の三男三寅（頼経）が鎌倉殿として迎えられる。
承久3	1221	5月、承久の乱勃発。6月、幕府軍、官軍を破り入京。後鳥羽上皇を隠岐に流す。
元仁元	1224	12月、太政大臣藤原公経、北山山荘に西園寺を建立。
嘉禄2	1226	1月、藤原頼経が征夷大将軍に任じられる。
安貞元	1228	12月、九条道家が関白に任じられる。
貞永元	1232	3月、松殿基嗣が安嘉門院女房を襲い、解任される。10月、四条天皇が即位。道家が外祖父となる。
暦仁元	1238	2月、将軍頼経が上洛する。6月、頼経が春日社に参詣する。
仁治3	1242	1月、四条天皇急死。後嵯峨天皇が即位。3月、二条良実が関白に任じられる。
寛元2	1244	4月、将軍頼経が退任する。子息頼嗣が征夷大将軍に任じられる。

寛元4	1245	7月、鎌倉で反執権の陰謀が露見し、前将軍頼経を京都に送還。父道家も失脚する。
建長4	1252	4月、宗尊親王が鎌倉に下り、征夷大将軍に任じられる。上杉重房も宗尊に随行し、鎌倉に下る。
建治3	1277	10月、阿仏尼が播磨国細川庄地頭職をめぐる訴訟のため、鎌倉に下る。
正応元	1288	3月、関白二条師忠が即位灌頂を創始する。
元弘3	1333	5月、六波羅探題が陥落し、鎌倉幕府が滅亡する。
建武2	1335	6月、西園寺公宗の謀反が露顕し、捕えられる。8月、公宗が処刑される。
建武3	1336	12月、後醍醐天皇が吉野に出奔し、朝廷が南北朝に分裂する。
観応2	1351	11月、正平一統。北朝廃止。12月、北朝の関白二条良基が解任される。
観応3	1352	1月、正平一統が破綻する。8月、二条良基が関白に復任し、後光厳天皇を即位させる。
暦応4	1341	この年、南朝の近衛経忠が関東の小山氏・小田氏に使者を派遣し、一揆を呼びかける（藤氏一揆）。
応永4	1397	1月、足利義満が西園寺家から北山山荘を手に入れる。
応永14	1407	3月、足利義満の妻日野康子、女院号を宣下され、北山院となる。
永享6	1434	6月、将軍足利義教妻日野（裏松）重子の兄義資が殺害される。
応仁元	1467	1月、応仁の乱が勃発する（〜文明9〈1477〉）。
応仁2	1468	8月、関白一条兼良が戦火を避けて奈良に疎開する。前関白一条教房が土佐国幡多庄に下向する。
応仁3	1469	10月、摂関一条家嗣子政房が、摂津国兵庫津で戦乱に巻き込まれ、横死する。
文明8	1476	5月、前将軍足利義政妻日野（裏松）富子の兄勝光が左大臣に任じられる。
明応5	1496	1月、九条政基が唐橋在数を殺害し、後土御門天皇の勅勘を受ける。
文亀元	1501	3月、九条政基が和泉国日根庄に下向する。
天文20	1551	2月、前関白二条尹房が、山口で陶隆房（晴賢）の反乱に巻き込まれ、横死する。
永禄3	1560	9月、関白近衛前嗣（のち前久）が長尾景虎（のち上杉謙信）を頼り、関東に下向する。
永禄11	1568	9月、織田信長が上洛する。11月、関白近衛前久が京都から出奔し、二条晴良が関白に任じられる。
天正10	1582	6月、本能寺の変。近衛前久が明智光秀との関係を疑われ、京都から出奔。
天正13	1585	7月、羽柴秀吉が近衛前久（龍山）の猶子となり、藤原氏として関白に任じられる。

【著者略歴】

木本好信（きもと・よしのぶ）

1950年兵庫県生まれ。駒澤大学大学院人文科学研究科日本史学専攻博士後期課程単位修得満期退学。博士（学術）。

山形県立米沢女子短期大学教授、甲子園短期大学学長、龍谷大学文学部教授を歴任。

専門分野は、奈良時代政治史・平安時代貴族日記。

主な著書に、『藤原式家官人の考察』（髙科書店）、『律令貴族と政争』（塙書房）、『藤原仲麻呂』（ミネルヴァ書房）、『奈良時代の政争と皇位継承』（吉川弘文館）、『藤原南家·北家官人の考察』（岩田書院）、『藤原仲麻呂政権の基礎的考察』（志学社）、『奈良時代貴族官人と女性の政治史』（和泉書院）、『奈良時代』（中公新書）ほか。

樋口健太郎（ひぐち・けんたろう）
1974年愛知県生まれ。神戸大学大学院文化学研究科（博士課程）修了。博士（文学）。
現在、龍谷大学文学部准教授。専門分野は、日本古代・中世政治史。
主な著書に、『中世摂関家の家と権力』（校倉書房）、『九条兼実—貴族が見た『平家物語』と内乱の時代—』（戎光祥出版）、『中世王権の形成と摂関家』（吉川弘文館）、『摂関家の中世—藤原道長から豊臣秀吉まで—』（吉川弘文館）がある。

図説《ずせつ》 藤原氏《ふじわらし》 鎌足《かまたり》から道長《みちなが》、戦国《せんごく》へと続《つづ》く名門《めいもん》の古代《こだい》・中世《ちゅうせい》

2023年7月10日　初版初刷発行

著　者　木本好信・樋口健太郎
発行者　伊藤光祥
発行所　戎光祥出版株式会社
〒102-0083 東京都千代田区麹町1－7 相互半蔵門ビル 8F
TEL：03-5275-3361（代表）　FAX：03-5275-3365
https://www.ebisukosyo.co.jp
制作協力　株式会社イズシエ・コーポレーション
印刷·製本　株式会社シナノパブリッシングプレス
装　　丁　川本 要

※当社で撮影の画像の転載・貸し出しにつきましては
当社編集部（03-5275-3362）までお問い合わせください。

ISBN978-4-86403-476-0